믿음이 작은 자여 왜 의심하였느냐

천성의 황홀한 아름다움과 기쁨과 평안을 맛본 사람들_상

107인 성도의 신앙간증 ; 평신도 연예인 목사 선교사

천성의 황홀한 아름다움과 기쁨과 평안을 맛본 사람들_상

107인 성도의 신앙간증 ; 평신도 연예인 목사 선교사

2024년 10월 30일 초판 발행

엮은이 | 김영길
발행인 | 박찬우
발행처 | 파랑새미디어
등록번호 | 제313-2006-000085호

서울특별시 마포구 서교동 357-1 서교프라자 318
전화 | 02-333-8311

세트가 30,000원
개별가 15,000원
ISBN 979-11-5721-199-9 04230
ISBN 979-11-5721-198-2 (세트)

이 출판물은 저작권법에 의해 보호를 받는 저작물이므로
무단 복제할 수 없습니다. 잘못된 책은 교환해 드립니다.

믿음이 작은 자여 왜 의심하였느냐

천성의 황홀한 아름다움과 기쁨과 평안을 맛본 사람들

107인 성도의 신앙간증 ; 평신도 연예인 목사 선교사

상

머리말

왜 그들은 당신과 다른 믿음을 가지고 있는가? 그들이 어떻게 천국의 황홀한 아름다움과 황홀한 기쁨과 황홀한 평안을 맛볼 수 있었는가? 그 대답은 너무나 간단하다. 그들은 성부 하나님, 성자 예수님, 성령님을 바로 알고 바로 믿고 바로 의지하기 때문이다. 그들은 삼위 하나님을 지식뿐만 아니라 체험적으로 알고 믿기 때문이다. 당신은 하나님을 얼마나 알고 있는가? 기도하면 응답하시는 하나님으로만 알고 있지는 않는가? 천지를 창조하시고, 당신을 지으시고, 우주 만물을 다스리시는 전능하신 하나님을 당신만의 하나님으로 알고 있지는 않는가? 기도에 응답하시면 하나님이 살아 계시지만, 응답하지 않으시면 하나님은 없다고 제멋대로 하나님을 떠나 오락가락하는 믿음은 아닌지? 그 하나님께서 당신을 구원하시기 위해 독생자 예수 그리스도를 십자가에 피 흘리기까지 당신을 사랑하신 그 지극하신 하나님의 사랑을 당신은 어떻게 알고 있는가? 하나님은 사랑이시다. 이런 말씀을 당신은 알고 있는가? 하나님을 경외함으로 섬기고 있는가? 네 마음을 다하고 목숨을 다하고 뜻을 다하여 주 너의 하나님을 사랑하라. 당신은 이 말씀을 알고 있는가? 당신은 하나님을 사랑하는 것이 무엇인지 알고 있는가? 또 사랑은 이것이니 우리가 그 계명을 따라 행하는 것이요, 계명은 이것이니 너희가 처음부터 들은 바와 같이 그 가운데서 행하라 하심이라.

예수님에 대해 당신은 얼마나 알고 있는가? 죽을 수밖에 없는 죄인인 당신을 대신하여 십자가에 못 박혀 피 흘려 죽으신 예수님, 내가 그리스도와 함께 십자가에 못 박혔나니, 그런즉 이제는 내가 사는 것이 아니요, 오직 내 안에 그리스도께서 사시는 것이라. 이제 내가 육체 가운데 사는 것은 나를 사랑하사 나를 위하여 자기 자신을 버리신 하나님의 아들을 믿는 믿음 안에서 사는 것이라. 너희는 그 은혜에 의하여 믿음으로 말미암아 구원을 받았으니, 이것은 너희에게서 난 것이 아니요. 하나님의 선물이라 믿음은 들음에서 나며, 들음은 그리스도의 말씀으로 말미암았느니라. 당신은 말씀을 얼마나 귀 기울여 듣고 있는가? 말씀을 읽고 묵상하고 있는가? 말씀을 모르면 하나님도 예수님도 성령님도 우리는 알 수 없다. 그분들은 성경 말씀 안에서 찾아야 하기 때문이다.

당신은 성령님에 대하여 알고 있는가? 성령님은 하나님의 영이시다. 땅이 혼돈하고 공허하며 흑암이 깊음 위에 있고, 하나님의 영은 수면 위에 운행하시니라. 말세에 내가 내 영을 모든 육체에 부어 주리니, 너희의 자녀들은 예언할 것이요, 너희의 젊은이들은 환상을 보고, 너희의 늙은이들은 꿈을 꾸리라. 그때에 내가 내 영을 내 남종과 여종들에게 부어 주리니, 그들이 예언할 것이요. 마가의 다락방에서 열두 제자를 포함하여 약 백이십 명이 더불어 마음을 같이하여 오로지 기도에 힘쓰더라. 오순절 날이 이미 이르매 그들이 다 같이 한곳에 모였더니, 홀연히 하늘로부터 급하고 강한 바람 같은 소리가 있어, 그들이 앉은 온 집에 가득하며, 마치 불의 혀처럼 갈라지는 것들이 그들에게 보여 각 사람 위에 하나씩 임하여 있더니, 그들이 다 성령의 충만함을 받고, 성령이 말하게 하심을 따라 다른 언어들로 말하기를 시작하니라. 너희가 악할지라도 좋은 것을 자식에게 줄 줄 알거든 하물며 너희 하늘 아버지께서 구하는 자에게 성령을 주시지 않겠느냐? 하나님께서 구하는 자에게 성령을 주신다고 약속하셨다. 그런데 당신은 정작 성령을 구하기는커녕 성령을 알지 못하여 성령의 은사를 받아 방언기도하는 성도들을 이단이라고 비난하는 처지다. 이 얼마나 한심한 일인가. 성령님은 하나님의 영이시다. 성령을 모르고 어떻게 하나님을 안다고 할 수 있단 말인가? 병 고치는 은사는 좋아하면서 같은 성령이 나누어 주시는 방언기도는 왜 이단시하는가 말이다. 그것은 당신이 성령에 대해 무지하기 때문이다. 그러면 우리는 어떻게 해야 하겠는가? 성령을 사모하고 구하면 주신다고 하지 않았는가? 성령을 구하라 성령은 말씀 들을 때, 기도할 때, 찬양할 때 임하신다. 성령의 충만함을 받도록 힘쓰라. 하나님의 성령을 근심하게 하지 말라. 그 안에서 너희가 구원의 날까지 인치심을 받았느니라.

그들과 당신이 어떻게 다른지를 점검해 보라. 하나님이 사람들에게는 영원을 사모하는 마음을 주셨다. 그들은 이 땅에서 천성의 황홀한 아름다움과 황홀한 기쁨과 황홀한 평안을 맛보았다. 당신도 그 차이를 찾아 부족함을 채워보라. 그리하면 그들과 같이 되리라. 그들의 신앙과 나의 신앙 사이에 과연 어떤 차이가 있을까? 그들의 삶의 중심에는 하나님이 만물의 주재이시며 예수를 주로 시인하며, 또 하나님께서 그를 죽은 자 가운데서 살리신 것을 그들의 마음에 믿으며 예수의 피가 우리를 모든 죄에서 깨끗하게 하실 것을 믿는다. 기도할 때, 말씀 들을 때, 찬양할 때 성령이 임하심을 사모하라. 그리하여 우리는 성령으로 충만함을 받게 된다. 성령의 인도하심이 없으면 천국에도 갈 수 없음을 알아야 한다. 하나님 안에서 너희도 진리의 말씀, 곧 너희의 구원의 복음을 듣고 그 안에서 또한 믿어 약속의 성령으로 인치심을 받았으니 말씀을 바로 알고 믿음으로 구원을 받고 성령으로 천국까지 이르기를 힘써 지키라.

이 이야기는 100여 분들의 간증과 성경 말씀으로 쓰여져 있다. 간증하시는 분들이 말하는 대로 쓰려고 애를 썼다. 간증하신 분들은 대부분 현재 활동하고 있으며 그 가운데 세분이 활동을 하지 못하고 있다. 하나님께서 간증자를 나타내 보이시고 그들의 이야기를 글로 쓰도록 은혜로 인도하셨다. 성령의 감동하심과 인도하심을 따라 이 이야기가 책으로 쓰여지게 되었음을 밝혀 둔다. 필자는 78세로 작은 개척교회 집사로 섬기고 있다. 저서로 "성령의 인도하심 따라, 말씀을 바로 알고 말씀 따라 살기를 힘쓰라, 신앙인이 되려거든 성령으로 충만함을 받으라, 요한계시록을 통하여 하나님의 구속 경륜을 보라, 항상 두렵고 떨림으로 너희 구원을 이루라, 말씀과 성령으로 풀어보는 로마서 주석"이 있다.

2023년 9월 8일
글쓴이 김영길

읽어두기

예수 그리스도께서 믿는 자, 형제를 비판, 판단하라 하시던가?

믿는 자를 비판하는 당신은 마귀의 하수인일지도 모른다. 자신을 돌아보고 하나님 앞에 회개 기도해야 할 것이다.

"형제들아 서로 비방하지 말라 형제를 비방하는 자나 형제를 판단하는 자는 곧 율법을 비방하고 율법을 판단하는 것이라 네가 만일 율법을 판단하면 율법의 준행자가 아니요 재판관이로다 입법자와 재판관은 오직 한 분이시니 능히 구원하기도 하시며 멸하기도 하시느니라 너는 누구이기에 이웃을 판단하느냐" (약4:11~12)

"비판을 받지 아니하려거든 비판하지 말라 너희가 비판하는 그 비판으로 너희가 비판을 받을 것이요 너희가 헤아리는 그 헤아림으로 너희가 헤아림을 받을 것이니라" (마7:1~2)

"비판하지 말라 그리하면 너희가 비판을 받지 않을 것이요 정죄하지 말라 그리하면 너희가 정죄를 받지 않을 것이요 용서하라 그리하면 너희가 용서를 받을 것이요 주라 그리하면 너희에게 줄 것이니 곧 후히 되어 누르고 흔들어 넘치도록 하여 너희에게 안겨 주리라 너희가 헤아리는 그 헤아림으로 너희도 헤아림을 도로 받을 것이니라" (눅6:37~38)

"그러므로 남을 판단하는 사람아, 누구를 막론하고 네가 핑계하지 못할 것은 남을 판단하는 것으로 네가 너를 정죄함이니 판단하는 네가 같은 일을 행함이니라 이런 일을 행하는 자에게 하나님의 심판이 진리대

로 되는 줄 우리가 아노라"(롬2:1~2)

"네가 어찌하여 네 형제를 비판하느냐 어찌하여 네 형제를 업신여기느냐 우리가 다 하나님의 심판대 앞에 서리라 기록되었으되 주께서 이르시되 내가 살았노니 모든 무릎이 내게 꿇을 것이요 모든 혀가 하나님께 자백하리라 하였느니라 이러므로 우리 각 사람이 자기 일을 하나님께 직고하리라"(롬14:10~12)

"주의 약속은 어떤 이들이 더디다고 생각하는 것같이 더딘 것이 아니라 오직 주께서는 너희를 대하여 오래 참으사 아무도 멸망하지 아니하고 다 회개하기에 이르기를 원하시느니라"(벧후3:9)

성경 말씀에 대한 잘못된 지식으로 남을 비판하는 너는 도대체 누구냐? 네가 하나님 말씀을 바르게 알기는 하는 것이냐? 성경 말씀은 계시의 말씀이라 하지 않더냐? 계시의 말씀은 성령께서 깨닫게 하지 않으면 바르게 알 수 없다는 것을 너는 알고 있느냐? 성령님을 제대로 알지도 못하면서 말씀을 어떻게 안다고 헛소리를 지껄이느냐? 신학대학을 나와 그 졸업장으로 목사가 된 네가 참된 목사냐? 너는 정작 하나님을 인격적으로 만나 본 적도 없지 않은가? 성령의 임재를 경험한 적이 있는가? 성령의 인도하심을 따라 목회 사역을 하고 있는가 말이다. 네가 목사님이라면 목사가 목사님을 비판하고 정죄하라고 성경 말씀 어디에 기록되어 있더냐? 목사가 목사님을 물어뜯으면 어떻게 되겠느냐? 너는 목사가 아니냐? 누가 네게 목사님을 비판하고 판단하고 정죄하라고 시키더냐? ○○○ 목사님이 천국에 갔던지, 지옥에 갔던지, 네게 무슨 상관이냐? 하나님 앞에 기도하면서 그분의 뜻을 따라 이 일을 행하고 있느냐 하나님께서 네게 그렇게 하라고 시키더냐? 너는 마귀의 하수인일지도 모른다. 자신을 돌아보고 하나님 앞에 회개 기도해야 할 것이다.

"베드로가 돌이켜 예수께서 사랑하시는 그 제자가 따르는 것을 보니 그는 만찬석에서 예수의 품에 의지하여 주님 주님을 파는 자가 누구오니이까 묻던 자더라 이에 베드로가 그를 보고 예수께 여짜오되 주님 이 사람은 어떻게 되겠사옵나이까 예수께서 이르시되 내가 올 때까지 그를 머물게 하고자 할지라도 네게 무슨 상관이냐 너는 나를 따르라 하시더라" (요21:20~22)

당신은 말씀을 바로 알고 말씀 따라 하나님을 경외함으로 섬기기를 힘써야 할 것이다.

"여호와를 경외하는 것이 지혜의 근본이요 거룩하신 자를 아는 것이 명철이니라" (잠9:10)

당신은 하나님의 성령에 대해 아는 바가 전혀 없는 것 같구나. 마귀에 대해서도 자세히 알지 못하면서 헛소리를 지껄이는구나. 성령과 마귀를 분별하지도 못하는 주제에 성령으로 충만한 목사님을 비방하고 정죄하고 욕되게 하는구나.

"그러므로 내가 그리스도 예수 안에서 하나님의 일에 대하여 자랑하는 것이 있거니와 그리스도께서 이방인들을 순종하게 하기 위하여 나를 통하여 역사하신 것 외에는 내가 감히 말하지 아니하노라 그 일은 말과 행위로 표적과 기사의 능력으로 성령의 능력으로 이루어졌으며 그리하여 내가 예루살렘으로부터 두루 행하여 일루리곤까지 그리스도의 복음을 편만하게 전하였노라" (롬15:17~19)

"믿는 자들에게는 이런 표적이 따르리니 곧 그들이 내 이름으로 귀신을 쫓아내며 새 방언을 말하며 뱀을 집어올리며 무슨 독을 마실지라도 해를 받지 아니하며 병든 사람에게 손을 얹은즉 나으리라 하시더라" (막16:17~18)

"내가 아버지께로부터 너희에게 보낼 보혜사 곧 아버지께로부터 나오시는 진리의 성령이 오실 때에 그가 나를 증언하실 것이요" (요15:26)

"오순절 날이 이미 이르매 그들이 다같이 한곳에 모였더니 홀연히 하늘로부터 급하고 강한 바람 같은 소리가 있어 그들이 앉은 온 집에 가득하며 마치 불의 혀처럼 갈라지는 것들이 그들에게 보여 각 사람 위에 하나씩 임하여 있더니 그들이 다 성령의 충만함을 받고 성령이 말하게 하심을 따라 다른 언어들로 말하기를 시작하니라" (행2:1~4)

"하나님이 오른손으로 예수를 높이시매 그가 약속하신 성령을 아버지께 받아서 너희가 보고 듣는 이것을 부어 주셨느니라" (행2:33)

"바울이 그들에게 안수하매 성령이 그들에게 임하시므로 방언도 하고 예언도 하니" (행19:6)

"베드로가 이 말을 할 때에 성령이 말씀 듣는 모든 사람에게 내려오시니 베드로와 함께 온 할례받은 신자들이 이방인들에게도 성령 부어 주심으로 말미암아 놀라니 이는 방언을 말하며 하나님 높임을 들음이러라" (행10:44~46)

"그 안에서 너희도 진리의 말씀 곧 너희의 구원의 복음을 듣고 그 안에서 또한 믿어 약속의 성령으로 인치심을 받았으니" (엡1:13)

"그러므로 내가 너희에게 알리노니 하나님의 영으로 말하는 자는 누구든지 예수를 저주할 자라 하지 아니하고 또 성령으로 아니하고는 누구든지 예수를 주시라 할 수 없느니라"(고전12:3)

"예수께서 대답하시되 진실로 진실로 네게 이르노니 사람이 물과 성령으로 나지 아니하면 하나님의 나라에 들어갈 수 없느니라"(요3:5)

"너희가 악할지라도 좋은 것을 자식에게 줄 줄 알거든 하물며 너희 하늘 아버지께서 구하는 자에게 성령을 주시지 않겠느냐 하시니라"(눅11:13)

"베드로가 이르되 너희가 회개하여 각각 예수 그리스도의 이름으로 세례를 받고 죄 사함을 받으라 그리하면 성령의 선물을 받으리니"(행2:38)

"성결의 영으로는 죽은 자들 가운데서 부활하사 능력으로 하나님의 아들로 선포되셨으니 곧 우리 주 예수 그리스도시니라"(롬1:4)

왜 목사들이 자기 본분을 망각하고 목사님들을 비판하기에 급급한가?

"너희는 너희 아비 마귀에게서 났으니 너희 아비의 욕심대로 너희도 행하고자 하느니라 그는 처음부터 살인한 자요 진리가 그 속에 없으므로 진리에 서지 못하고 거짓을 말할 때마다 제 것으로 말하나니 이는 그가 거짓말쟁이요 거짓의 아비가 되었음이라"(요8:44)

"근신하라 깨어라 너희 대적 마귀가 우는 사자같이 두루 다니며 삼킬 자를 찾나니 너희는 믿음을 굳건하게 하여 그를 대적하라 이는 세상에 있는 너희 형제들도 동일한 고난을 당하는 줄을 앎이라"(벧전5:8~9)

"그런즉 너희는 하나님께 복종할지어다 마귀를 대적하라 그리하면

너희를 피하리라"(약4:7)

또 그 목사님이 천국이나 지옥에 가신 것을 네가 어떻게 아느냐? 네가 하나님이냐? 목사가 해야 할 일을 성경에 이렇게 기록하고 있는 것을 너는 아느냐, 알고도 모른 척하느냐?

"그들이 조반 먹은 후에 예수께서 시몬 베드로에게 이르시되 요한의 아들 시몬아 네가 이 사람들보다 나를 더 사랑하느냐 하시니 이르되 그러하나이다 내가 주님을 사랑하는 줄 주님께서 아시나이다 이르시되 내 어린 양을 먹이라 하시고 또 두 번째 이르시되 요한의 아들 시몬아 네가 나를 사랑하느냐 하시니 이르되 주님 그러하나이다 내가 주님을 사랑하는 줄 주님께서 아시나이다 이르시되 내 양을 치라 하시고 세 번째 이르시되 요한의 아들 시몬아 네가 나를 사랑하느냐 하시니 주께서 세 번째 네가 나를 사랑하느냐 하시므로 베드로가 근심하여 이르되 주님 모든 것을 아시오매 내가 주님을 사랑하는 줄을 주님께서 아시나이다 예수께서 이르시되 내 양을 먹이라"(요21:15~17)

"너희 중에 있는 하나님의 양무리를 치되 억지로 하지 말고 하나님의 뜻을 따라 자원함으로 하며 더러운 이득을 위하여 하지 말고 기꺼이 하며 맡은 자들에게 주장하는 자세를 하지 말고 양 무리의 본이 되라 그리하면 목자장이 나타나실 때에 시들지 아니하는 영광의 관을 얻으리라"(벧전5:2~4)

"〈여호와께서 양 떼를 구원하시리라〉 그러므로 목자들아 여호와의 말씀을 들을지어다 주 여호와의 말씀에 내가 나의 삶을 두고 맹세하노라 내 양 떼가 노략거리가 되고 모든 들짐승의 밥이 된 것은 목자가 없기 때문이라 내 목자들이 내 양을 찾지 아니하고 자기만 먹이고 내 양 떼를 먹이지 아니하였도다 그러므로 너희 목자들아 여호와의 말씀을 들을지어다 주 여호와께서 이같이 말씀하시되 내가 목자들을 대적하여 내 양 떼를 그들의 손에서 찾으리니 목자들이 양을 먹이지 못할 뿐 아니라 그들이 다시는 자기도 먹이지 못할지라 내가 내 양을 그들의 입에서 건져내어서 다시는 그 먹이가 되지 아니하게 하리라 주 여호와께서 이같이 말씀하셨느니라 나 곧 내가 내 양을 찾고 찾되 목자가 양 가운데 있는 날에 양이 흩어졌으며 그 떼를 찾는 것같이 내가 내 양을 찾아서 흐리고 캄캄한 날에 그 흩어진 모든 곳에서 그것들을 건져낼지라, 내가 친히 내 양의 목자가 되어 그것들을 누워 있게 할지라 주 여호와의 말씀이니라 그 잃어버린 자를 내가 찾으며 쫓기는 자를 내가 돌아오게 하며 상한 자를 내가 싸매 주며 병든 자를 내가 강하게 하려니와 살진 자와 강한 자는 내가 없애고 정의대로 그것들을 먹이리라 주 여호와께서 이같이 말씀하셨느니라 나의 양 떼 너희여 내가 양과 양 사이와 숫양과 숫염소 사이에서 심판하노라, 내가 그들에게 복을 내리고 내 산 사방에 복을 내리며 때를 따라 소낙비를 내리되 복된 소낙비를 내리리라, 내 양 곧 내 초장의 양 너희는 사람이요 나는 너희 하나님이라 주 여호와의 말씀이니라" (겔34:7~31)

당신은 예배 가운데 성령님의 임재를 도대체 경험한 적이 없는 것 같구나. 성령님의 임재를 경험해 보라. 그러면 성령님의 임재 가운데 어떠한 일이 일어나는지 보게 될 것이다. 성령 세례를 받을 때에 성도들에게 나타나는 현상이 성경 말씀에 자세하게 기록되지 않은 것은 극히 일부 몰지각한 성도들이 방언처럼 가식적으로 흉내내는 것을 미연에 방지함으로 혼란을 막기 위함일 것이다. 당신은 성도들 앞에 무슨 설교를 하고 있느냐? 네 설교를 듣고 신앙생활을 하고 있는 성도들의 형편이 오죽하랴. 그분들이 불쌍히 여겨짐이 어쩜이뇨.

"화 있을진저 외식하는 서기관들과 바리새인들이여 너희는 천국 문을 사람들 앞에서 닫고 너희도 들어가지 않고 들어가려 하는 자도 들어가지 못하게 하는도다, 화 있을진저 외식하는 서기관들과 바리새인들이여 너희는 교인 한 사람을 얻기 위하여 바다와 육지를 두루 다니다가 생기면 너희보다 배나 더 지옥 자식이 되게 하는도다" (마23:13, 15)

글쓴이 김영길

목 차

머리말
4

읽어두기
8

믿는 자와 믿지 않는 자의 시작과 끝
18

천성의 황홀한 아름다움과 기쁨과 평안을 맛본 사람들_상
24

믿는 자와 믿지 않는 자의 시작과 끝

- 하나님이 당신 귀에다 조용히 속삭이듯 "너 나를 알기는 하니? Do you know me?" 하시면
- 하나님이 당신 귀에다 조용히 속삭이듯 "너 내 이름은 알고 있니? Do you know my name?" 하시면

"영생은 곧 유일하신 참 하나님과 곧 그가 보내신 자 예수 그리스도를 아는 것이니이다" (요17:3)

하나님께서는 이 순간에도 택하신 백성들 한 심령 한 심령을 찾아주시고, 만나주시고, 말씀하시고, 치유하시고, 회개에 이르도록 인도하신다. 우리는 뜨거운 눈물의 회개를 통해야만 천국으로 가는 길로 인도함을 받을 수 있다. 사람들은 누구나 오래 살고 싶어 한다. 죽지 않고 영원히 살기를 바란다. 영생으로 가는 길이 있다. 그러나 많은 사람들이 그 길을 알지 못한다. 알려고도 하지 않기 때문이다. "이는 사람으로 혹 하나님을 더듬어 찾아 발견하게 하려 하심이로되 그는 우리 각 사람에게서 멀리 계시지 아니하도다" (행17:27) 하나님께서 그분이 만드신 만물에 자기를 나타내 보이신다. 그렇지만 하나님을 찾을 생각은 하지도 않고 먼저 하나님은 없다고 단정한다. 사탄이 방해하기 때문이다.

용을 잡으니 곧 옛 뱀이요, 마귀요, 사탄이라. 잡아서 천 년 동안 결박하여 무저갱에 던져 넣어 잠그고, 그 위에 인봉하여 천 년이 차도록 다시는 만국을 미혹하지 못하게 하였는데, 그 후에는 반드시 잠깐 놓이리라. 천 년이 차매 사탄이 그 옥에서 놓여 나와서 땅의 사방 백성, 곧 곡과 마곡을 미혹하고 모아 싸움을 붙이리니, 그 수가 바다의 모래 같으리라. 그들이 지면에 널리 퍼져 성도들의 진과 사랑하시는 성을 두르매, 하늘에서 불이 내려와 그들을 태워버리고, 또 그들을 미혹하는 마귀가 불과 유황 못에 던져지니, 거기는 그 짐승과 거짓 선지자도 있어 세세토록 밤낮 괴로움을 받으리라. 에덴동산에서 여자를 꾀어 선악과를 먹게 한 옛 뱀, 그것이 마귀다. 죄를 짓는 자는 마귀에게 속하나니, 마귀는 처음부터 범죄함이라. 근신하라 깨어라 너희 대적 마귀가 우는 사자같이 두루 다니며 삼킬 자를 찾나니, 너희는 믿음을 굳건하게 하여 마귀를 대적하라. 하나님의 아들이 나타나신 것은 마귀의 일을 멸하려 하심이라.

"예수께서 이르시되 내가 곧 길이요 진리요 생명이니 나로 말미암지 않고는 아버지께로 올 자가 없느니라"(요14:6) 예수 그리스도로 말미암지 않고는 생명으로 갈 수 없다고 하신다. "내가 종일 손을 펴서 자기 생각을 따라 옳지 않은 길을 걸어가는 패역한 백성을 불렀나니" (사65:2) 하나님께서는 종일 손을 펴서 죄인들을 부르셨다고 하신다. 하나님의 부르심에 순종한 자들이 있다. 그들이 교인들이다. 성도들이다. 하나님 앞에 예배하는 자들이다. 거룩하게 구별된 자들이다. 이들은 좁은 문으로 들어선 자들이다.

하나님이 사람들에게는 영원을 사모하는 마음을 주셨다. 인생들에게는 태어나면서부터 오로지 두 갈래 길이 있다. 그 하나는 천국으로 가는 길이요 다른 하나는 지옥으로 가는 길이다. 천국으로 가는 길은 성령께서 인도하시고, 지옥으로 가는 길은 사탄이 인도한다. 생명으로 들어가는 문은 좁고, 길이 협착하여 찾는 자가 적다. 멸망으로 들어가는 문은 크고, 그 길이 넓어 그리로 들어가는 자가 많다. 천국에는 하나님의 영광이 있어, 그 성의 빛이 지극히 귀한 보석 같고, 벽옥과 수정같이 맑다. 하나님의 장막이 사람들과 함께 있으매, 하나님이 그들과 함께 계시리니, 그들은 하나님의 백성이 되고 하나님이 친히 그들과 함께 계셔서 모든 눈물을 그 눈에서 닦아 주시니 다시는 사망이 없고, 애통하는 것이나 곡하는 것이나 아픈 것이 다시 있지 않다. 거기에는 하나님과 및 예수 그리스도께서 성전이 되시고, 그 성은 해나 달의 비침이 쓸데없으니, 이는 하나님의 영광이 비치고 어린 양이 그 등불이 되심이라. 그렇다면 우리는 어떻게 하면 천국으로 가는 문을 찾을 수 있을까? 또 그 길로 갈 수 있을까? 의문이 생긴다. 그 답은 너무나도 간단하다. 전도자로부터 복음을 전해 듣고 회심하여 교회를 찾아가는 것이다. 하나님 아버지 앞에 회개하고, 예배하며, 하나님과 그분의 독생자 예수 그리스도를 알아가는 것이다. 그러면 말씀과 기도와 찬양을 통하여 성령세례를 받게 된다. 그리하면 성령의 인도하심을 따라 참된 신앙생활을 할 수 있다. 인생은 정해진 년수까지만 이 땅에서 육신의 몸을 입고 살 수 있다. 그 년수는 하나님께서 정하신 것이다. 길어야 백이십 년, 일반적으로 칠팔십 년이면 이 땅에서 생을 마감하게 된다. 그러면 흙으로 지음 받은 육신은 흙으로 돌아가게 된다. 그리고 그 영은 마지막 나팔에 순식간에 홀연히 다 변화된다. 나팔 소리가 나매 죽은 자들이 썩지 아니할 것으로 다시 살아나고 우리도 변화된다. 이 썩을 것이 반드시 썩지 아니할 것을 입겠고, 이 죽을 것이 죽지 아니함을 입게 된다. 부활하신 예수 그리스도께서 우리의 낮은 몸을 자기 영광의 몸의 형체와 같이 변하게 하신다. 그리하여 다시는 죽음이 없는 영원한 하나님의 나라 천국에서 하나님의 백성이 되어 영생 복락을 누리게 하신다.

지옥으로 가는 길은 간단하다. 하나님과 그 독생자 예수 그리스도를 알지 못하여 진리와 떨어진 삶을 사는 것이다. 그들은 사탄의 꾀임에 속아 하나님이 이 세상에 없다고 한다. 또한 그들이 마음에 하나님 두기를 싫어하매, 하나님께서 그들을 그 상실한 마음대로 내버려두어, 합당하지 못한 일을 하게 하셨으니 곧 모든 불의, 추악, 탐욕, 악의가 가득한 자요 시기, 살인, 분쟁, 사기, 악독이 가득한 자요, 수군수군하는 자요, 비방하는 자요, 하나님께서 미워하는 자요, 능욕하는 자요, 교만한 자요, 자랑하는 자요, 악을 도모하는 자요, 부모를 거역하는 자요, 우매한 자요, 배약하는 자요, 무정한 자요, 무자비한 자라. 그들이 이 같은 일을 행하는 자는 사형에 해당한다고 하나님께서 정하심을 알고도 그런 일을 행할 뿐 아니라 돌이켜 회개하지도 아니한다. 또한 전도자가 복음을 전해도 듣지 아니하므로, 말씀이 그 속에 있지 않다. 그러므로 자기 생각대로, 정욕대로 살다가 이 땅의 생을 마치고 지옥, 다른 말로 하면 불못으로 떨어지게 된다. 거기에서는 구더기도 죽지 않고 불도 꺼지지 않는다. 사람마다 불로써 소금 치듯 함을 받으며, 세세토록 밤낮 괴로움을 받게 된다.

믿음이 작은 자여 왜 의심하였느냐

천성의 황홀한 아름다움과
기쁨과 평안을 맛본 사람들

107인 성도의 신앙간증 ; 평신도 연예인 목사 선교사

상

어머니 태에서부터 '모태신앙인'이라 불리워지면서 한 아이가 태어났다. 이를 우리는 '모태신앙인'이라 한다. 자기 의지나 믿음과 상관없이 부모님의 신앙의 울타리 안에서 그렇게 그 아이는 자라나고 있었다. 그 아이는 유아 세례를 받았다. 그렇지만 그 아이는 그에 대해 아는 것이 아무것도 없다. 그로 인하여 교회 안팎에서 여러 교인들 사이에 많은 사랑을 받으며 그렇게 커가고 있었다. 하나님 아버지께서는 우리에게 징계를 주시므로 그 고난을 통하여 자신을 발견하게 하신다. 그로 인해 우리가 회개하기에 이르도록 주님의 은혜로 인도하신다. 자기 죄를 보게 하시고 자백하므로 그 죄를 깨끗이 씻어 주시고 기억하지도 않으시겠다고 약속하신다. 우리 성도들은 그분의 자비하심과 인자하심의 날개 아래서 은혜를 감사하며 찬양하며 기뻐하며 영광을 하나님께 돌리는 거룩한 삶을 살아가도록 더욱 힘써야 한다.

"야곱아 너를 창조하신 여호와께서 지금 말씀하시느니라 이스라엘아 너를 지으신 이가 말씀하시느니라 너는 두려워하지 말라 내가 너를 구속하였고 내가 너를 지명하여 불렀나니 너는 내 것이라 네가 물 가운데로 지날 때에 내가 너와 함께할 것이라 강을 건널 때에 물이 너를 침몰하지 못할 것이며 네가 불 가운데로 지날 때에 타지도 아니할 것이요 불꽃이 너를 사르지도 못하리니 대저 나는 네 하나님이요 이스라엘의 거룩한 이요 네 구원자임이라" (사43:1~3)

그 아이는 일곱 살이 되었을 때에 수면마비가 와서 많은 고통 가운데 괴로운 시간들을 보내게 되었다. 잠에서 깨어나서 의식이 있고 눈도 떠지는데 모든 근육이 마비되어 반쯤 깨어있는 상태에서 움직이지 못하여 움직이려고 애를 쓰기도 하였으나 허사였다. 죽음이나 환상을 보기도 하고 몹시 무서워 떨며 지내는 생활이 계속되었다. 목소리 근육도 마비되어 도움을 청하려고 소리를 지르려 해도 목소리가 나오지 않아 도움을 구할 수도 없었다. 몹시 힘든 나날이었다. 그러던 어느 날 동네 같은 또래 친구에게 그 얘기를 들려주었더니 너 교회를 가는 것이 좋겠다고 했다. 아 그렇지 하나님께서 나를 고쳐 주시겠구나 나는 모태신앙인이지 자기 자신의 처지를 알게 되었다. 그 아이는 다가오는 주일날 교회에 가서 하나님 앞에 예배를 드리기로 마음먹었다. 그는 언제부터인가 교회 가는 일에 게을러지기 시작했다. 예배를 자주 빼먹게 되었던 것이다. 또래 아이들이 교회 가는 것을 방해하므로 그들과 여러번 다투게 되면서 그렇게 되었던 것이다. 그러나 이번애는 단단히 마음먹고 교회에 갔다. 그리고 하나님 앞에 예배를 드렸다. "주여 나의 병을 고쳐 주시옵소서"라고 하나님 아버지께 기도드렸다. 당장은 아무 일도 일어나지 않은 듯했다. 그런데 수면마비가 깨끗이 나은 것을 얼마 후에야 알게 되었다. 그는 그날 이후 단 한 번도 수면마비를 앓은 적이 없었다. 날아갈 듯이 기뻤다. 하나님께서 내 기도를 들어 주셨구나. 하나님께서 나를 고쳐주셨구나. 그 아이는 하나님께 감사기도를 드렸다. 하나님께서는 신앙에서 멀어져 가는 어린 신자에게 징계의 채찍을 사용하여 주님께로 돌이키도록 질병을 사용하신 것이다. 신앙인은 언제나 주님만 바라보게 하시고 믿고 의지하게 하신다. 경외함으로 섬기도록 인도하신다. 그가 곁길로 가면 돌이키도록 징계를 도구로 사용하신다. 질병으로, 여러 가지 형태의 고난으로, 감당할 수 있는 시험으로 성도들을 바른 길로 인도하신다. 하나님께서는 하나님을 지식으로만 아는 것이 아니라 체험을 통해 알게 하신다. 하나님께서 나의 기도를 들으시고 수면마비를 고쳐 주셨음을 널리 알려야겠다고 그 아이는 마음먹었다. "그가 찔림은 우리의 허물 때문이요 그가 상함은 우리의 죄악 때문이라 그가 징계를 받으므로 우리는 평화를 누리고 그가 채찍에 맞으므로 우리는 나음을 받았도다"(사53:5)

그 아이는 집이 가난하여 유치원에 갈 수 없었다. 어머니의 손을 잡고 유치원 버스를 기다리는 아이들이 무척 행복해 보였다. 유치원 버스를 타고 가는 그 아이들이 몹시 부러웠다. 나는 왜 유치원도 못 가는 가난한 집에서 태어났을까? 자신의 처지가 너무나 처량하다는 생각이 들었다. 가난이 왜 나를 둘러싸고 있을까? 가난이 무엇일까? 가난은 돈이 없는 것이라는 생각이 들었다. 그렇다면 가난을 벗어나려면 돈을 벌어야 한다. 돈을 벌자. 돈을 벌어서 가난을 벗어나자. 어린 마음에 다짐을 하고 또 다짐을 했다. 그런데 무슨 수로 돈을 번단 말인가? 나는 나이도 어리다. 힘도 없다. 배운 것도 없다. 아무런 재주도 없다. 돈을 벌 수 있는 뾰족한 방법이 생각나질 않았다. 그렇게 그 아이는 자라나 초등학교에 다니게 되었다. 초등학교에 다니면서 더 기막힌 일들이 그를 기다리고 있었던 것이다. 다른 아이들은 도시락을 싸 와서 점심시간에 맛있게 먹는데, 그는 도시락을 싸올 수 있는 형편이 못 되었다. 하루 세 끼를 씨레기죽으로 허기진 배를 채우며 연명하는 극심한 가난이 그를 둘러싸고 있었기 때문이다 점심 시간에는 밥 대신 물로 배를 채웠다. 그러나 그는 낙심하지 않았다. 돈을 벌어야 한다. 부자가 되어야 한다. 하지만 좋은 방법이 생각나지 않았다. 초등학교 졸업을 앞두고 중학교 입학시험을 치르게 되었다. 240명 정원에 59등으로 합격했다 그렇지만 입학금이 없어 중학교 다니는 것을 포기해야만 했다 자기도 모르게 눈물이 주르륵 흘렀다. 몹시 슬펐다 눈이 퉁퉁 붓도록 실컷 울었다. 어느덧 일 년이라는 세월이 훌쩍 흘러갔다. 가정 형편이 좀 나아졌다. 교회에서 세운 입학금이 비교적 저렴한 중학교에 들어갈 수 있었다. 열심히 공부를 했다. 일주일에 성경 공부 시간이 3시간이나 들어 있었다. 그로 인해 말씀을 알아가기 시작했다. 하나님과 그 독생자 예수 그리스도를 알게 되었다. 그는 성경 공부 시간이 기다려지기도 했다. 하나님께서 이 땅의 죄악을 씻어 버리려고 그 독생자 예수 그리스도를 보내 주셨다. 예수 그리스도의 나심은 이러하니라. 그의 어머니 마리아가 요셉과 약혼하고 동거하기 전에 성령으로 잉태된 것이 나타났더니, 그의 남편 요셉은 의로운 사람이라 그를 드러내지 아니하고 가만히 끊고자 하여, 이 일을 생각할 때에, 주의 사자가 현몽하여 이르되, 다윗의 자손 요셉아 네 아내 마리아 데려오기를 무서워하지 말라. 그에게 잉태된 자는 성령으로 된 것이라. 아들을 낳으리니 이름을 예수라 하라. 이는 그가 자기 백성을 그들의 죄에서 구원할 자이심이라 하니라. 이 모든 일이 된 것은 주께서 선지자로 하신 말씀을 이루려 하심이니, 이르시되 보라 처녀가 잉태하여 아들을 낳을 것이요, 그의 이름은 임마누엘이라 하리라 하셨으니, 이를 번역한즉 하나님이 우리와 함께 계시다 함이라. 요셉이 잠에서 깨어 일어나 주의 사자의 분부대로 행하여 그의 아내를 데려왔으나 아들을 낳기까지 동침하지 아니하더니 낳으매 이름을 예수라 하니라. "심령이 가난한 자는 복이 있나니 천국이 그들의 것임이요"(마 5:3) 이는 예수 그리스도께서 이 순간에도 우리들에게 가르쳐 이르시는 말씀이다. 이 말씀은 인생들이 광야에 떨어져 하나님의 은혜 없이는 살 수 없는 상태를 뜻한다. "주님 없이는 살 수 없다, 주님만이 살 길이다"라고 말씀하시는 것이다. 하나님 앞에 엎드려 뜨겁게 회개하므로, 성령으로 충만함을 받아, 성령의 인도하심을 따라 하나님을 경외하며, 경건함으로 섬기는 것이라 할 것이다. 온전히 주님만 바라고, 믿고, 의지하며 그 뜻에 순종하는 삶이다. 그 끝은 하나님의 백성이 되어, 영원한 하나님의 나라에서 영생 복락을 누리는 것이다. 말씀 충만, 성령 충만만이 인생들이 살길임을 지금 이 시간에도 예수 그리스도께서 우리 심령 심령에 울림을 주시는 것임을 깨달아 알아야 할 것이다.

"좋으신 하나님 아버지 이 시간 무익한 종, 십자가 뒤로 감추어 주시고, 절대로 저가 드러나지 않게 하시고, 저를 살리신 예수님만 드러나게 하여 주시옵소서 이 시간을 함께하시는 모든 시청자들 마음과 생각과 기억을 주님께서 주관하셔서 예수님만으로 승리하는 귀한 간증 시간이 될 수 있도록 축복해 주시옵소서" 기도로 간증을 시작하시는 어느 목사님, "주 안에서 가장 부자요, 가장 행복하며, 가장 풍성한 삶을 살도록 하나님께서 함께하심을 감사하며 살아간다"는 그 삶을 글로 옮겨 본다. 그의 부모님들은 불교와 온갖 토속 신앙으로 일 년에 열 번씩 제사를 지내고, 고사도 지내며, 굿을 하기도 했다. 노란 종이에 빨간 글씨로 쓴 부적으로 온통 집 안을 도배할 정도로 불교와 미신을 믿는 가정에서 어린 시절을 보냈다. 그의 꿈은 부자가 되는 것이었다. 그냥 부자가 아니라, 세상에서 제일 가는 부자가 되는 것이었다.

그가 중학교 3학년 때 미국으로 이민을 갔다. 부자가 되는 꿈을 이루기 위해 열심히 아르바이트를 했고 또 열심히 공부도 했다. 명문 대학에도 들어갔다. 돈을 많이 버는 직업이 무엇일까 그는 고민하기 시작했다. 우연히 방문하게 된 변호사 사무실에서 그 고민이 해결되는 듯했다. 변호사들이 일 년에 서울 강남에 있는 아파트 다섯 채를 살 수 있는 만큼의 많은 돈을 번다는 것을 알게 되었다. 그들이 바닷가에 별장과 호화 요트며 좋은 차를 소유하고 호화스러운 생활을 하고 있다는 것도 알게 되었다. 그는 명문대를 졸업하고 변호사가 되기 위해 로스쿨에 가기로 결심했다. 그러던 어느 날 잡지를 뒤적이다가 일 년에 서울 강남에 있는 아파트를 삼백 채나 살 수 있을 만큼 큰돈을 버는 사람들이 있다는 것을 알고 충격을 받았다.

그들이 증권회사 펀드메니저들이라는 것도 알게 됐다 그들이 바닷가에 별장과 호화 요트며, 값비싼 여러 대의 차를 소유하고, 호화스러운 생활을 하고 있다는 사실도 알게 되었다. 그는 큰 증권회사 문을 두드리기 시작했다. 많은 기관 투자자들이 채권에 투자하도록 투자자를 유치하는 일을 하게 되었다. 다른 직원들보다 아침 일찍 출근하고 저녁 늦도록 일하면서 하루 20여 시간을 들여 정말 열심히 기관 투자자들을 모아 회사에 큰 기여를 했다. 그래서 많은 돈을 벌기 시작했다. 27살 나이에 부사장 직함을 받게 되고, 그에 따른 많은 연봉과 보너스도 받게 되었다. 세상에서 돈 버는 일이 제일 쉽다는 건방진 말도 하게 됐다.

하루에 집 몇 채를 살 정도로 많은 돈을 벌었다. 값비싼 스포츠카도 수집하게 되고, 돈을 아무리 써도 남아돌았다. 돈이 많으면 행복할 줄 알았는데 많은 돈을 벌고 어릴 때의 꿈이 이루어졌지만 마음 한구석에 자리하고 있는 공허함을 메울 수는 없었다. 그는 미국에 이민 와서 어린 나이에 담배도 피우고, 술도 마시고, 마약도 하게 되었다고 고백한다. 대학시절에는 마약에 취한 채로 학교를 다녔고 그런데도 학교 성적은 좋았다고 했다. 더 많은 돈을 쓰기도 하고, 술을 많이 마셔보기도 하고, 마약도 많이 해보았지만 그것들로 마음에 부족함을 채울 수는 없었다.

술을 더 많이 마시기도 하고 마약도 더 많이 하고 값비싼 물건들을 수집하기도 했지만 마음 한구석에 자리하고 있는 공허함은 채워지지 않았다. 그런 방탕한 삶 가운데서도 회사에 가면 정신이 또렷해지고 일은 일대로 잘 되고 많은 돈도 벌었다. 그래서 나는 무엇이든지 할 수 있다는 교만의 정점에 이르게 되었다. 나는 어떠한 일이 있어도 넘어질 수 없다. 무엇이든지 나를 넘어뜨릴 수 없다. 이를테면 '수퍼맨 증후군'이라는 질병에 걸리게 되었다. 자신도 모르는 사이에 몸은 만신창이가 되어 갔다. 오랫동안 술을 많이 마셔서 간이 망가지게 되고, 위산 역류를 앓게 되므로 10여 년간 김치도 먹지를 못했다. 담배를 많이 피우고 마약을 많이 한 탓에 폐도 망가지게 되었다. 폐활량이 적어 숨쉬기조차 힘들었다. 마약으로 인한 폐해는 또 있었다. 그로 인해 실어증을 앓게 되었고, 눈이 나빠져서 잘 볼 수도 없는 지경에 이르렀다. 대학시절에는 허리디스크와 척추관협착증을 앓았다. 이후 마약을 더 많이 함으로 발뒤꿈치에 종양이 생겼고, 극심한 스트레스와 원형탈모증도 겪게 되었다. 온몸이 알레르기로 인한 두드러기로 말미암아 고통을 겪었다. 진통제 없이는 살 수 없는 고난의 시간들을 보낸 세월이 16년이나 되었다. 이후 교만으로 말미암아 자아충만, 혈기충만으로 대인관계는 무너졌고, 심지어 난폭한 행동으로 감옥에도 여러 번 들락거렸다. 그런 가운데 돈을 더 많이 벌 욕심으로 다니던 회사를 그만두고 자기 회사를 차리게 되었다. 회사 일이 잘 풀려서 더 많은 돈을 벌게 되었다.

  예수 믿는 아이들에게 술을 먹여 교회를 떠나게 하는 데 쾌감을 느껴 그 일을 서슴지 않고 자행하기도 했다. 그는 학벌 좋은 쓰레기, 성공한 쓰레기, 출세한 쓰레기, 돈 많은 쓰레기였다. 그런 가운데 우울증이 와서 두 번씩이나 자살 시도를 했다. 매일 매일 죽는 생각만 했다. 술과 담배와 마약을 끊으려고 노력했지만 그의 생각대로 되지 않았다. 1997년 어느날 형과 함께 편의점에 앉아 있는데 낯선 외국인이 다가와서 당신 예수님 믿습니까 물어 봤을때 아니라고 대답했다. 그런데 그분이 내 기도를 따라 하겠느냐고 물었을 때 나도 모르게 '예'라고 대답했다. 그는 나의 손을 잡고 기도하기 시작했고 나는 그분의 기도를 따라 기도했다.

  "예수님 당신의 보혈로 나의 죄를 씻어주시고, 나에게 성령님이 임하게 하여 주세요.. 아멘" 하고 기도하고 떠나려는 그에게 당신은 누구냐고 물었을 때, 그는 목사라고 했다. 그분을 떠나보내고 형이 운전대를 잡고 집으로 돌아가는데 뜨거운 눈물이 흐르기 시작했다. 목 깊은 곳에서 이상한 목소리가 나오는 것을 느끼게 되었다. 그리고 그의 몸에서 악한 영들이 하나하나 빠져나가는 것을 체험하게 됐다 성령께서 임하시므로 방언을 받게 되고 그의 몸에서 악령도 빠져나가게 되었다. 성령 세례를 받은 것이다. 하나님께서 나를 회심하고 돌이키기 위해 목사님을 사용하셨던 것이다. 하나님께서 나를 불쌍히 여기셔서 심령이 가난한 나에게 성령 세례를 베푸시고, 치유하시고, 회복시키시는 놀라운 체험을 하게 되었다. 그로부터 술도 끊고, 담배도 끊고, 마약도 끊게 되었다. 이틀 후 주일날 어머니와 함께 온 가족이 교회를 찾아가서 예배를 드렸다. 첫 예배를 드릴 때 들었던 잊지 못할 찬송이 있었다. "주 안에 있는 나에게 딴 근심 있으랴 십자가 밑에 나아가 내 짐을 풀었네 주님을 찬송하면서 할렐루야 할렐루야 내 앞길 멀고 험해도 나 주님만 따라가리" (찬송가 370장 1절) 그 찬송을 지금도 즐겨 부른다고 했다. 이제 형은 교회 장로로 섬기고, 있고 가족 모두가 구원을 받게 되었다. 하나님께서는 세상 어떤 것으로도 만족할 수 없었던 가난한 심령에, 성령으로 충만케 하셔서 만족하게 하시고, 그를 죄에서 건져 주셨다.

그 이후에도 참으로 힘한 길 좁은 길을 걷게 되었다고 그는 고백한다. 어느 한순간에 그 많던 재산을 하나님께서 말끔히 치워 주셨다. 그해 10월 새벽 기도 중에, 예수님께서 나타나셔서 환상을 보이시며, 주의 종으로 소명을 받았다. 신학대학원에 가서 듣고 보았지만, 이 길은 내 길이 아니다 싶어서 2년 동안 그 부르심에 순종하지 못했다고 했다. 두 번째 기도원에 올라가서 기도 중에 하나님께서 "내가 너를 원한다"는 음성을 듣고, 신학대학원에 들어갔지만, 신앙의 기초가 서 있지 않은 그에게는, 모든 것이 낯설고 단어가 생소하여 이해할 수 없으므로,

또 한 번 좌절하며 방황하게 되었다. 그 후 세 번째 신학대학원에 들어갔을 때 하나님께서 모든 것을 밝히 보이시고 깨달아 알게 하시므로 전부 A 성적으로 신학대학원을 졸업하게 되었다. 온전히 하나님의 은혜로 신학대학원을 졸업하게 되었다고 그는 고백한다. 졸업 후 집안 정리를 한 뒤에 아내와 함께 자비량으로, 예수님을 증거하기 위하여 순회부흥강사로 활동하기 시작했다. 그러던 중에 하나님께서 2014년 1월 고속도로를 달리는 중에 표지판을 보이시면서 한국으로 돌아가 CTS 기독교방송국에서 맡기는 일을 하도록 인도하시므로 오늘에 이르게 되었다. 그 목사님이 진행하는 7000미러클 아워 방송을 통하여 하나님께서 많은 기사 이적들을 나타내 보이셨다. 특별히 방송 중에 한 무속인이 전화를 걸어와서 목사님의 영접 기도를 따라 하므로 예수님을 영접하게 되어 구원을 받는 일이 일어났다. 지금은 평신도 사역자로 활동하고 있다. 또 한 분은 45년 동안 우울증 약을 복용하던 분이 전화로 기도 받고 몇 주일 만에 약을 끊고 회복되기도 했다. 오랫동안 여호와증인을 섬기던 분이 전화로 기도 받고 예수님을 구주로 영접하여 신앙생활을 하고 있는 분 등, 수많은 기사 이적들을 나타내 보이신 하나님께 영광을 돌렸다. 올해 유튜브 방송 자판기(자기 인생에 판도를 바꾸는 기도 해답)를 개설하게 되었다. 하나님께서 많은 기사 이적들을 나타내 보이심으로 많은 시청자분들께 사랑을 받고 있다. 그는 나를 십자가 뒤로 감추시고 오직 예수님만 드러내는 사역을 하도록 은혜로 인도하시는 하나님께 영광을 돌리게 되어 감사하다고 했다. 앞으로도 하나님의 명령을 받들어 끝까지 충성하리라고 다짐한다. "우리가 살아도 주를 위하여 살

고 죽어도 주를 위하여 죽나니 그러므로 사나 죽으나 우리가 주의 것이로다" (롬14:8)

    그녀는 어릴 때 작은할머니, 고모, 어머니, 언니, 남동생까지도 무속인인 무속인 집안에서 태어나고 자랐다. 이를테면 모태 무당으로 자란 셈이라고 했다. 무속인 생활을 할 때 개인 기도도량(기도원)이 있었는데 거기서 굿도 하고, 제자도 키우고 점사도 보곤 했다. 그 주변에는 사찰과 암자를 비롯하여 크고 작은 불교시설이 자리하고 있었다. 그런데 그 안에 한 교회가 있었다. 그녀는 교회를 향한 대적기도를 하기도 하고 교인들을 핍박하기도 했다. 그녀는 중학교 1학년 때 수업 시간에 망치로 머리를 세게 얻어맞는 듯한 통증을 느끼면서 신을 접했다고 했다. 그런데 신을 접하고 바로 신을 받지 않으면 죽을 수도 있다는 게 그 세계의 정설이다. 어머니께서 어린 딸을 살리려고 대신 신내림을 받기로 했다. 중학생 딸과 함께 부산에서 전라도 어느 무속인을 찾아갔다. 다행히 딸을 대신해서 어머니께서 신내림을 받아도 된다고 해서 어머니께서 신내림을 받았다. 어머니께서 그녀를 대신해서 신내림을 받은 후 3일 만에 중학생 딸은 통증이 사라졌다. 하지만 악한 영들로 인해 육체적인 고통과 정신적인 괴롭힘을 당하면서 지내다가 21살에 신내림을 받았다. 악한 영들로 인해 몸에 심한 통증과 영적인 괴롭힘을 당하며 지냈다. 그로부터 26년 동안 무속인 생활을 하는 중에 우연한 기회에 십자가를 바라보다가 십자가가 살아있다는 느낌이 들면서 성령의 가벼운 임재를 느끼게 되었다. 마음이 평안했다. 그녀는 기도 도량에 신을 모시고 있는 신주단지를 번쩍 들어 바위에 던져 박살을 냈다. 무속인으로서는 감히 엄두도 못낼 일이었다. 그녀의 삶에는 잔잔한 변화가 일어나기 사작했다. 그러던 어느날 우연히 TV 채널을 돌리다가 처음 보는 화면에 시선이 고정되었다. CTS 기독교 방송에서 방영하고 있는 미러클 아워 TV 방송 화면이었다. 생방송인데 호기심에 전화를 걸어 보기로 했다. 기적적으로 전화가 연결됐다 진행자의 질문에 무속인이라고 자기소개를 했다. 진행하시는 목사님이 못 알아들었다. 그래서 무당이라고 했더니 그제야 알아들었다. 진행자가 제발 전화를 끊지 말라고 당부했다. 진행자가 내가 기도할 테니 따라 할 수 있느냐고 했다. 나는 무심코 따라 하겠다고 했다. 나는 아무 생각 없이 그 기도를 따라 했다. 예수님 영접기도라고 했다. 그 기도가 무엇을 뜻하는지도 몰랐지만 마음이 평안했다. 그리고 기뻤다. 그것이 예수님을 나의 구주로 영접하고 신앙생활의 첫발을 떼는 것이라는 것을 나중에 알게 되었다. 얼마 후에 그 목사님의 초청을 받아 ○○교회 부흥회에 참석하게 되면서 지금까지 그 교회를 섬기고 있다. 부흥회에서 큰 이모님과 사촌 언니를 만나게 되어 함께 신앙생활을 했다. 4, 5년 전부터, 그 두 분께서는 예수님을 믿게 되었다고 했다. 그들은 그전에는 불교 신자였다 신앙생활은 시작되었지만 악한 영들은 그녀를 그냥 두지 않았다. 특별히 간증 사역을 하기 3일 전부터 교통사고를 당하게 되고, 고속도로에서 까닭 없이 차가 멈춘다든지, 과다출혈로 괴롭힌다든지, 무기력하게 한다든지, 끊임없이 영적 전쟁은 계속되었다. 그때 하나님께서 이 말씀을 주셔서 말씀 붙들고 기도함으로 어려움을 이겨낼 수 있어서 하나님께 감사했다. "두려워하지 말라 내가 너와 함께함이라 놀라지 말라 나는 네 하나님이 됨이라 내가 너를 굳세게 하리라 참으로 너를 도와주리라 참으로 나의 의로운 오른손으로 너를 붙들리라"(사41:10)

이 말씀이 그녀한테는 너무나 큰 힘이 되었다. 그녀는 아버지 내가 아버지 딸이잖아요. 아버지가 내 하나님이 되신다면서요. 아버지 저 두렵지 않아요. 분명히 저를 굳세게 해주시고, 붙들어 주시고 건져 주신다면서요 두려울 때마다 말씀 붙들고 말씀을 선포함으로 이겨낼 수 있었다. 가족 중에는 특별히 언니에게 복음을 전하여 언니가 예수님을 믿게 되었다. 그녀는 가정의 일로 잠시 언니집에서 함께 생활하게 되었다. 언니 집에는 신주단지가 있었다. 그 신주단지를 버리자고 했으나, 두려워 장롱 안에 숨겨 놓았다. 언니가 가계 일로 출근하면 장롱문을 열어 놓고 대적기도를 했다. 내가 나사렛 예수 그리스도 이름으로 명하노니, 신주단지 안에 있는 귀신들은 다 떠나갈지어다 일주일간 기도했는데 응답이 왔다. 언니가 교회 목사님께 부탁해서 신주단지를 버리겠다는 것이었다. 무척 기뻤다. 급하게 목사님께 연락을 드렸더니 목사님께서 오셔서 신주단지를 버려 주셨다. 언니도 지금은 나와 함께 신앙생활을 잘 하고 있다. 루프스와 섬유근육통을 앓고 있으면서도 자기를 구원하시고 하늘의 시민이 되게 하신 하나님께 너무 감사하고 주님만으로 너무 행복하다는 그녀의 고백이 우리 모든 성도들의 고백이 되길 소망해 본다.

고조할아버지 고조할머니, 증조할아버지 증조할머니, 할아버지 할머니, 아버지 어머니 5대째 신앙의 울타리 안에서 한 여자아이가 태어났다. 우리나라에 기독교가 들어온 이래로 매우 드문 신앙의 족보다. 하지만 가정 형편은 매우 어려웠다. 아버지는 매일 술독에 빠지다시피 술만 드셨고 어머니께서는 늘 몸이 아팠다. 어머니는 아픈 몸을 이끌고 가족을 먹여 살리기 위해 늘 행상을 다니셨다. 그 가정은 그 아이에게 광야였다. 오직 하나님만 바라볼 수밖에 없었고, 그분만 의지할 수밖에 없었기 때문이다. 그는 늘 혼잣말로 하나님과 얘기하며 그렇게 자랐다. 그것이 하나님께 드리는 기도라는 사실도 모르면서 주님과 혼자말로 얘기를 나누었던 것이다. 그 아이는 고생하시는 어머니를 위해 돈을 벌어야겠다고 생각 했다. 뭘 해야 돈을 벌 수 있을까 그 해답을 얻을 수가 없었다. 돈을 벌게 해달라고 하나님께 기도했다. 어느 날 TV 드라마를 보는 중에 탤런트가 돈을 많이 번다는 얘기를 들은 생각이 문득 떠올랐다. 탤런트가 되는 것이 좋겠다고 생각했다. 그런데 탤런트는 이쁘다. 아름답다. 나는 이쁘지 않다. 때문에 나는 탤런트가 될 수 없다. 내 얼굴로 할 수 있는 연예인은 없는 것인가 코메디언들은 이쁜 사람들도 있지만 그렇지 않은 이들도 많이 있다는 생각이 들었다. 그렇다. 내게 맞는 직업은 연기자가 아니라 코메디언이다. 코메디언이 될 수 있도록 그 길을 열어 달라고 하나님께 기도했다. 이북 사투리로 하는 꽁트를 언니한테 배워서 열심히 연습했다. 김일성과 김정일이 나누는 대화를 이북 사투리로 재미나게 꾸민 것이다. "아바디 사랑이 메이야요? 사랑 그이 남녀레 만나서 좋아하는 거이 사랑이디 머이간디" 이를 시작으로 충청도 사투리, 전라도 사투리, 경상도 사투리 등을 열심히 연습을 했다. 일 년 후 그 지방 사람들과 비슷한 억양으로 팔도 사투리를 구사할 수 있게 되었다. 또 아나운서가 되고 싶은 꿈도 있어서 뉴스를 들으면서 열심히 따라 연습을 했다. 학교 다니면서도 연극이나 웅변 등 코메디언이 되기 위한 모든 것을 열심히 연습을 했다. 그래서 1984년 6월 ○○○ 방송국 개그콘테스트 예선전에 출전하여 본선에 진출할 수 있는 자격을 따냈다. 그런데 김일성 부자의 사랑에 대한 대화 내용이 현 시국에 맞지 않기 때문에 그 내용을 바꿔야 한다는 것이다. 그렇게 할 시간적 여유가 없었다. 하나님께 기도했다. 다행히 담당 제작자의 도움으로 그 내용으로 본선에 출전할 수 있었다. 그래서 개그콘테스트에서 대상을 수상하게 되었다.

  개그맨이 되면서 주로 주일날 녹화를 하기 때문에 주일성수도 할 수 없었고 3년 동안 신앙생활과는 점점 멀어지게 되었다. 그러던 중 그녀의 개그에 특색이 없다는 이유로 권고사직을 당하게 되었다. 그 뒤 급성신부전으로 몸져누웠다. 소화장애, 구역질, 구토로 물도 마시지 못하고 어지러워 누워 지냈다. 병원에서는 신장이식 수술을 받지 않으면 생명이 위험할 수 있다고 했다. 수술비용도 없었다. 여기서 내 인생 이제 끝나는구나 낙담하며 좌절하고 있을 때 어머니께서 우리 함께 하나님 앞에 무릎 꿇고 3일 동안 금식기도를 드리자고 권하셨다. 어머니께서는 교회 권사로 섬기고 있었다. 3일간 금식기도를 드렸다. 기도를 마쳤는데 회개기도를 하지 못했다. 저녁에 하나님 앞에 회개기도 편지를 쓰기로 했다. "하나님 아버지 그간 바쁘다는 핑계로 주님을 제대로 섬기지 못했던 저의 죄를 글로 고백하게 하시니 감사합니다. 회개의 영을 부어 주옵소서. 회개할 수 있는 은혜를 내려 주옵소서"라고 써내려 가는데 갑자기 눈물이 쏟아지면서 회개의 기도가 터져, 하나님 앞에 그간의 죄를 입술로 낱낱이 자백하게 되었다. 회개기도를 마치고 잠이 들었는데 어느 때인가 잠결에 누가 세 번씩이나 그녀 이름을 불렀다. "나는 너의 하나님 여호와니라"라는 주님의 음성을 처음으로 듣게 되었다. 그 음성에 벌떡 일어나 주님 앞에 무릎을 꿇었다. 또 음성이 들렸다. "눕거라 내가 네게 치료하는 광선을 비추리니(말4:2) 네 병이 나으리라" 치료하는 광선을 받으면서 순간적인 통증에 기절했다. 오후 1시경에 일어났다. 그 일을 어머니께 말씀드렸더니 하나님께서 네 기도에 응답하셨다고 기뻐하셨다. 내가 어머니께 검사를 받아보자고 했더니 검사받을 돈도 없고 그냥 믿으라고 하셨다. 그날부터 물도 마시고 밥도 먹고 소화장애도 낫게 되고 어지러움도 사라지게 되었다. 신장기능이 완전히 회복되었던 것이다. 치유하신 하나님께 감사기도를 드렸다. 그렇지만 먼저 주님을 바라보기보다는 내 속에 이제 방송국에 가서 내 일을 찾아야겠다는 세상 것에 마음이 쏠리는 것은 어인 일인가 "그러므로 내가 한 법을 깨달았노니 곧 선을 행하기 원하는 나에게 악이 함께 있는 것이로다 내 속사람으로는 하나님의 법을 즐거워하되 내 지체 속에서 한 다른 법이 내 마음의 법과 싸워 내 지체 속에 있는 죄의 법으로 나를 사로잡는 것을 보는도다 오호라 나는 곤고한 사람이로다 이 사망의 몸에서 누가 나를 건져내랴 우리 주 예수 그리스도로 말미암아 하나님께 감사하리로다 그런즉 내 자신이 마음으로는 하나님의 법을 육신으로는 죄의

법을 섬기노라"(롬7:21~25)

　1987년 1월 1일 한 해 첫날을 하나님께 드리기 위해 기도원에 올라갔다. 기도원은 많은 성도들로 붐볐다. 언니와 함께 저희 다섯 가족은 앞자리에 앉았다. 하나님께서 내게 말씀하셨다. "야곱아 너를 창조하신 여호와께서 지금 말씀하시느니라 이스라엘아 너를 지으신 이가 말씀하시느니라 너는 두려워하지 말라 내가 너를 구속하였고 내가 너를 지명하여 불렀나니 너는 내 것이라"(사43:1) "내가 너를 구속하였고, 지명하여 불렀고, 너는 내 것이기 때문에 병을 낫게 하였느니라" 목사님께서 인도하시는 대로 주여! 주여! 주여! 부르짖으며 다 함께 통성기도를 하게 되었다. 기도 중에 가슴으로 뜨거운 불이 들어 왔다. 성령께서 내게 불같이 임하신 것이었다. 지금까지 내가 지은 죄를 하나하나 눈앞에 스쳐가게 하시면서 회개기도를 하게 하셨다. 눈물 콧물 흘리면서 뜨겁게 회개기도를 드리게 되었다. 기도가 끝나고 기도원을 나서는 순간 눈앞의 광경이 너무나 황홀하고 아름답게 펼쳐져 있었다. 길가의 풀잎 하나, 나뭇잎 하나하나가 그렇게 곱고 아름다울 수가 없었다. 나를 반기며 손짓하는 듯했다. 다른 세상에 온 것 같았다. 몹시 즐겁고 행복한 시간이었다. "주여 이제부터 저의 삶을 주님께 드리겠나이다." 자신도 모르게 이런 고백이 내 입에서 터져 나오게 되었다.

　1987년 7월 전에 다니던 방송국에 조직개편이 이루어지면서 새로 오신 담당자의 발탁으로 전에 있던 자리로 복직하게 되었다. 고정코너도 맡게 되었다. 이 일을 잘 할 수 있게 해달라고 하나님께 기도했다. 주님께서 이사야 43장 1절을 생각나게 하셨다. "너는 내 것이라" 이것으로 유행어를 만들면 좋겠다고 생각되었다. "너는 내 꺼야"로 줄였다 그것으로 좋은 반응을 일으키게 되었다. 인기도 얻게 되었다. 많은 CF가 들어와서 골라서 할 정도였다 이어 기도를 통하여 하나님께서 "그들은 우리의 밥입니다"(민14:9, 새번역성경) 이 말씀이 생각나게 하셔서 "넌 내 밥이야"를 유행어를 만들어 인기를 누리게 하셨다. 뒤이어 "달빛 소나타" 고정 코너를 맡게 되었다. 도둑의 아내 역할이었다. 담장 위에 엎드려 "하나님 우리 남편 도둑질 않게 도와주세요"라고 기도하면 남편이 순경에게 잡혀 오게 되는 내용인데 인기리에 방영되기도 했다. 그러면서 여러 교회를 순회하면서 늘 신앙간증도 이어가게 되었다. 나의 인생길 길목, 길목마다 자기 의를 앞세우고 가는 나의 걸음걸음을 주님께서 간섭하시고, 채찍으로 다듬으시면서 주님만을 바라보게 하셨다. 그녀 인생에 우여곡절이 없을 수는 없지만, 고난이 와도 슬픔이 와도, 기쁨이 와도, 주님만으로 행복하다고 그녀는 고백한다.

설악산 마지막 지게꾼으로 기억될 ○○○집사님, 그 위대한 삶을 나타내 보이기 위해 핸드폰 자판을 두드린다 성령께서 저의 마음을 주장하시고 손끝을 사용해 주시기를 기도드린다 그는 6남매 중 셋째로 태어났다. 초등학교 3학년 때 부모님을 잃었다. 16살에 생계를 위해 설악산에서 지게로 물품을 져서 나르기 시작하여 올해 65세가 되었다. 설악산 지게꾼 생활 50년을 돌아본다. 제일 무거운 짐은 돌비석(150kg)을 흔들바위까지 지게로 져서 나르기도 했다. 그 다음 무거운 짐이 아이스크림 냉장고(120kg), 작은 짐이 40kg 정도라고 한다. 쌀 반 가마니 무게다 평지가 아니다. 설악산 대청봉을 비롯하여 비룡폭포 비선대 흔들바위 등을 하루에 10회 정도 무거운 짐을 지고 설악산을 오르내렸다. 그는 크지 않은 체구에 몸무게 60kg이다. 그는 자기 몸무게의 두 배 이상의 짐을 지게로 져서 나르기도 했다. 보통사람들이 할 수 있는 일이 아니라고 생각된다. 필자는 어릴 때 이웃마을 청년이 콩 한 가마니(200kg)를 지게로 지고 일어나다가 그 무게를 견디지 못해 한쪽 다리가 부러져서 목발을 짚고 절룩거리며 다니는 청년을 보았다. 그는 힘이 셌기 때문에 힘자랑하다가 그렇게 되었다고 했다. 정말 위험한 일이다. 그런데 ○○○집사님은 그 힘든 일을 하루 이틀이 아니고 50년을 했다. 주님께서 함께하셨기 때문에 할 수 있었다고 그는 고백한다. "수고하고 무거운 짐 진 자들아 다 내게로 오라 내가 너희를 쉬게 하리라"(마 11:28) 이 말씀 의지하며 힘을 얻었다고 한다. 함께하시며 말씀하시는 주님으로 말미암아 짐을 가볍게 느끼며 설악산을 오르내릴 수 있었다고 한다. 하나님을 믿고 말씀을 믿는 그의 믿음이 그 짐을 가볍게 질 수 있게 하지 않았나 생각하게 된다. 그는 짐을 지기 전에 기도한다. 짐을 지고 갈 때도 짐을 가볍게 해 주시고 위험에서 지켜달라고 기도한다. 한번은 90m 낭떨어지에 떨어져 나뭇가지에 걸려서 살아나기도 했다. 하나님께서 그를 위험에서 건져주셨음을 그는 믿는다고 했다. 한번은 60kg 가스통 2개를 지고 내려오다가 미끄러져 가스통에 깔리는 사고도 당했다. 뒤에 따라오던 사람들은 심하게 다쳤거나 목숨을 잃었을 수도 있겠구나 생각했다. 그는 얼굴에 약간의 찰과상만 입었을 뿐 멀쩡했다고 한다. 하나님께서 언제나 함께하시고, 지키시고, 보호하심을 믿는다고 했다. 처음 6개월은 정말 힘들었다고 했다. 종아리에 알이 베고 어깨에 피멍이 들기도 했다. 6개월이 지나면서 차츰 나아지기 시작했다. 40kg 짐도 가볍게 지고 다녔다. 다른 일도 해 봤지만 그 일이 자기 적성에 맞는 것 같다고 했다. 주님께서 주신 재능인 것 같다고도 했다. 그 수많은 길고 긴 시간들, 고비고비마다 얼마나 힘들었을까? 자신을 위해, 가족을 위해, 남을 위해 "사랑은 모든 것을 참으며 모든 것을 믿으며 모든 것을 바라며 모든 것을 견디느니라"(고전13:7) 사랑을 실천해 온 위대한 삶의 여정이었던 것이다. 지금은 코로나로 인해 쉬고 있다고 한다. 그의 얼굴은 밝고 평안해 보인다.

그의 가족은 아내와 아들이 있다. 아내는 지적장애와 지체장애가 있다. 아들도 지적장애와 지체장애, 언어장애가 있다. 그의 가족들은 그의 아픔이다. 그러나 그에게 가족은, 그의 행복의 울타리라고 한다. 가족의 건강을 위해 늘 기도한다. 헤어지지 않고 언제나 함께하길 기도한다. 세상에 이런 아름다운 마음과 믿음이 흔치 않을 것이다. 그는 처음 전도자로부터 복음을 전해 들었지만 선뜻 내키지 않았다. 믿어지지 않았다고 했다. 그러나 믿음의 작은 씨앗은 그의 마음밭에 뿌려졌다. 아내와 아들의 병 고침을 받기 위해 교회를 찾게 되었던 것이다. 처음엔 아내와 아들과 함께 교회에 갔다. 하지만 아들이 장애가 심하므로 다른 성도들에게 피해가 가므로 아들은 집에 두고 두 분만 다니게 되었다. 아들이 열여덟 살이 되었을 때 심한 장애가 있는 아들을 어머니께서 돌볼 수가 없어 보호시설에 맡기게 되었다. 아들을 보호시설로 보내고 마음이 몹시 아팠다. 잠도 자질 못했다. 창살없는 감옥생활을 하는 아들의 모습이 눈앞에 아른거려 몹시 괴로웠다. 종종 간식거리를 사들고 아들이 있는 시설을 방문했다. 과자를 먹는 아들의 해맑은 얼굴 표정에 그간의 고통이 사라지는 듯했다. 아들을 데려다가 함께 사는 것이 소원이라고 했다. 그는 짐을 지고 산을 오를 때마다 말씀을 통하여 힘을 얻었다고 한다. "두려워하지 말라 내가 너와 함께함이라 놀라지 말라 나는 네 하나님이 됨이라 내가 너를 굳세게 하리라 참으로 너를 도와주리라 참으로 나의 의로운 오른손으로 너를 붙들리라" (사41:10) 그 집사님은 산을 오르내릴 때 늘 찬송을 부른다고 했다. 찬송을 부를 때에 눈물이 나고, 마음에 감동이 오고, 짐은 가벼워진다고 했다. "주 예수보다 더 귀한 것은 없네 이 세상 부귀와 바꿀 수 없네 영 죽은 내 대신 돌아가신 그 놀라운 사랑 잊지 못해 세상 즐거움 다 버리고 세상 자랑 다 버렸네 주 예수보다 더 귀한 것은 없네 예수밖에는 없네" (찬송가94장 1절) 그는 오래전에 전셋집을 얻어 살았다. 그렇지만 지적장애가 있는 두 가족이 집에 불을 낼까 봐 쫓겨났다고 했다. 돼지 막사에서 6년 동안이나 살았다. 지자체의 도움으로 지금은 아파트에서 살고 있다고 한다. 그런 가운데서도 남을 위해 희생 봉사하고 있다. 지금까지 설악산에서 짐을 나르면서 번 돈으로 1억 원을 장애인 보호시설과 독거노인 효도여행비로 기부했다고 한다. 2006년 강원도 선행도민대상을 수상했으며, 2012년 국민추천포상 대상자로 선정되어 대통령 표창을 받았다. 한 손에 성경책 들고, 다른 손에는 간식거리를 들고 복음을 전하는 것이 남은 여생 꿈이라고 한다.

술을 무척 즐기는 한 청년이 있었다. 그것이 집안 내력인 것 같다고 했다. 그런데 어느 날 갑자기 술을 끊게 되었다. 그에게 도대체 무슨 일이 있었던 것일까? 그 날도 술에 잔뜩 취한 채 집으로 가는 길이었다. 밤 12시경이었다. 머리 위에서 "방탕하지 말라" 는 음성이 들려 왔다. 주변을 둘러봐도 아무도 없었다. 순간 술이 다 깬 것 같았다. 2개월이 지나서 전과 같은 시간에 술에 잔뜩 취한 채로 그 길로 집으로 가는 중이었다. 또 전과 같은 음성이 들려왔다. "술 취하지 말라 네가 정녕 화를 면치 못 하리라" 술이 취해서 내가 헛소리를 들었구나 그렇게 생각하게 되었다. 그로부터 1년 뒤 그는 폐결핵 진단을 받았다. 말기 중에 말기라고 했다. 병원에 입원했으나 치료 방법이 없다고 퇴원하라고 했다. 매일 각혈을 하게 되고 또 그것이 멈추지 않았다. 식사도 할 수 없었다. 퇴원을 하고 방에 누워서 천장만 쳐다볼 때에 28살 내 인생이 너무나 비참하게 느껴졌다. 그때 지인이 찾아와서 "예수를 믿으면 병을 고칠 수 있다"고 했다. 그런데 그 말이 내 가슴에 와 닿았다. 살기 위해 교회에 갔다. ○○○전도사님께 기도를 받으라고 했다. 전도사님을 찾아갔다. 기도원에 올라가서 일주일간 금식기도를 하라고 권했다. 일주일 동안 금식하면 위험할 것 같아 돌아가려고 할 때 전도사님께서 제가 기도해 드려도 되겠습니까 그러라고 했다. 그가 내 머리에 손을 얹고 알지 못하는 언어(방언)로 기도했다. 기도를 마치고 내게 "형제님한테 귀한 사명이 있습니다"라고 했다. 그게 무슨 말이냐고 물었더니 그도 모른다고 했다. 주일날 교회에 가서 오후 3시 예배를 드렸다. 목사님께서 "다 같이 묵도하시겠습니다" 하셨다. 그때에 내게 음성이 들려 왔다.

"너는 내 종이다." 남자 목소리였다. 주위를 둘러보았으나 남자는 보이지 않았다. 그 음성을 이해하지 못해 예배 중에 집으로 돌아왔다. 이제 살 날이 얼마 남지 않은 것 같아 전도사님의 권유를 따르기로 했다. 기도원에 올라가서 "하나님! 살려주세요. 하나님! 살려 주세요." 그 말만 반복하면서 금식기도를 드렸다. 3일째 되는 날 기도 중에 체력이 떨어져 기절하고 말았다. 아침에 깨어보니 내가 죽은 줄 알고 누군가 내 위에 거적때기를 덮어 놓았다. 금식 5일째 되는 날 갑자기 폐를 얼음물로 씻은 듯이 시원해지는 느낌이 들었다. 작정한 7일간의 금식기도를 눈물 콧물 흘리면서 힘들게 마치게 되었다. 그런데 내 몸에 무슨 일이 일어난 것 같았다. 내 생각에 폐결핵이 깨끗이 나았다는 확신이 들었다. 각혈도 멈췄다. 몸이 가벼워졌다. 7일간의 금식기도를 마치고 집으로 돌아왔다. 어머니께서 나를 보시더니 너 기도원에서 무엇을 먹었길래 얼굴이 좋아졌냐고 했다. 폐결핵 말기 중에 말기라고 진단 내렸던 병원에 가서 검사를 받았다. 폐결핵이 깨끗이 나았다고 했다. 의사도 놀라고 나도 놀랐다. 술도 끊게 되었다. 금식기도 중에 성령세례도 받고, 치유도 받게 되었다는 것을 신학을 공부하면서 알게 되었다. 하나님께서 벌레만도 못한 나에게 성령을 부어 주시고, 폐결핵을 고쳐주시고, 살려주신 것이다. 그 크신 은혜에 감사와 영광을 돌리게 되었다.

성령으로 충만함을 받아 삶이 변하게 되었다. 집에서 주일날 가까운 교회를 찾아가서 예배도 드렸다. 열심히 봉사도 했다. 신학대학에 들어갔다. 2학년 2학기 무렵에 교회를 개척했다. 교회를 개척하면 잘 될 줄 알았다. 현실은 그 반대였다. 술중독자들과 노숙자들을 불러 모아 열심히 목회를 했다. 무척 힘들고 어려웠다. 나이가 들어 혼기를 놓칠까 봐 결혼을 하려고 해도 잘되지 않았다. 여러 번 맞선을 보았지만 교회 형편을 알고는 다 떨어져 나갔다. 그러다가 여의도순복음교회 음악전도사와 만나 결혼하게 되었다. 아내의 결혼조건이 함께 선교사가 되는 것이었다. 그 약속을 지키기 위하여 방글라데시로 가서 선교사역을 시작하게 되었다. 방글라데시에 대한 전문지식이 전혀 없는 상태에서 두 달간 기도하고 '몰라땍'이라는 마을에 건물을 계약했다. 선교사역을 시작하게 되었다. 주변이 온통 이슬람사원으로 둘러싸여 있는 것을 곧 알게 되었다. 두려웠지만 학교부터 세우고 교회도 세웠다. 성경책을 들고 복음전도에 나섰다 주민들의 삶은 비참했다. 문맹률이 60~70%나 되었다. 주민들의 주거 환경은 매우 열악했다. 사람들을 모아 예배를 드리고, 말씀을 선포하고, 복음을 전했다. 한 가정을 방문하게 되었다. 바깥 온도가 40°가 오르내리는 매우 뜨거운 날씨였다. 그런데 그 집 주인이 이불을 뒤집어쓰고 덜덜 떨고 있었다. 무슨 일이냐고 물었더니 열병에 걸렸다고 했다. "내가 나사렛 예수 그리스도의 이름으로 명하노니 열병은 떠나갈지어다" 기도하고 "예수님 믿으세요." 그러면 병 고침을 받게 됩니다. 나도 폐결핵으로 다 죽어가다가 예수님 믿고 병 고침을 받아 이렇게 예수님 전하러 다닙니다. 복음을 전하고 그 집을 떠났다. 가난한 가정을 돌면서 5kg씩 쌀을 사서 나누어 주었다. 예수님 믿으세요. 예수님 믿으시면 부자 돼요. 무슨 말인가? 놀라서 눈을 동그랗게 떴다. 토요일에 주민들에게 쌀을 나눠줄 것이라고 알렸다. 사람들이 당초 예상했던 것보다 너무 많이 와서 쌀을 3kg씩 나눠주기로 했는데 1kg씩만 나누어 주게 되었다. 그러다가 후원하던 교회 사정으로 선교비가 끊어지게 되었다. 차도 팔고 돈이 될만한 물건은 다 팔아 근근이 일 년을 버티게 되었다. 막막했다. 학교도 운영해야 하고, 학생들 점심도 먹여야 한다. 부부가 함께 고민하고 기도했지만 뾰족한 방법이 떠오르지 않았다. 철수하기로 결정하고, 비행기표도 구입했다. 그런데 주일날 어린이 주일학교에 갔다. 어린아이들이 까아만 작은 비닐봉지에 무언가를 조금씩 싸 들고 있었다. 연보쌀이었다. 나를 보자마자 좋아서 어쩔 줄 모르면서 내게로 달려왔다. 달려오는 아이들의 모습에서 예수님의 형상을 보게 되었다. 가슴이 울컥했다. 내가 철수하리라는 것을 꿈에도 모르는 저 아이들의 천진한 믿음에 내 마음대로 결정하고, 내 마음대로 하고 있구나. 내 눈에서 눈물이 주르륵 흘렀다. 이것은 내가 하는 일이 아닌데 하나님께서 하시는 일인데 아내 선교사에게 그 사실을 말했다. 아내 선교사도 철수하는 게 겁이 난다고 했다. 비행기표가 있으니까 한국으로 가서 선교자금을 모아 보기로 하고 고국 땅을 밟았다. 학교 운영비는 교회들을 통하여 마련할 수 있었지만 어린이 급식비를 마련할 길이 보이지 않았다. 그렇다고 손을 놓고 있을 수는 없는 일이 아닌가? 고민하고 고민하다가 아내에게 주어진 달란트를 떠올리게 되었다. 아내가 피아노를 전공하여 국내에서 대학원까지 졸업하고 강사로 지내다가 미국에 유학을 가서도 피아노를 공부한 생각이 떠올랐다. 피아노를 잘 친다. 결혼하기 전에 큰처남댁에서 아내가 피아노 치는 것을 본 적이 있었다. 피아노 선율이 그렇게 아름다운지는 몰랐다. 아내와 상의했다. "방글라데시 결식아동 돕기 자선음악회"를 하기로 결정했다. "사람이 마음으로 자기의 길을 계획할지라도 그의 걸음을 인도하시는 이는 여호와시니라" (잠16:9)라고 하나님께서 말씀하셨다. 드디어 연주회 날이 왔다. 아내 선교사는 피아노를 치고 나는 티켓을 팔았다. 4백만 원을 모았다. 선교지에서 학생들(300명) 일 년 급식비가 해결되었다. 하나님께서 하신 일이다. 하나님께 영광을 돌리게 되어 감사했다. 그리고 방글라데시로 돌아가서 선교활동을 계속하게 되었다. 일 년 후 또 급식비가 떨어졌다. 전년과 같은 방법으로 연주회를 했다. 이번에는 8백만 원을 모으게 되었다. 선교지로 돌아가서 가난한 사람에게 쌀도 사서 나눠주고, 아픈 사람 수술도 해주고, 죽어가는 사람 살리고 남는 돈으로 아이들 점심 먹이면서 선교사역을 계속할 수 있게 되었다.

2003년 8월 무슬림들을 강제로 기독교로 개종하게 했으며, 국가 종교를 문란케 했다는 죄목으로 강제 추방을 당하게 되었다. 그런데 재판에서 증인으로 나선 개종한 사람들이 우리는 절대로 강제로 개종하게 된 것이 아니라, 스스로 예수님을 믿게 되었다. 그분이 학교를 세워 아이들을 가르치고, 점심 먹여주고, 쌀도 사서 나눠주고, 병든 사람들 고쳐주고 우리에게 선한 일을 한 것이 얼마인데 그분을 왜 추방시켜야 되느냐 증언함으로 무죄 판결을 받고 2년 만에 선교지로 복귀하게 되었다. 한번 추방을 당했으면 자숙하고 자중해야 함에도 불구하고 드러내놓고 한 달에 1300명씩 세례(세례가 개종된 것을 나타내는 기준이 됨)를 주고 적극적으로 선교활동을 함으로써 2년 만에 또다시 추방을 당하게 되었다. 1차 추방을 당할 때에 블랙 리스트(요주의 인물)에 올라있는 것을 몰랐기 때문이다. 추방당한 뒤에 국내에서 선교비 후원활동을 해서 현지에서 사역하고 있는 아내 선교사를 지원했다. 쉽지는 않았다. 하나님께서 매월 필요를 정확하게 채워주셔서 하나님 은혜로 매월 선교비를 보낼 수 있었다. 2개월 기도로 준비하고 "사명" 책을 쓰게 되었다. 내용은 이슬람국가에서 4차원 믿음으로 만 명을 주님께로 인도한 현장 전도 이야기다 이 책을 읽고 감동을 받은 여러 독자들의 후원으로 8년 동안 방글라데시에 일곱 개 교회와 일곱 개 미션스쿨을 세우게 되었다. 현재는 교회가 10개, 학교가 7개, 학생이 3,000명으로 운영되고 있다. 12년 만에 추방에 대한 제재가 풀려서 다시 선교지에 가서 선교사역을 하게 되었다. 코로나19로 인해 후원금이 적게 들어와서 많은 어려움에 처하게 되었다. 그래서 자립선교가 바람직하다는 생각이 들었다. 목장을 만들어서 젖소를 키워서 젖을 짜서 팔아 수익을 내서 선교비를 충당하는 것이다. 그래서 국내에 들어 와서 후원금을 모아 2,000평 정도의 목장 초지를 조성하고, 젖소 100마리를 사육할 수 있는 우사도 만들게 되었다. 그런데 정작 젖소를 확보하지 못했다. 이번에 내가 CTS "내가 매일 기쁘게" 방송에 나가서 기도를 부탁하면 되겠다 싶었다. 100마리 젖소도 채워주시고, 목장사업이 잘되도록 많은 분들께 기도해 주실 것을 부탁드리게 되었다. 4년 전 추방 11년째 선교지에 들어가지 못해서 절박한 때에 CTS "열방을 향하여"에 출연하여 기도 부탁을 했는데, 그때 많은 분들의 기도로 그 추방이 풀려 12년만에 선교지로 복귀하게 되었다. 방글라데시 선교사역지에는 이슬람사원으로 둘러싸여 있다. 많은 종교적인 테러와 핍박 박해로 인해 항상 두려움 가운데 사역한다고 한다. 선교사 부부를 비롯하여 현지 사역자들,

교인들, 학생들을 안전하게 지켜주실 것을 기도 부탁한다고 한다. 특별히 여러분 많은 기도로 후원해주시길 부탁드립니다.

"주 예수보다 더 귀한 것은 없네 예수밖에는 없네" 이 고백으로 시작하는 ○○○자매의 삶을 되돌아본다. 그녀는 주한 미국 군인인 흑인 아버지와 한국인 어머니 사이에서 혼혈아로 태어났다. 아직 엄마의 뱃속에 있을 때 부모님께서 이혼을 하셨다. 어머니께서 어린 4남매를 어려움 가운데 힘들게 키우셨다. 아무래도 흑인 혼혈이다 보니까 사람들에게 받는 따가운 시선들과 차별적인 것들, 저희가 잘못된 짓을 하지 않았음에도 불구하고 자기 아이들이 잘못될까 봐 저희에게 화살을 돌리는 다른 친구들의 부모님들, 아니면 자기 부모님들에게 무슨 얘기를 듣고 와서, 우리 엄마가 너를 만지면 더러워진다 그랬어 상처를 주고 떠나는 친구들, 아버지에 대한 기억은 군복을 입은 사진으로만 남아 있을 정도였다. 그때는 인종차별이 굉장히 심하던 때라 그런 차별들 가운데 힘들고 어렵게 살았다고 했다. 그런 사회적 냉대 가운데 어린 혼혈아 4남매를 키우신 어머니는 너무나 대단하시다고 했다. 그리고 불같은 성격이셨고 여장부셨다고도 했다. 지금 섬기고 있는 교회 전도지를 받아 보시고서 마음이 끌려 교회를 다니기 시작했다. 저희 4남매도 어머니를 따라 교회를 다니게 되었다. 어머니께서는 항상 기도하시고 노방전도도 열심히 하셨다. 갑자기 집안 형편이 극도로 나빠지게 되면서 아이들을 굶길 수 없으니까 교회 갈 시간에도 일을 해야 했기 때문에 교회와는 자연스럽게 멀어지게 되었다. 그녀가 8살 때 같은 또래 여럿이 흑인혼혈 아이라고, 아빠가 없다고, 가난하다고, 학교도 못 다닌다는 등 여러 가지 이유로 그녀를 땅바닥에 눕혀놓고 마구 발로 밟고 때렸다. 참을 수가 없어서 벌떡 일어나서 양손으로 두 아이 머리채를 잡고 흔들면서 "때리지 말라 그랬잖아" 반격을 가했다. 흙투성이 피투성이가 되어 집으로 돌아왔다. 무슨 일이 있었냐고 어머니께서 물으셨다. 어머니께서 불같으신 성격이시기 때문에 말씀드리지 않는 것이 좋겠다고 생각했으나 어머니의 성화에 못 이겨 말씀드리게 되었다. 어머니께서 나가셔서 한바탕하시고 들어오셨다. 어머니께서 너를 진심으로 사랑해주고, 걱정해주고, 위로해 줄 친구는 이 세상에 없을 것 같으니까 나가지 말고 조용히 집에 있어라.

그때는 가정 형편이 어려워 큰언니와 오빠는 학교를 휴학하고 돈을 벌기 위해 집을 나가서 일을 했고 작은 언니와 어머니 나 셋이서만 집에 살던 때였다. 학교 갈 형편도 못되고 매일 매일 TV만 보면서 혼자 집에 있었다. 열다섯 살이 될 때까지 8년을 그렇게 지냈다. 그래도 언니는 쉬지 않고 교회를 다니며 유치부 교사로 봉사하고 있었다. 언니가 교회에 가면 유치부 아이들이 천사 옷 입고 찬양하고 춤추는데 너무 귀엽다 나랑 같이 구경 가지 않을래? 작은 언니 손을 잡고 8년 만에 첫 외출한 곳이 교회였다. 청년부 언니 오빠들이 새 신자를 맞이할 때 반겨주는 그 모습으로 나를 반겨주었다. 오랜만에 맛보는 낯선 따듯함이 내게 좋게 다가왔던 것 같았다. 유치부 아이들이 리허설 하는 것을 보다가 스크린 옆에 있는 십자가를 보는데 "나는 교회에 나와야 하는 사람이구나"라는 생각이 갑자기 들었다. 그때부터 교회 가고 싶다고 엄마한테 조르기 시작했다. 그렇지만 차비가 없어서 교회를 다니지 못했다. 그러다가 가정 형편이 나아지면서 16살이 되어 교회에 갔다. 전도사님과 교사 선생님들에게 그간의 사정을 가감 없이 다 털어놓게 되었다. 교사 선생님들께서 초등학교, 중학교 교재로 친절하게 가르쳐 주셨다. 그분들의 도움으로 열심히 공부하게 되었다. 중학교 졸업학력 검정고시를 치렀고 합격했다. 그래서 열일곱 살 제 나이에 고등학교에 입학하게 되었다. 교회에 가서 예배를 드리고 말씀을 듣고 찬양하면서 교회생활에 적응하여 갔다. 어린 시절 상처와 혼자 집에서 지낸 외로움으로 닫혀 있던 마음 문이 열리고 두려웠던 대인관계도 서서히 좋아져 갔다. 그에 더하여 매일 쉬지 않고 드리는 어머니의 기도가 더해져서 가랑비에 옷 젖듯이 서서히 주님께서 주신 믿음으로 신앙생활을 이어갈 수가 있었다. 하나님께서 주신 말씀 안에서 살면 안전하고 평안한데, 그것에서 벗어나서 딴짓거리 하니까 자꾸 불안해진다는 것을 알게 되었다. 교회 찬양팀에 들어가서 찬양도 배우고, 기타도 배우고, 피아노도 배우고, 드럼도 배우면서 교회에서 처음 음악을 시작하게 되었다. 찬양하는 것이 즐겁고 좋았다. 그런 가운데 음악에 재능이 있음을 알게 되었다. 집안 경제 사정이 매우 어려웠다. 대학을 갈 수 있는 길을 찾아야 했다. 하나님께 서원기도를 드렸다. 매일 1시간씩 예배드리고 기도할 테니까 대학갈 수 있게 해달라고 기도했다. 그것은 기도가 아니라 억지였다. 음악학원에서 매일 학생들을 모아서 함께 예배드리고, 통성기도하며, 열심히 음악을 공부하고 연습했다. 하나님께서는 그런 나의 기도도 들으셨다. 원하던 동아방송 예술대학교에 실기수석으로 합격하게 되었다. 여러 가지 장학 혜택을 받게 되어 안정적으로 학교 생활을 할 수 있었다. 성악을 전공했다. 2011년 K팝스타1에 참여하여 Top5를 하였다. 그때 심사위원들의 지적을 받아들여 잘못된 부분을 개선하므로 오늘에 이르게 되었다. 대형기획사에 들어가게 해달라고 기도하는 중에 "네가 용서하지 못한 사람이 있는데 왜 내게 용서를 구하느냐?" 그 음성을 듣자마자 떠오르는 분이 엄마였다. 엄마가 아빠의 몫까지 해주셔야 하는데 그렇게 하시지 못했던 것에 대한 불만이 있었던 것이다. 어린 마음에 그런 상처들이 쌓여 자리잡고 있었던 것이다. "너희 엄마도 엄마이기 이전에 너와 같이 연약한 사람이야" 너희 엄마가 너희 4남매를 키우기 위해 얼마나 힘들게 살아왔는지 너는 알 수 없단다. 그 순간 하나님께 기도했다. 하나님이 나를 사랑한 것처럼 나도 엄마를 사랑하고 싶습니다. 하나님께서 나를 용서하시고 사랑하시고 안은 것처럼 나도 엄마를 용서하고, 사랑하고 안고 싶습니다. 이제는 하나님 안에서 엄마를 사랑하고 아름다운 교제를 나누면서 화목하게 살게 해주세요. 하나님께서 그 기도를 들으시고 응답하셨다. 그렇게 엄마와의 관계가 회복되었다. 엄마가 내 엄마였기 때문에 하나님을 만날 수 있었고 내가 이렇게 클 수 있었다는 것을 깨닫게 되었다.

    그토록 소원했던 대형기획사에 좋은 조건, 이를테면 주일성수 개인사역을 자유롭게 등을 계약서에 명기하고 들어가게 되었다. 드디어 2014년 3월 21일 Without You 음반을 발표하였다. 앨범을 먼저 공개하고 4월 중순에 데뷔무대를 한 차례씩 돌려고 했는데 4월 16일 세월호 침몰 사고가 일어났다. 상상도 못한 일로 모든 것이 취소되고 말았다.

우울증, 공황장애, 조울증, 정신분열 등 여러 가지 질병이 한꺼번에 찾아와서 하루 종일 죽을 생각만 하고 있었다. 그러던 어느 날 갑자기 컴퓨터를 켜서 SNS를 접속하게 되었다. 메시지 창을 열어 팬들에게서 온 메시지를 보고 있는데 해외에 있는 어떤 외국인 팬분이 그분도 죽을 생각을 하고 다리에서 뛰어내려 죽으려고 다리 위를 걷고 있었는데 죽기 전에 음악이나 한 곡 듣고 죽자 하고 핸드폰 플레이어를 재생했는데 그때 Without You가 나왔다. 신기하게도 해외 외국인 팬들이 알아들을 수 있는 문장은 두 문장밖에 없다 "I'm beautiful without you I'm meaningful without you" 나는 너 없이도 충분히 아름답고 너 없이도 충분히 가치 있는 사람이야. 그 두 문장을 듣고 죽지 말아야겠다. 다시 살아봐야겠다. 네가 내 인생을 바꾸어 놓았으니까 앞으로도 사람들 인생을 바꾸는 음악을 해줘. 살려줘서 고마워. 그 메시지에 충격을 받았다. 내 음악이 누굴 살렸다고 나 힘들 때 뭘 했지. 나 힘들 때 기도했잖아. 하나님께서 그동안 하나님을 잊고 살았던 나를 돌이키시고 예배와 기도와 찬양을 회복케 하셨다. 하나님께서 그녀 인생에 늘 함께하시고, 지키시고, 사랑하시고 예배와 기도와 찬양을 기다리셨던 것이다. 예배를 드릴 때마다 "○○아 내가 너를 정말 사랑한다" 말씀하셨다. 이제 하나님께서 보내신 그 위치, 그 자리가 내가 서 있을 자리다. 세상적인 인기와 부와 명예는 내게 아무것도 아니다. 오직 주님만이 내 삶의 전부다.

"그들에게 이르기를 여호와의 말씀에 내 삶을 두고 맹세하노라 너희 말이 내 귀에 들린 대로 내가 너희에게 행하리니"(민14:28) 그는 세상적인 눈으로는 가난한 목회자의 둘째 아들로 태어나 중학교 때 미국으로 이민을 가게 되었다. 아버지께서 하시는 목회가 잘 되지 않아 두 번씩이나 교회문을 닫는 일도 있었다. 그때마다 가정 형편은 매우 어렵게 되었다. 아버지께서 하시는 그 길이 싫어서 바른길을 버리고 삐딱선을 타려고 했다. 두 형제는 어떤 일이 있어도 아버지와 같은 목회자는 되지 않기로 결심했다. 집이 너무 가난했기 때문이었다. 돈 많이 버는 장로가 되어서 아버지와 같은 목회자를 돕는 일을 하기로 결심했다. 경건한 친구들을 멀리하고 바람직하지 못한 삶을 살아가기로 했다. 고교시절에 캠퍼스에 유명 밴드를 초청하여 나이트클럽 같은 그리 건전하지 않은 큰 파티가 열렸다. 그도 불량한 친구들과 함께 어울려 파티를 즐기려고 했다. 딴 애들은 춤추고 놀고 있는데 나는 거기에 들어가자마자 어떤 강력한 힘이 나를 억누르는 것 같았다. 머리가 빠개지는 것 같고 가슴이 두근두근하고 견딜 수가 없어 밖으로 뛰쳐나왔다. 그제야 마음이 편안해졌다. 그때 울면서 하나님께 물었다. 하나님 이게 뭡니까 나는 놀 수도 없습니까 그때부터 하나님께서 그의 삶을 간섭하신 것 같았다. 아버지 목회가 매우 어려웠다. 두 번씩이나 교회 문을 닫는 일도 일어났다. 중학교, 고등학교 때 학교를 다섯 번 전학하게 되었다. 3번째 옮긴 학교 수학 선생님께서 너 이름이 뭐니? 존인데요 했더니 우리 아들 이름도 존인데. 큰아들은 제임스야. 우리 형 이름도 제임스였다. 제임스, 존 선생님이 놀라시면서 아무 맥락 없이 우리 아들 둘이 엠아이티 가고 버클리 가서 지금은 둘다 교수야 너도 우리 아들처럼 버클리 가겠네. 애들한테 얘가 우리 학교에서 제일 공부 잘 할 꺼야. 그런데 정확하게 일 년 뒤에 그 학교에서 내가 전교 일등을 하게 되었다. 그 선생님의 격려의 말 한마디가 오늘 좋은 성적을 얻을 수 있게 했다고 생각되는 대목이다. 하나님께서 그 선생님을 사용하셔서 나를 바꾸어 놓으신 것이다.

　아버님 개척교회에서 새로 이민 오는 신자들을 공항에서부터 정착할 때까지 온갖 어려움 가운데 많은 도움을 준다. 그런데 안정을 찾게 되면 큰 교회로 떠나가는 성도들을 나는 이해할 수가 없었다. 그래서 한 번은 친구가 다니는 큰 교회 여름 수련회에 참여하게 되었다. 그런데 그날 수련회에서 처음으로 하나님을 뜨겁게 만나게 되었다. 사냇가에서 캠프파이어 중에 찬양을 하는 가운데 성령께서 임하셨다. 학생들이 울음을 터트리면서 하나씩 툭툭 주저앉았다. 나는 가슴에 뜨거운 불길이 타오르는 듯 뜨겁게 달아올랐다. 수련회를 마치고 집으로 돌아왔다. 삶이 변하기 시작했다. 분노가 사라지고 정서가 안정이 되고 우울한 마음도 점차 안정을 찾게 되었다. 매일 성경책을 2시간씩 읽고, 기타 치고, 찬양하면서 그렇지만 나는 목사는 되지 않겠습니다고 선을 그었다. 버클리 대학에 들어갔다. 변호사를 목표로 준비하고 있었다. 나는 목사는 하지 않는다, 그런데 대학교 3학년 때 미주 CCC수양회에서 운명이 갈렸다. 교수님께서 너무 은혜받은 청년들이 다 목사가 되면 안 된다. 변호사도 되고, 의사도 되고, 각자 자기 영역에서 뛰면 된다. "정말 좋은 말씀이다." 그리고 있는데 그러나 너희 중에 몇 명은 분노와 야심을 버리고 주의 종이 되어야 한다. 처음부터 계속 내쪽을 보면서 시선을 돌리지도 않았다. 잠깐 나갔다 오면 시선을 돌리겠지 생각하고 잠시 나갔다 왔는데도 시선을 돌리지 않고 내 쪽을 보면서 "아직도 너희 마음에 주저함이 있느냐?" 성령의 강한 만지심을 느꼈다. 수련회에 다녀와서 한 달간 기도하다가 다니던 대학부 조그만 수양회에 가서 그때 하나님께 헌신하기로 결단을 내렸다. 이 시간부터 "제 인생을 주님께 드리겠습니다" 그때 내가 원하지도 않은 방언이 터졌다. 온몸이 불덩이같이 뜨거워졌다. 두 번째 성령의 임재를 체험하게 되었다. 저희 교단은 방언을 받기 매우 어려운 교단이다. 변호사가 되려고 준비를 할 때는 쫓기는 도망자 같은 약간 불안함이 있었는데 그것이 갑자기 사라져 버렸다. 이것이 하나님 뜻이 맞구나 하나님 뜻에 순종하기로 했다. "사람이 마음으로 자기의 길을 계획할지라도 그의 걸음을 인도하시는 이는 여호와시니라"(잠16:9)

제가 지난달에 애틀랜타에 있는 어느 교회에 집회를 갔을 때, 한 아주 깔끔하게 차려입은 중년 남자 집사가 저를 좀 만나고 싶다고 해서 자리에 앉았는데, 그 집사님이 갑자기 엉엉 우는 것이었다. 담임 목사님이 깜짝 놀라서 왜 그러시냐고 물었더니, 8년 전에 제가 그 교회에 가서 집회를 했는데, 그때 그가 내 설교를 들었다는 것이었다. 그때 그가 미국에 와서 사는 것이 너무 힘들어서 죽을 생각만 하고 있었는데 내가 설교 중에 "하나님께서 말씀하신다" 자기 인생의 낭떠러지에서 자기 삶을 끝내려고 하는 당신은 "살아야 한다 살아야 한다" 그 말씀을 듣고 자기가 죽음의 길목에서 돌아섰다는 것이다. 그리고 가정이 살아났고,

지금은 건실하게 기업을 하고 있다는 것이다. 저는 목회하면서 이런 케이스를 접할 때마다 세상에 어떤 직업이, 어떤 일을 하는 사람이 이런 보람이 있겠는가 생명을 살리는 일보다 더 귀한 일이 있겠는가? 지지난 주에도 어떤 분이 동반자살을 하려고 했는데, 그때 저희 교회에서 설교 말씀을 듣고 살아야겠다는 생각을 했고, 지금은 얼굴이 너무나 밝았다. 내 손을 잡고 울면서 그 얘기를 나한테 들려주었다. 이런 일을 할 수 있도록 하나님께 쓰임 받는다는 것이 세상에서 가장 위대한 일이라고 생각했다. 변호사 친구들이 네가 돈은 제일 못 버는데 "네가 제일 행복해 보인다." 자기들이 그것을 느낄 수가 있다고 했다. 나도 그렇게 믿고 있다.

변호사가 되려고 준비하는 중에 성령께서 내가 복음사역자의 길을 가도록 진로를 바꾸셨다. UC버클리대학을 졸업하고 웨스트민스터 신학대학원을 가게 되었다. 전도사 생활을 하다가 웨스트민스터 신학대학원에서 목회학 석사를 마쳤다. 목사안수를 받을 즈음에 결혼을 하게 되었다. 친구들은 다 전임 사역지를 찾았는데 일 년 반이 지나도록 나만 찾지 못했다. 결혼도 하고, 풀러신학교 대학원 박사학위도 시작했는데, 등록금도 내야 하는데, 여러 가지로 아내를 볼 면목이 없었다. 거기서 하나님께서 내가 나의 교만을 보게 하셨다. "주 앞에서 낮추라 그리하면 주께서 너희를 높이시리라, 그러므로 하나님의 능하신 손 아래에서 겸손하라 때가 되면 너희를 높이시리라" (약4:10, 벧전5:6) 그때 아내가 벌어서 생활비와 등록금을 충당하게 되었다. 매일 기도 가든에 가서 하나님 앞에 한숨 쉬며 푸념을 늘어놓으면서 그렇게 지내고 있었다. 그런 때 아내가 용돈도 두둑하게 주면서 앞으로 훌륭한 목사님이 될 것이라고 용기를 북돋아 주었다. 아내가 몹시 고마웠다. 2004년 8월 '거인들의 발자국'을 처음 출간하게 되었다. 2022년 29번째로 '뷰티풀 광야'를 출간했다. "그러나 내가 나 된 것은 하나님의 은혜로 된 것이니 내게 주신 그의 은혜가 헛되지 아니하여 내가 모든 사도보다 더 많이 수고하였으나 내가 한 것이 아니요 오직 나와 함께하신 하나님의 은혜로라" (고전15:10) 사도 바울의 고백이 나의 고백이어라

"하나님이 천지를 창조하시니라, 말씀이 육신이 되어 우리 가운데 거하시매 우리가 그의 영광을 보니 아버지의 독생자의 영광이요 은혜와 진리가 충만하더라, 하나님의 말씀은 살아있고 활력이 있어 좌우에 날 선 어떤 검보다도 예리하여 혼과 영과 및 관절과 골수를 찔러 쪼개기까지 하며 또 마음의 생각과 뜻을 판단하나니, 오직 주의 말씀은 세세토록 있도다 하였으니 너희에게 전한 복음이 곧 이 말씀이니라" (창1:1, 요1:14, 히4:12, 벧전1:25) 하나님께서는 말씀으로 천지를 창조하시고, 앞서 본 것같이 인생의 낭떠러지에서 삶을 끝내려 할 때, 부부가 동반자살 하려는 그때에 말씀을 들려주시고 말씀으로 살리신 것이다.

1994년 온누리교회 하용조 목사님의 초청으로 미국교포 1.5세대 교역자들 40여 명이 온누리교회, 사랑의교회, 지구촌교회를 둘러보게 되었다. 그중에 여러 목사님들이 국내에 들어와 사역하게 되었다. 그리고 1999년 학위를 마치고 온누리교회 부교역자로 초청을 받아 여기서 2, 3년만 배우고 미국 가야지 했는데 지금까지 머물게 되었다. 여러 가지 다양한 사역으로 미친 듯이 일을 하면서 사이사이 집필도 했다. 일본과

대만에서 하는 러브 소나타 전도집회가 있었는데 그 날은 대만에서 집회를 마치고 돌아오는 비행기 안에서 몸이 으슬으슬 추워지면서 몸에 이상이 오기 시작했다. 그다음 날 주일설교를 하고 월요일 아침에 세수를 하면서 극심한 안면 마비가 온 것을 알게 되었다. 다행히 크리스쳔 한의사를 만나서 한 달간 치료를 받고 거의 회복되었다. 의사 선생님의 권유로 한 달 반 동안 괌에서 휴식을 취한 후 회복되었다. 병 중에 있는 동안 세상이 너무 건강한 사람 중심으로 돌아가고 있다는 것을 느끼게 되었다. 그로부터 병으로 고생하는 성도들의 아픔이 이해되기 시작했다. 어느 날 양재 성전에서 성만찬을 집례하는데 성령이 강력하게 임하셨다. 그때 성령세례를 받게 되었다. 방언도 다시 받게 되었다. 치유의 은사도 받았다. 환우 성도들에게 치유 기도를 할 때마다 강력한 성령의 역사로 병이 낫게 하셨다. 뜨겁게 기도드리게 되었다. 성령 충만케 하심에 감사와 찬양과 영광을 하나님께 돌리게 되었다.

"주 여호와의 영이 내게 내리셨으니 이는 여호와께서 내게 기름을 부으사 가난한 자에게 아름다운 소식을 전하게 하려 하심이라 나를 보내사 마음이 상한 자를 고치며 포로된 자에게 자유를, 갇힌 자에게 놓임을 선포하며 여호와의 은혜의 해와 우리 하나님의 보복의 날을 선포하여 모든 슬픈 자를 위로하되 무릇 시온에서 슬퍼하는 자에게 화관을 주어 그 재를 대신하며 기쁨의 기름으로 그 슬픔을 대신하며 찬송의 옷으로 그 근심을 대신하시고 그들이 의의 나무 곧 여호와께서 심으신 그 영광을 나타낼 자라 일컬음을 받게 하려 하심이라" (사61:1~3)

2009년 9월 6일 서초동에서 새로운 교회 창립 예배를 드렸다. "세상

속으로 열방 속으로 미래 속으로"를 새로운 교회 비전으로 내걸고 개척 교회 목회 사역을 시작하게 되었다. 개척하고 성도가 2천 명 정도 되었을 때 목회자의 권위를 공격하고 비난하면서 장로님들을 비롯하여 재직 70명이 한꺼번에 교회를 떠나는 아픔을 겪게 되었다. "제자들의 마음을 굳게 하여 이 믿음에 머물러 있으라 권하고 또 우리가 하나님의 나라에 들어가려면 많은 환난을 겪어야 할 것이라 하고"(행14:22) 이 환난 속에서 하나님만 바라보면서 이 고난을 견뎌내면 반드시 새로운 미래를 주실 것이라는 확신이 섰다 "이 위기를 넘겨주시면 고아와 과부와 가난한 자를 돕는 교회가 되겠고 불평하지 않고 하나님 주신 교인들을 겸손하게 목양토록 하겠습니다"라고 서원기도를 드렸다. 1년 만에 교회가 회복되었다. 그때 떠나간 성도의 10배가 넘는 새신자들이 들어오게 되었다. 그 후 1년간 특별새벽기도를 드렸다. 매일 성령께서 역사하셨다. 성령의 임재로 회복과 치유가 시작되었다. 생방송을 듣는 성도들도 병이 낫고, 40년간 피부병을 앓아 피부가 거북이 등껍질 같았던 한 권사님의 피부가 유리알같이 깨끗하게 되었다. 그리고 믿지 않던 가족들이 예수님을 믿게 되었다. 그 가족 구원을 위해 권사님께 피부병이 생겼고 기적의 치유를 체험하게 하셨다. 하나님의 오묘하신 섭리였다. 물 붓듯이 부어 주시는 하나님의 은혜로 새로운 교회가 날마다 새롭게 되었다. 모든 것이 하나님의 은혜다. 하나님의 은혜에 감사할 뿐이다. "하나님이 능히 모든 은혜를 너희에게 넘치게 하시나니 이는 너희로 모든 일에 항상 모든 것이 넉넉하여 모든 착한 일을 넘치게 하게 하려 하심이라"(고후9:8)

성도 한 사람이 들어올 때는 감사할 줄 모르고 한 사람이 떠날 때마다 섭섭했던 그 잘못된 생각을 용서하시고, 모든 것을 감사할 수 있게 도와 달라고 하나님 앞에 회개기도를 드렸다. 주님께서 마음에 평안을 부어 주셨다. 목회에 철이 들게 하셨다. "두려워하지 말라 내가 너와 함께 함이라 놀라지 말라 나는 네 하나님이 됨이라 내가 너를 굳세게 하리라 참으로 너를 도와 주리라 참으로 나의 의로운 오른손으로 너를 붙들리라" (사41:10) 마음이 답답하고 우울한 때에 말씀 카드를 들고 소리내어 읽기 사작했다. 살아있는 말씀의 역사로 (히4:12) 어둠의 영이 떠나가는 느낌을 받았다. 위로도 받게 되었다. 말씀을 선포할 때에 내 영이 다시 회복되며 살아났다. 내가 특히 좋아하는 말씀은 앞에 기록되어 있는 이사야 41장10절 말씀과 아래 있는 예레미야 29장 11절 말씀이다. "여호와의 말씀이니라 너희를 향한 나의 생각을 내가 아나니 평안이요 재앙이 아니니라 너희에게 미래와 희망을 주는 것이니라" (렘29:11) 그 목사님은 지금 주의 종의 자리가 너무 영광스럽다고 했다. 하나님께서 부족한 저를 사용하셔서 사역하게 하심에 감사할 뿐이라고 했다. 그 목사님의 마지막 한마디 "목회는 무릎으로 하는 것이다."

신앙생활을 한다고 하면서도 올바르지 못한 신앙인으로 살아왔다고 간증하시는 그의 삶이, 그의 신앙이 우리 모두의 것이 아닌가 되돌아보는 계기가 되었으면 좋을 것 같다 그는 교회에서는 경건한 교인으로, 교회 밖에서는 술먹고, 담배 피우고 남들이 하는 대로 거리낌 없이 살아왔다. 그러던 어느 날 일정이 촉박한 일을 맡게 되었다. 3일간 잠을 설치며 만화를 그리고 있었는데 갑자기 오른쪽 폐가 너무 아파왔다. 가까운 동네 병원에 가서 폐 사진을 찍었는데 폐가 시커멓게 나왔다. 큰 병원에 가보라고 했다. 대학병원을 갔더니 오른쪽 폐에 공기가 80% 차 있다고 했다. 폐 조직이 오그라들어 20%만 살아있다고 했다. 계단을 오르다가도 잦은 기절을 하기도 했다. 병명은 농흉인데, 폐 조직이 썩어가는 병이라고 했다. 과로가 원인일 수도 있고 키가 크거나 마른 사람이 쉽게 걸리는 병이라고 했다. 키가 178cm인데 몸무게가 47kg였다. 거울에 비친 얼굴을 보니 눈 주위는 시커멓고, 입술은 파랬다 온몸에 산소가 제대로 공급되지 않기 때문에 그렇다고 했다. 술 먹고 담배 피워도 남들은 이런 일이 안 생기는데 왜 나한테만 이런 일이 생기는 것일까? 나는 왜 이렇게 죽어가고 있는 것일까? 피를 토하기도 하고 숨쉬기가 힘들어 산소호흡기를 끼고 있었다. 의사 선생님은 수술을 한다고 해도 가망이 없다고 했다. 폐 조직 검사 결과 오른쪽 폐에 괴사가 진행되고 있다고 했다. "너희는 믿음 안에 있는가 너희 자신을 시험하고 너희 자신을 확증하라 예수 그리스도께서 너희 안에 계신 줄을 너희가 스스로 알지 못하느냐 그렇지 않으면 너희는 버림받은 자니라" (고후 13:5) 이 말씀이 내게 두려움으로 다가왔다. "하나님의 아들을 믿는 자는 자기 안에 증거가 있고 하나님의 아들을 믿지 아니하는 자는 하나님을 거짓말하는 자로 만드나니 이는 하나님께서 그 아들에 대하여 증언하신 증거를 믿지 아니하였음이라 또 증거는 이것이니 하나님이 우리에게 영생을 주신 것과 이 생명이 그의 아들 안에 있는 그것이니라" (요일5:10~11) 이 말씀들에 자신을 비추어 나 자신을 시험해 보니 나는 영생을 받지 못한 것 같았다. 나는 하나님의 자녀가 된 적이 없는 것 같았다. 나는 하나님 앞에 죄를 자백하고 한 번도 회개한 적이 없었다. 겁이 났다. 두려움이 엄습해 왔다. 살아야 한다. 영생을 얻어야 한다. 나는 절박했다. 나의 인생의 절체절명의 순간에 하나님께 기도하기로 했다. 그래서 수술받기 전날 밤에 병원 기도실을 찾아가서 하나님 앞에 서원기도를 드렸다. "하나님 아버지 저는 하나님 앞에 저의 죄를 한 번도 자백하고, 회개하지 못한 죄인입니다. 이제 죽음 앞에서 두려움으로 하나님 앞에 기도합니다. 저의 죄를 용서하시고 살려 주신다면 하나님께서 기뻐하시는 삶을 살겠습니다"라고 눈물로 기도했다. 기도실을 나왔다. 입에서 피가 쏟아져 나왔다. 다음날 아침에 X-ray 촬영을 한 번 더 했다. 담임 목사님이 오셔서 병을 고쳐주실 것을 기도하셨다. 그때 의사 선생님이 먼저 찍은 필름과 아침에 찍은 필름을 가져왔다. 형광불판에 두 장의 필름을 꽂았다. 기적이 일어났다. 아침에 찍은 필름에서 병반이 보이지 않았다. 병이 다 나았다는 것이다. 의사 선생님이 하나님께서 고쳐주셨다. 이는 의학적으로 도저히 설명할 수 없는 일이라고 했다. 이것은 사람으로서는 도저히 할 수 없는 기적이라고 했다. 그분의 신앙은 알지 못했다. 같은 병실에 있는 다른 환자들도 놀랐다. 종전까지만 해도 숨도 못 쉬고 산소호흡기로 연명하던 그 환자가 다 나았다니 기적이라고 했다. 하지만 하나님께서 그의 서원기도를 들으시고 불쌍히 여기셔서 그를 고쳐주신 것이다. 사람들은 그것을 기적이라고 한다.

그러나 나는 세상 것을 생각하고 있었다. 돈벌이가 되는 만화를 그리려는 생각을 하고 있었던 것이다. "그러므로 내가 한 법을 깨달았노니 곧 선을 행하기 원하는 나에게 악이 함께 있는 것이로다 내 속사람으로는 하나님의 법을 즐거워하되 내 지체 속에서 한 다른 법이 내 마음의 법과 싸워 내 지체 속에 있는 죄의 법으로 나를 사로잡는 것을 보는도다"(롬7:21~23) 어머니께 효도하는 마음으로 성경책을 읽으려고 책상 위에 있는 성경책에 손이 닿는 순간, 성경책이 방바닥에 떨어져 펼쳐졌다. 시편 3편이 내 눈에 들어왔다. "여호와여 주는 나의 방패시오 나의 영광이시요 나의 머리를 드시는 자이시니이다 내가 나의 목소리로 여호와께 부르짖으니 그의 성산에서 응답하시는도다 (셀라) 내가 누워 자고 깨었으니 여호와께서 나를 붙드심이로다"(시3:3~5) "하나님께서 나를 고쳐주셨다"는 것을 이 말씀을 통하여 확실히 알게 하셨다. 그럼에도 불구하고 서원기도를 잊은 채 자기 이름으로 성인 만화책 9권을 출간하게 되었다. 그런 가운데 하나님께서 말씀을 보게 하셨다. "창기가 번 돈과 개 같은 자의 소득은 어떤 서원하는 일로든지 네 하나님 여호와의 전에 가져오지 말라 이 둘은 다 네 하나님 여호와께 가증한 것임이니라"(신23:18) 이 말씀을 읽고 무릎 꿇고 엎드려져 울음이 터져 나왔다. 하나님 앞에 회개와 서원기도를 드린 내가 아직도 그 자리에 그대로 서 있는 것을 발견하게 되었다. 하나님께로 온전히 돌아서지 않고 있었던 것이다 "창기가 번 돈과 개 같은 자의 소득은 하나님 앞에 가져오지 말라"고 하셨는데 그런 돈으로 먹고 살고 있었고, 아래 로마서 말씀에 너희 몸을, 너희 삶을 하나님이 기뻐하시는 거룩한 산 제물로 드리라고 하셨는데 나는 여태까지 하나님이 받지도 않으시는 더러운 몸으로 교회 마당만 밟고 다녔고, 여호와의 전에 가져오지 말라 하신 가

중한 돈을 십일조라고 드렸던 것이다. 한심한 생각이 들었다. "그러므로 형제들아 내가 하나님의 모든 자비하심으로 너희를 권하노니 너희 몸을 하나님이 기뻐하시는 거룩한 산 제물로 드리라 이는 너희가 드릴 영적 예배니라"(롬12:1) 성인만화를 내려놓게 되었다. "좁은 문으로 들어가라 멸망으로 인도하는 문은 크고 그 길이 넓어 그리로 들어가는 자가 많고 생명으로 인도하는 문은 좁고 길이 협착하여 찾는 자가 적음이라"(마7:13~14) 어느덧 35세가 되었다. 결혼하기가 매우 어려웠다. 전보다 수입이 오분의 일로 줄어들어 수입이 적기 때문이었다. 기도원에 올라가서 하나님 앞에 결혼하여 가정을 이루게 해주시기를 기도드렸다. 우여곡절 끝에 주님께서 예비하신 신부를 만나 결혼하게 되었다. 그 후 6년 동안 "만화로 읽는 천로역정"을 집필하게 되었다. 그간 수입이 줄어 서울 강남구 청담동에 살던 전셋집을 경기도 광주 오포로 옮겨 그 차액으로 살아오다가 그 돈도 다 떨어지게 되었다. 오랜 고된 작업으로 열 손가락에 크고 작은 상처가 났다. 그때마다 상처로 인해 작업이 어려워지거나 중단될 때도 많았다. 맨토 목사님께 물었다. 선한 일을 하는데 왜 이런 고통이 옵니까? 멘토 목사님께서 대답하셨다. '천로역정' 책이 나오면 "하나님이 기뻐하시겠어요 마귀가 기뻐하겠어요" 이 책을 읽고 교회와 세상에 양다리 걸치고 있는 많은 신자들이 회심하여 천국으로 가는 사람들이 많아질 텐데 마귀가 이 책이 출간되지 못하도록 얼마나 방해를 하겠어요 "근신하라 깨어라 너희 대적 마귀가 우는 사자같이 두루 다니며 삼킬 자를 찾나니 너희 믿음을 굳건하게 하여 그를 대적하라 이는 세상에 있는 너희 형제들도 동일한 고난을 당하는 줄을 앎이라" (벧전5:8~9) 그때부터 가정예배를 드리게 되었다. 아내가 전임 사역자가 되어 경기도 오포에서 수원 광교까지 출퇴근하는 차가 있었다. 그런데 오래된 차라 6번씩이나 고장이 났다. 그때마다 차에 손을 얹고 안수기도를 했다. 놀랍게도 6번 다 하나님께서 고쳐주셨다. 7번째도 차에 손을 얹고 안수기도를 했다. 하나님께서 고쳐주시지 않으셨다. 다른 더 나은 차로 바꾸라는 하나님의 싸인이라는 생각이 들었다. 하루 왕복 3시간씩 대중교통으로 출퇴근하면서 피곤해 하는 아내가 애처로웠다. 중고차라도 구입할 수 있도록 도와달라고 하나님께 기도했다. "그 사람 그 사랑" 뮤직비디오 애니메이션 그림을 그려주고 얼마간 돈이 생겼다. 같은 때에 웹툰 공모전에 "천로역정 일지"로 응모하여 대상을 받게 되었다. 그는 "천로역정" 책을 100번 이상 읽었다고 했다. 그것으로 쓸만한 차를 구입할 수 있었다. 놀랍게도 전에 타고 다니던 그 차와 차 번호가 꼭 같았다. 그 의미는 알 수 없지만 기쁘고 감사했다. 지금은 "만화로 읽는 천로역정" 2부를 집필하고 있다. 1부는 순례자 한 사람의 구원을 그리고 있는데, 2부는 순례자가 순례를 떠나면서 집에 남겨진 가족 구원을 다루고 있다. 여러 독자들의 많은 감사 메일과 모 목사님께서 1부가 만화로 그려져 출판된 것은 많이 있으나, 2부 책이 만들어진 것은 세계 최초일 수 있다고 하셨고 한 초등학교 5학년 어린 학생이 순례자의 처지가 나와 다르지 않다는 생각이 들어 무릎 꿇고, 울며 회개 기도하는 동영상을 보내와서 받아보고 집필하기로 결심하게 되었다.

당신은 하나님 음성 듣기를 원하십니까? 이 간증을 주목하여 보시기 바랍니다. "아이 사무엘이 엘리 앞에서 여호와를 섬길 때에는 여호와의 말씀이 희귀하여 이상이 흔히 보이지 않았더라, 여호와께서 사무엘을 부르시는지라 그가 대답하되 내가 여기 있나이다 하고, 여호와께서 임하여 서서 전과 같이 사무엘아 사무엘아 부르시는지라 사무엘이 이르되 말씀하옵소서 주의 종이 듣겠나이다 하니 여호와께서 사무엘에게 이르시되 보라 내가 이스라엘 중에 한 일을 행하리니 그것을 듣는 자마다 두 귀가 울리리라"(삼상3:1, 4,10~11) 성경을 읽어봐라. 성경을 읽어보지도 않고 거짓말이니 가짜라고 하느냐? 전혀 논리적이지도 않고 이성적이지도 않은 것 아니냐? 읽어보고 난 후에 나는 이래서 못 믿겠다 하라. 어느 목사님께서 성경공부 끝에 반드시 하시는 말씀이다. 그는 20세 나이에 미국으로 이민을 갔다. 대학에서 경영학 공부를 하고 있었다. 가족 중에 사돈 팔촌까지도 기독교인이 한 사람도 없었다. 그는 성경이 사실이 아니라 꾸민 이야기라는 것을 증명해보이기 위해 워싱턴 지구촌교회 금요 성경공부반에 들어가 성경공부를 했다. "예수께서 이르시되 내가 곧 길이요 진리요 생명이니 나로 말미암지 않고는 아버지께로 올 자가 없느니라"(요14:6) 이 말씀을 듣고 감동을 받아 예수님을 구세주로 영접하게 되었다. 그때부터 새벽예배, 주일예배, 수요예배, 금요예배를 드리게 되었다. 금요 성경공부반에 들어가 예수님을 알기 위해 마음을 다잡고 열심히 말씀을 공부했다. 집에서도 성경 말씀을 열심히 읽었다. 신앙생활에 방해가 된다고 생각되는 것은 다 끊어 버렸다. 이를테면 술과 담배를 끊고, 신앙생활에 걸림돌이 되는 친구들과의 교제도 끊었다. 나쁜 생활 습관도 다 버렸다. 그리고 오직 예수, 오직 말씀에 전념하게 되었다.

다니던 교회에서 일본 도쿄에 단기 선교를 가게 되었다. 와세다대학, 게이오대학, 신슈대학에 다니면서 복음을 전했다. 1년쯤 되었을 때 복음 사역이 내게 즐거움으로 다가왔다. 말씀 읽고, 기도하고, 전도하면서 살면 참 좋겠다는 생각이 들었다. "말씀하시되 나를 따라오라 내가 너희를 사람을 낚는 어부가 되게 하리라 하시니"(마4:19) 이 말씀이 하나님께서 내게 하시는 말씀(rhema)으로 들려왔다. 말씀 붙들고 기도하기 시작했다. "하나님께서 나를 붙들어 인도해 주시옵소서"라고 기도드렸다. 그 무렵에 총신대학교 총장님이 일본에서 사역하고 있는 선교사들을 위해 집회를 열었다. 집회 중에 총장님이 헌신할 것을 초청했다. 하나님께서 나를 헌신하도록 집회를 열어 주셨구나 확신이 들었다. 이 헌신 초청이 "하나님께서 나를 인도해주시기를 기도한 그 기도의 응답"이라는 것을 확신하게 되었다. '내 삶을 하나님께 드립니다" 헌신하므로 하나님의 인도하심을 따라 순종함으로 나아갈 수 있었다. 일본 선교를 마치고 미국으로 돌아왔다. 국제복음주의 학생연합회 집회에 참여하게 되었다. 헌신 초청 시간에 하나님께서 "나는 너를 원한다"라고 말씀하셨다. 무릎을 꿇고 하나님 이제 "나 자신을 드립니다"라고 순종하게 되었다. 몇 년 후에 스토니브룩 대학의 집회에 초청을 받게 되었다. 가는 도중에 비행기 안에서 기도를 하고 있었다. 하나님께서 말씀하셨다. "네 꿈을 다 이룬 것이 아니냐" 주님 무슨 말씀이십니까? 너는 늘 비지니스맨 되어서 양복 입고 가방 들고 다니는 것이 꿈이라고 했지 않나? 지금 네가 양복 입고, 가방 들고, 비행기 타고 가지 않느냐 그때는 "가방 안에 백만 불짜리 계약서가 들어 있었잖아요"라고 대답했다. 그런데 지금은 너 가방 안에 "영혼을 살리는 계약서"가 들어 있지 않느냐"라고 말씀하셨다. 학교에 도착했다. 그 학교 집회에서 설교 중에 말씀을 선포했다. "하나님이 세상을 이처럼 사랑하사 독생자를 주셨으니 이는 그를 믿는 자마다 멸망하지 않고 영생을 얻게 하려 하심이라"(요 3:16) 이 말씀을 선포할 때에 성령께서 택함을 받은 학생들에게 임하셨다. "곧 창세 전에 그리스도 안에서 우리를 택하사 우리로 사랑 안에서 그 앞에 거룩하고 흠이 없게 하시려고"(엡1:4) 학생들이 한꺼번에 눈물이 터지게 되었다. 집회가 온통 눈물바다가 되었다. 그 집회에 참석한 학생들은 모두 불신자였다. 참석인원 40명 가운데 절반이 예수님을 영접하게 되었다. 말씀을 선포할 때에 놀라운 성령의 역사가 일어났던 것이다. 20명의 영혼을 살리는 계약이 한꺼번에 이루어진 것이다. "이방인들이 듣고 기뻐하여 하나님의 말씀을 찬송하며 영생을 주시기로 작정된 자는 다 믿더라"(행13:48)

2004년 남침례신학대학원을 졸업하고 목사 안수를 받게 되었다. "여호와께서 아브람에게 이르시되 너는 너의 고향과 친척과 아버지의 집을 떠나 내가 네게 보여줄 땅으로 가라, 이에 아브람이 여호와의 말씀을 따라갔고 롯도 그와 함께 갔으며 아브람이 하란을 떠날 때에 칠십오 세였더라 아브람이 그의 아내 사래와 조카 롯과 하란에서 모은 모든 소유와 얻은 사람들을 이끌고 가나안 땅으로 가려고 떠나서 마침내 가나안 땅에 들어갔더라"(창12:1, 4~5) 2004년 목사 안수를 받고,

CG(chosen generation) 선교회를 세우게 되었다. ○○교회 목사님께서 시무하는 교회 협동목사로 목회 사역을 도와주면, 그 선교회를 후원하겠다는 제안을 해왔다. 좋은 조건의 제안이었다. 그렇지만 하나님께서 인도하신 것인지 확인해봐야 했다. 이것이 하나님께서 보내시는 사역인지 나타내 보여주실 것을 기도했다. "보소서 내가 양털 한 뭉치를 타작마당에 두리니 만일 이슬이 양털에만 있고 주변 땅은 마르면 주께서 이미 말씀하심같이 내 손으로 이스라엘을 구원하실 줄을 내가 알겠나이다 하였더니 그대로 된지라 이튿날 기드온이 일찍이 일어나서 양털을 가져다가 그 양털에서 이슬을 짜니 물이 그릇에 가득하더라 기드온이 또 하나님께 여쭈되 주여 내게 노하지 마옵소서 내가 이번만 말하리이다 구하옵나니 내게 이번만 양털로 시험하게 하소서 원하건데 양털만 마르고 그 주변 땅에는 다 이슬이 있게 하옵소서 하였더니 그 밤에 하나님이 그대로 행하시니 곧 양털만 마르고 그 주변 땅에는 다 이슬이 있었더라" (삿6:37~40) 기도하는 중에 하나님께서 그 목사님 제안을 받아들이지 말라고 하셨다. 세 사람이 기도했는데 다같은 응답을 받게 되었다. 제안에 협력하기로 예정이 되어 있던 때에 그런 응답을 받았다. 그래서 확실한 싸인을 보여달라고 기도하게 되었다. 그즈음에 사카고 무디대학 한인학생 집회에 초청을 받았다. 그 집회는 예정대로 잘 마쳤다. 10월말 토요일이었다. 그 밤에 학생들 기숙사에서 자고 내일 아침 비행기로 그 교회로 가기로 했다. 내게 협동목사를 제안했던 그 교회에 가서 설교하기로 약속이 되어 있었다. 학생들이 웅성거렸다. 내일 그 교회에 가서 설교하기로 예정된 일정을 학생들이 알고 있었다.

그 일을 알고 있던 학생들이 오늘 밤에 snow storm(겨울 폭풍)이 온다는 것이다. 일기 예보를 들었다고 했다. 10월에 무슨 겨울 폭풍이 오느냐고 내가 말이 안된다고 했다. 그런데 그 밤에 100년 만에 겨울 폭풍이 왔다. 그 지역 모든 공항이 폐쇄되었다. 모든 비행기가 뜨지 못했다. 따라서 예정된 설교 약속을 지키지 못했다. 하나님께서 그 교회 협동목사 제안이 주님의 인도하심이 아니라는 것을 날씨를 사용하셔서 확실히 보여주셨음을 알 수 있었다. 우리는 하나님께서 말씀하실 때 들을 준비가 되어 있는가? 무슨 말이냐 하면 말씀(logos)을 알아야 말씀을 통하여 말씀하시는 하나님의 음성(rhema)을 들을 수 있다. 또한 하나님께서 말씀하시는 그 말씀에 순종할 준비가 되어 있는가? 이것도 마찬가지로 말씀으로 준비되어 있어야 한다는 것이다. 그리고 기도로 준비되어 있어야 한다. 쉬지 않고 기도해야 한다. "나의 들을 귀를 열어 주님의 세미한 음성을 들을 수 있도록 크신 은총을 베풀어 주시옵소서"라고 기도해야 한다. 이렇게 우리가 말씀(logos)으로, 순종으로, 기도로 준비되어 있을 때에 하나님의 음성(rhema)을 들을 수 있다. "주 여호와의 말씀이니라 보라 날이 이를지라 내가 기근을 땅에 보내리니 양식이 없어 주림이 아니며 물이 없어 갈함이 아니요 여호와의 말씀을 듣지 못한 기갈이라" (암8:11)

"오직 성령이 너희에게 임하시면 너희가 권능을 받고 예루살렘과 온 유대와 사마리아와 땅끝까지 이르러 내 증인이 되리라 하시니라" (행 1:8) 그녀에게 성령이 임하셔서 권능을 받고, 성령으로 충만한 2008, 9

년도에 그녀 눈에 보이는 사람마다 몹시 안타까워 보였다고 했다. 그래서 주위에 가까운 사람부터 전도하기 시작했다. 그녀는 연예인이었다. 스탭을 비롯하여 미용실 사장님, 소속사 사장님까지도 교회로 인도했다. 길을 가다가 ○○씨 사진 좀 찍을래요 찍어주고 교회 다녀요? 안 다니는데요. 저희 교회 여긴데요. 다음 주에 교회 오실래요? 약속하고 성경책을 사 가지고 기다리면 대부분이 교회로 왔다. 그녀는 초등학교 때부터 교회를 다니기 시작해서 중학교 때까지는 열심히 교회를 다녔다 부모님들이 신앙생활을 하고 있었으므로 믿음의 가정에서 신앙인으로 자라게 되었다. 그러다가 20세에 MBC 21기 공채 탤런트로 데뷔하게 되었다. 주일에 촬영 일정이 잡히면 자연적으로 예배에 빠지게 되고 예배보다 일이 중심이 되는 신앙생활을 했다. 그러다가 2009년 초에 주일날 찬양 중에 갑자기 눈물이 쏟아지기 시작했다. 닦고 또 닦아도 눈물이 멈추질 않았다. 성령의 임재를 체험하게 되었다. 성령으로 충만함을 받은 것이었다. 이제부터는 주일성수를 꼭 해야겠다는 결심이 섰다 그 다음 주일부터 일 중심에서 예배 중심으로 생활이 바뀌게 되었다. 제자훈련반에 들어가서 제자 훈련도 받기 시작했다. 성경을 읽기 시작했다. 말씀에 대하여 눈뜨기 시작했다. 주일날에 촬영 일정이 잡히면 "나 주일날은 예배드리러 교회 가야 합니다"라고 정중히 거절하게 되었다. 해외 촬영 때는 비행기 안에서 예배를 드리거나 현지 교회를 찾아 예배를 드리게 되었다. 하나님께서 내 삶에 개입하셔서 세상 중심에서 하나님 중심으로 이끌어 가시고 있음을 나중에야 알게 되었다. 혼자서 조용한 집 안에서 워십댄스로 하나님께 예배를 드리기도 했다. 알 수 없는 기쁨이 삶 가운데 넘쳐났다. 모든 사물이 너무나 아름다웠다. 천지만물이 하나님을 찬양하는 것 같았다. "그러나 너를 책망할 것이 있나니 너의 처음 사랑을 버렸느니라 그러므로 어디서 떨어졌는지를 생각하고 회개하여 처음 행위를 가지라 만일 그리하지 아니하고 회개하지 아니하면 내가 네게 가서 네 촛대를 그 자리에서 옮기리라"(계2:4~5) 그 알 수 없는 기쁨은 그리 오래 가지 않았다. 지금도 그 기쁨이 그립다고 했다. 그 무렵에 언니는 목자 그녀는 목원으로 아굴라와 브리스길라라는 이름으로 목장 모임이 결성되었다. 그간 전도의 열매로 목장 인원이 늘어나서 150여 명이 되었다. 교회에서 목장 모임을 할 장소가 마땅치 않아서 교회 앞에 있는 식당을 임대하여 사용하게 되었다. 주인의 허락을 받아 인테리어도 예쁘게 새로 단장하였다. 목장 모임 때마다 그곳에서 뜨겁게 목장 예배를 드리고 친교도 나누게 되었다.

그녀에게는 남모르는 아픔이 있었다. 막내 남동생이 초등학교 들어가기 전에 교통사고를 크게 당하게 되었다. 그때 뇌를 다쳐서 뇌전증을 앓게 되었다. 일시적으로 뇌 기능에 마비가 오므로 발작을 일으키거나 순간적으로 가볍게 기절하는 난치병이다. 남동생은 4녀 1남 중 막내로 태어나 귀엽게 자랐다. 동생이 어릴 때 그녀가 많이 업어 주기도 했다. 자라면서 성경구절 암송을 곧잘 따라 하며 밝게 자랐다. 그런데 중학교 때부터 학생들에게 따돌림을 당하기도 하고 놀림을 당하면서 학교 가기를 싫어했다. 커가면서 점차 가벼운 우울증까지 왔다. 엎친 데 덮친 격으로 온몸이 아파오기 시작했다. 고통 가운데 몸부림치는 동생을 간호하는 부모님이 너무나 애처로워 보였다. 부모님들의 말로 표현하 수 없는 그 고통을 출가한 세 딸들이 함께 지기로 했다. "너희가 짐을 서로 지라 그리하여 그리스도의 법을 성취하라" (갈6:2) 수시로 친정을 찾아 기도하면서 동생을 간호하고 가사일을 도울 때 가정이 회복되었다.

그녀는 성령으로 충만하여 열심히 새벽기도를 드렸다. 하나님께서 어느 날 새벽기도 중에 가슴에 "선교"라는 두 글자를 환상으로 나타내 보여주셨다. 그 후 선교에 대한 사명을 받은 분들과 함께 심장병 어린이들을 돕기 위한 콘서트와 전시회 바자회를 개최하게 되었다. "우리가 알거니와 하나님을 사랑하는 자 곧 그의 뜻대로 부르심을 입은 자들에게는 모든 것이 합력하여 선을 이루느니라" (롬8:28) 7년 동안 심장병 어린이 80여 명이 수술을 받도록 도움을 줄 수 있었다. 아이티 어린이를 국내로 데려오는 것이 무척 어려웠다. 출생신고가 없거나 부모가 없는 아이들이 미국 비자를 받는 데에 많은 어려움을 겪게 되었다. 기도로 현지 선교사들의 도움으로 어렵게 국내로 데려올 수 있었다. 국내에서는 병원 섭외가 쉽지 않았다. 어떤 병원을 선정해야 하며 어떤 의사 선생님을 만나 어떤 말로 어떻게 부탁할까? 경험이 전혀 없는 그녀에게는 산 넘어 산이었다. 말씀으로, 기도로, 준비하도록 성령께서 도우셨다. 연세 세브란스병원과 삼성서울병원을 선정해주셨다. 두 병원 담당 의사 선생님을 방문토록 인도해주셨다. "말하는 이는 너희가 아니라 너희 속에서 말씀하시는 이 곧 너희 아버지의 성령이시니라" (마10:20) 두 병원 담당의사 선생님을 만날 때에 이 일이 안 되면 어떻게 할까 두려움과 의심이 있었다. 성령께서 그 근심이 사라지게 하셨다. 말씀 붙들고 담대히 나아가게 하셨다. 두 병원, 두 의사 선생님을 만날 때에 마음이 편안했다. 그분들을 만날 때에 그들의 마음을 성령께서 만져주셔서 그들이 우리의 요구, 아이티 심장병 어린이들을 수술하여 고쳐주시겠다는 약속을 받게 되었다. 무척 기뻤다. 성령으로 우리와 함께하시는 하나님께 감사했다. 그리하여 아이티 심장병 어린이 80여 명이 국내에서 수술을 받게 되었다. 동반한 부모님들이 짧은 시간 선교 사역자들과 함께하는 시간이 있었다. 그때에 선교사역자들이 그들에게 복음을 전했다. 복음을 듣고 그들이 예수님을 영접하게 되었다. 그들이 다 세례를 받고 아이티로 돌아가게 되었다. 우리 힘으로 도저히 할 수 없는 것을 하나님께서 하셨다. 온전히 하나님의 은혜다. 그 사역이 너무 힘들었을 때 그녀는 하나님께 기도했다. 나를 이 일에서 빼주시고 다른 사역자를 세워달라고 기도했다. "구경꾼 노릇하지 말라" 하나님께서 내게 말씀하셨다. 구경꾼 노릇하지 말라!

15년 전에 목사 안수를 받고 담임 목사님의 권면을 받고 그날 바로 교회 건물 임대계약을 체결하게 되었다. 목사 안수받을 때에 목사님께서 목사란? 1. 주를 위하여 죽을 준비를 하라. 2. 설교할 준비를 하라. 3. 언제든지 떠날 준비를 하라. 이 권면의 말씀이 그 목사에게 강하게 다가왔다. 두 어린 5살, 7살 자녀와 아내와 새 개척지 청주로 내려왔다. 아내와 함께 예배당 도배도 하고 페인트도 칠하면서 개척을 준비하는 데 어떤 분이 오셔서 "저희 교회 다녀도 됩니까?" 예 됩니다. 반갑습니다. 그래서 하나님께서 한 성도를 보내 주셔서 기쁨으로 개척교회를 시작하게 되었다. 몇 달 후에 큰아들 철이 눈 밑에 작은 반점이 생기기 시작했다. 어린이집에서 건강검진 결과 큰 병원에 가서 진료를 받아야 한다고 원장 선생님으로부터 연락이 왔다. 철이에게 코피가 나는데 멈추지 않았다. 얼굴이 점차 검게 변해가기 시작했다. 가까운 병원에서 검사한 결과 중증 재생불량성빈혈, 판코니빈혈로 희귀 난치성병이며 골수의 기능이 상실된 병이라고 했다. 담당 의사 선생님이 빨리 서울에 있는 큰 병원으로 옮겨 치료받아야 한다고 했다. 병원에서 앰뷸런스로 가야 한다고 했지만 그 비용이 없었다. 교회에서 사용하고 있는 봉고차로 연세 세브란스 병원에 도착했다. 응급처치를 받고 병실에 입원하게 되었다. 같은 병실에 있는 백혈병 아이 엄마에게 치료비가 얼마나 듭니까 물어보게 되었다. 1억 원은 준비해야 될 겁니다. 눈앞이 캄캄했다. 어찌해야 한단 말인가? "여호와여 그리하여도 나는 주께 의지하고 말하기를 주는 내 하나님이시라 하였나이다. 어두운 데에 빛이 비치라 말씀하셨던 그 하나님께서 예수 그리스도의 얼굴에 있는 하나님의 영광을 아는 빛을 우리 마음에 비추셨느니라 우리가 이 보배를 질그릇에 가졌으니 이는 심히 큰 능력은 하나님께 있고 우리에게 있지 아니함을 알게 하려 함이라 우리가 사방으로 욱여쌈을 당하여도 싸이지 아니하며 답답한 일을 당하여도 낙심하지 아니하며 박해를 받아도 버린 바 되지 아니하며 거꾸러뜨림을 당하여도 망하지 아니하고 우리가 항상 예수의 죽음을 몸에 짊어짐은 예수의 생명이 또한 우리 몸에 나타나게 하려 함이라" (시31:14, 고후4:6~10) 청주 집으로 돌아왔다. 새벽 예배를 마치고 일곱 시경에 모르는 어떤 목사님한테서 전화가 왔다. 그분 사모님이 인터넷 카페에서 철이 사연이 올라온 것을 봤다고 했다. 이웃 교회 사모님이 기도 제목으로 그 사연을 인터넷 카페에 올렸다고 했다. 그 목사님께서 전라도 어느 지역에 기업가 한 분이 은퇴 기념으로 1억 원을 그 지역에 있는 어려운 소아 환자 열 명의 신청을 받아 일천만 원씩 기부하기로 했다는 것이다. 그 목사님께서 그 기업가를 찾아가서 철이 사정을 말씀드리고 흔쾌히 승낙을 받았다고 했다. 이튿날 그 기업가를 찾아가 그분이 의뢰한 다른 분으로부터 일천만 원을 받아오게 되었다. 정작 기부하신 그 장본인은 만날 수 없었다. 자신을 드러내지 않는 얼굴 없는 기부천사였던 것이다. 그분이 신앙인인지 알 수 없었다. 그로부터 힘을 얻게 되어 인터넷과 방송국에 철이 사연을 올리게 되었다. 2개월여 만에 500여 명으로부터 격려 메시지와 함께 1억 원이 모아졌다. 그후에 철이가 입원해 있는 병실을 찾아갔다. 내가 목사인 줄 알고 있던 백혈병 소아 환자 어머니가 우리 아이가 백혈병에 걸린 것이 "내 죄 때문입니까?" 시어머니와 함께 찬양하는 찬양대원들까지도 집사님 죄 때문에 당신 아이가 백혈병에 걸린 것이 아니냐고 나를 정죄하는 것이 너무 괴롭다고 했다. 그 질문에 성경 말씀은 이렇게 답하고 있다. "예수께서 길을 가실 때에 날 때부터 맹인 된 사람을 보신지라 제자들이 물어 이르되 랍비여 이 사람이 맹인으로 난 것이 누구의 죄로 인함이니이까 자기니이까 그의 부모니이까 예수께서 대답하시되 이 사람이나 그 부모의 죄로 인한 것이 아니라 그에게서 하나님이 하시는 일을 나타내고자 하심이라" (요9:1~3)

국내에 골수이식을 자원하는 두 조혈모세포은행이 있다. 하나는 한국조혈모세포은행이고 다른 하나는 가톨릭조혈모세포은행이다. 두 은행에 골수 기증자로 10만 명 정도 등록되어 있다고 했다. 그중에 철이와 골수가 맞는 동종 골수 기증자를 찾아야 한다. 코디네이터가 그 작업을 진행하면서 8명의 동종 골수기증자를 찾게 되었다. 첫 번째 기증자의 골수가 철이의 것과 일치하였다. 그분이 자기 골수를 철이에게 이식해 주기로 약속했다. 그런데 골수이식 30일 전에 그분이 병에 걸렸다. 골수이식이 자연스럽게 취소됐다 불안해지기 시작했다. 동종 골수 기증자로 일곱 명이 남게 되었다. 그 가운데 두 명이 철이에게 골수기증을 거절했다. 그래도 다섯 명이 남아 있다고 생각했는데 각각 그분들의 사정으로 골수이식이 취소되거나 거절됐다. 이제 단 한 명만 남게 되었다. 많은 분들께 큰아들 철이가 하나님의 은혜로 골수이식을 잘 받게 해달라고 기도 요청을 했다. 그리고 말씀 붙들고 뜨겁게 하나님 앞에 기도드렸다. "이르시되 너희가 너희 하나님 나 여호와의 말을 들어 순종하고 내가 보기에 의를 행하며 내 계명에 귀를 기울이며 내 모든 규례를 지키면 내가 애굽 사람에게 내린 모든 질병 중 하나도 너희에게 내리지 아니하리니 나는 너희를 치료하는 여호와임이라"(출15:26) 이 말씀 붙들고 철이를 살려달라고 눈물로 기도하게 되었다. 하나님께서 나의 기도와 여러분들의 기도를 들어주셨다. 하나님의 은혜로 8번째 기증자와 동종 골수 조건이 철이와 일치하였다. 또한 그분께서 흔쾌히 철이에게 골수이식을 해주시기로 굳게 약속하셨다. 그분의 도움으로 철이가 골수이식 수술을 받게 되었다. 이식 후 30일간은 무균실에 있어야 했다. 7일째 되는 날 철이가 입원해 있는 무균실에 철이를 보러 갔다. 그때 코디네이터로부터 한 통의 편지를 건네받았다. 골수기증자로부터 온 편지였다. 그 편지 내용은 아래와 같았다. 아줌마에게 한 가지 속상한 게 있었는데 아줌마 아들 영웅이에게 그전부터 동생이 없었다는 거야? 너는 동생이나 형이 있니? 영웅이는 혼자 있는 게 싫어서 동생을 달라고 하는데 동생이 안 생기는 거야. 그래서 아줌마는 미안하고 마음이 아파서 아줌마가 믿는 하나님께 눈물을 흘리며 간절히 기도드렸단다. 사랑이 많으신 하나님 아버지 "영웅이에게 동생을 주세요" 하고. 그런데 얼마 후에 하나님께서 조용하고 부드러운 음성으로 알았다. 너의 소원을 들어주마 하고 속삭여 주셨어. 그래서 기쁜 마음으로 아기를 가다리고 있었는데, 그 일이 있은 지 딱 두 달 후에 조혈모세포은행에서 너를 만나게 해준 거야. 처음에는 골수기증을 신청한 지가 12년이 지났기 때문에 깜짝 놀랐단다. 더욱이 아줌마는 몸도 약하고 매우 겁쟁이였거든. 그런데 이렇게 걱정하는 아줌마한테 하나님께서 속삭여 주셨어. 내가 약속한 아들이 바로 이 아이란다 정말 눈물이 많이 났었단다. 그래서 용기를 내었지. 그래서 그때부터 친아들은 아니지만 영웅이 형 정도 되는 너를 만나게 하신 하나님께 감사기도를 드리고 많은 사람들에게 이 사실을 알렸단다. 그리고 그 후 5개월 동안 많은 사람들과 아줌마는 너의 건강과 만남을 위해 축복하며 기도해오고 있었고 골수기증일을 마치 아기가 태어나는 날처럼 기다려 왔는데 벌써 그날이 하루 남았구나. "아브라함이 그 땅 이름을 여호와 이레라 하였으므로 오늘날까지 사람들이 이르기를 여호와의 산에서 준비되리라 하더라"(창 22:14) 철이에게 골수이식을 공여하도록 ○○○전도사를 여호와 이레로 하나님께서 준비하셨던 것이다. 철이가 골수이식을 받고 병원에 입원하고 있는 그때에 주일날 2부 예배를 드리고 있었다. 그날로 예정된 집사님이 대표기도를 드리고 있는 중에 하나님께서 내게 음성(rhema)을 들려주셨다. "이 시대가 하나님께서 살아계셔서 역사하심을 믿지 않는다 살아계신 하나님을 전해라" ○○○전도사님이 흔쾌히 철이에게 골수이식을 하게 되는 사연과 철이가 골수이식 수술을 받게 되는 그 기적적인 일들이 하나님의 섭리 가운데 이루어졌다. 또한 그 일들을 방송을 통해서 간증하도록 인도하셨다. 그 방송을 통해서 하나님께서 살아계셔서 역사하심을 온 세상에 나타내게 하신 것이었다. 백혈병에 걸린 철이를 사용하셔서 하나님께서 살아계셔서 역사하심을 드러내신 것이다. 하나님께서 연출하시고 철이는 주연배우로만 사용되었던 것이다. 하나님께서는 이렇게 하나님 자신이 살아계셔서 역사하심을 나타내시는 것이다. 그 후에 철이는 실업축구팀에 소속되어 십일조 교인이 되었다고 한다. 할렐루야.

3대째 하나님을 섬기는 가정이 있었다. 할아버지는 치과 의사셨다. 치과 기공소도 운영하고 횟집도 가지고 있었다. 가정이 부유했다. 그에게 아들이 있었다. 그 아들에게 8살 난 딸이 있었다. 그 딸이 어린 나이에 성령세례를 받고 예언의 은사도 받게 되었다. 어느 날 어린 딸이 아버지는 목회자가 되실 것인데 "아버지의 설교 말씀을 듣고 귀신들이 쫓겨가고 병든 자들의 병이 낫게 될 것입니다" 이 어린 딸의 예언이 하나님께서 자신에게 하시는 말씀(rhema)으로 들렸다고 했다. 그래서 그는 신학대학에 들어가서 신학을 공부하게 되었다. 그는 기도 중에 성령의 강력한 임재를 체험하면서 방언을 받게 되었다. 그때에 지식으로만 알고 있던 하나님을 체험적으로 알게 되었다. 성령의 임재를 통하여 하나님께서 살아 역사하심을 알게 되었다. "곧 창세 전에 그리스도 안에서 우리를 택하사 우리로 사랑 안에서 그 앞에 거룩하고 흠이 없게 하시려고, 소망이 우리를 부끄럽게 하지 아니함은 우리에게 주신 성령으로 말미암아 하나님의 사랑이 우리 마음에 부은 바 됨이니"(앱1:4, 롬5:5) 성령께서 내 마음에 하나님의 사랑을 부어 주신다는 것도 말씀을 통해 알게 되었다. 그때부터 신앙생활에 큰 변화가 일어났다. 신앙생활에 방해가 되는 것을 다 버릴 것을 기도하게 되었다. 그때 그의 나이가 33살이었다. 결혼도 했다. 그의 아내는 여섯 살 때 성탄절에 교회를 가게 되었다. 처음 간 교회가 너무 좋았다고 했다. 어린 나이임에도 그녀는 하나님께서 살아 계심이 느껴졌다고 했다. 예수 믿는 사람들이 참 좋아 보였다고 했다. 나도 언젠가는 꼭 예수를 믿어야겠다고 생각했다. 또 가족들을 교회로 인도하리라 결심했다. 어머니께서 우연한 기회에 복음을 전해 듣고 교회에 가시면서 그때부터 그녀도 교회에 다니게 되었다. "예수께서 이르시되 너희는 사람 앞에서 스스로 옳다 하는 자들이나 너희 마음을 하나님께서 아시나니 사람 중에 높임을 받는 그것은 하나님 앞에 미움을 받는 것이니라"(눅16:15) 이 말씀을 듣고 하나님이 내 마음을 아신다고? 그러면 내게 억울한 일이 생기면 풀어 주시겠네. 그러하신 하나님이 너무 좋아서 잘 섬기게 되었다고 했다.

"여호와께서 아브람에게 이르시되 너는 너의 고향과 친척과 아버지의 집을 떠나 내가 네게 보여줄 땅으로 가라"(창12:1) 그 부부는 신학을 마치고 목사 안수를 받았다. 진주 땅 어느 한적한 곳에 소 마구간을 개조해서 세운 자그마한 교회가 있었다. 그 교회 목사님이 안식년으로 목회자 자리가 일시적으로 비게 되었다. 부부 목사는 그 교회로 가서 첫 사역을 시작하게 되었다. 그 주일에 목사님이 미처 설교 준비를 못 했다. 그렇다고 설교를 안 할 수는 없는 노릇이 아닌가. 그는 강단에 섰다. 찬양이 끝나고 설교를 했다. 그는 자신이 무슨 말을 하고 있는지 자신도 알 수 없었다. 그런데 성도들이 눈물을 흘리고 있었다. 성도 한 사람, 한 사람이 각자 눈물이 터지게 되어 눈물바다가 되었다. 그의 입술을 성령께서 주장하셔서 말씀을 선포하게 하셨다. "하나님이 세상을 이처럼 사랑하사 독생자를 주셨으니 이는 그를 믿는 자마다 멸망하지 않고 영생을 얻게 하려 하심이라"(요3:16) 이 말씀이 선포될 때에 성령께서 임하셨다. 귀신이 쫓겨가고 병든 자가 병이 낫게 되었다. 그 소문이 퍼져 7명이던 교인이 금세 50명으로 불어나게 되었다. 기도 중에 하나님께서 "성전을 건축하라"고 말씀하셨다. 그 목사는 순복음교단 소속인데 지금 그 교회는 장로회 교단이다. 하나님 앞에서는 '교단'은 아무런 의미가 없다 교단은 성경에도 없는 말이다. '교단'이란 단어는 사탄이 교회를 분열시키기 위해 만든 속임수다 "용을 잡으니 곧 옛 뱀이요 마귀요 사탄이라 잡아서 천 년 동안 결박하여"(계20:2) 그 목사는 하나님의 명령에 순종하여 성전 건축을 하기로 작정하고 기도했다. 아내 결혼 패물을 팔아 50만 원이 마련되었다. 그때 아버지께서 5천만 원을 보내셨다. 하나님께서 성전 건축에 부유하게 살고 있는 그의 아버지의 부를 사용하셨던 것이다. 성전 건축이 하나님의 은혜로 완공되었다. 하나님 앞에 성전 봉헌예배를 드렸다. 그리고 이틀 후 그는 그 교회를 떠나게 되었다. 전에 사역하시던 목사님이 안식년을 마치고 복귀하였던 것이다. 성전건축도 하나님께서 하시고, 목회도 하나님께서 하시고 교회 부흥도 하나님께서 하셨던 것이다. 그 부부 목사는 하나님께서 하시는 일에 쓰인 도구에 불과했던 것이다. "이와 같이 너희도 명령받은 것을 다 행한 후에 이르기를 우리는 무익한 종이라 우리가 하여야 할 일을 한 것뿐이라 할지니라"(눅17:10) 그럼에도 불구하고 우리는 내가 하는 것으로 착각하며 신앙생활을 하고 있다. 우리는 말씀을 믿고 의지하며 온전히 순종하는 신앙인이 되어야 할 것이다. "사무엘이 이르되 여호와께서 번제와 다른 제사를 그의 목소리를 청종하는 것을 좋아하심같이 좋아하시겠나이까 순종이 제사보다 낫고 듣는 것이 숫양의 기름보다 나으니"(삼상15:22)

두 부부 목사는 기도원에서 기도하는 중에 "개척 교회를 하라"는 하나님의 음성을 듣게 되었다. 불교를 믿고 있는 어떤 분이 큰 병에 걸려 사경을 헤매고 있다는 소문을 듣게 되었다. 그 목사는 성령께서 나누어 주신 '병 고치는 은사'를 받았다. "다른 사람에게는 같은 성령으로 믿음을, 어떤 사람에게는 한 성령으로 병 고치는 은사를,"(고전12:9) 그 집을 찾아갔다. 방 안은 온통 부적으로 도배가 되다시피 되어 있었다. 그가 저는 교회 목사인데 "기도해도 되겠습니까" 했더니 그렇게 하라고 했다. 누워 있는 그의 이마에 손을 얹고 기도했다. 기도 중에 귀신이 나가고 병이 나았다. 병이 나은 그가 거기에 교회 건물을 지어 주겠다고 했다. 그러라고 했다. 그러면서 그 가족이 예수를 믿게 되고 그 가족이 구원을 받게 되었다.

○○○씨가 예수님을 믿어? 해가 서쪽에서 뜨겠네, "내가 전에는 비방자요 박해자요 폭행자였으나 도리어 긍휼을 입은 것은 내가 믿지 아니할 때에 알지 못하고 행하였음이라"(딤전1:13) 이런 말을 듣던 그녀가 2015년 그의 나이 45세에 남편에게 복음을 전해 듣고 예수님을 믿게 되었다. 그녀가 처음 교회에 다닐 때 성경 말씀이 너무 궁금했다. 그래서 읽어보니 너무 어려웠다고 했다. 그러던 그녀가 지금은 '성경 바람잡이', '간증자' 신학대학원 박사과정 신학생이다. 그녀는 예수님이 너무 좋아서 너무 알고 싶어서 성경 말씀을 읽고 또 읽었다. 그리고 바로 알고 전하고 싶어서 신학대학원을 다닌다고 한다. 그녀는 말씀 전도사로 활동하고 있다. 말씀 읽으세요. 말씀을 읽어 말씀을 전하는 것이 그녀의 기쁨이요 행복이란다. 미국에 초청을 받아 간증 집회를 간 적이 있었다. 집회를 마치고 교회 문을 나서려는데 어떤 할머니께서 그녀 손을 잡고 우시면서 말씀하셨다. 그 할머니는 이 나이가 되도록 성경 한 번 읽은 적이 없는데 그녀의 간증을 듣고 오늘부터 성경을 읽기로 결심했다고 했다. 앞으로 간증자보다 성경을 더 많이 읽겠다고 했다. 그녀는 뛸 듯이 기뻤다. 행복했다. 나의 간증이 한 성도가 말씀으로 돌아오게 하다니 말씀을 가까이하게 하다니 하나님께서 살아계셔서 역사하심을 느끼는 순간이었다고 그녀는 눈물을 흘리며 말했다. 그녀는 교회를 다니면서도 성경 말씀을 읽지 않는 성도들이 말씀을 읽고 말씀을 알아가는 것이 소원이라고 했다. 기도 제목이라고 했다. "예수께서 이르시되 내가 곧 길이요 진리요 생명이니 나로 말미암지 않고는 아버지께로

올 자가 없느니라, 영생은 곧 유일하신 참 하나님과 그가 보내신 자 예수 그리스도를 아는 것이니이다" (요14:6, 17:3) 말씀을 읽어야 하나님을 알 수 있고 예수님을 알 수 있다. 두 분을 아는 것이 영생이라고 한다. 그런데 우리는 말씀을 읽지 않는다 마귀가 방해하기 때문이다. 말씀을 읽어야 마귀도 대적할 수 있다. 말씀 안에 답이 있다. 무엇이 짧은 기간에 그녀를 이렇게 바꾸어 놓았을까? "말씀이 육신이 되어 우리 가운데 거하시매 우리가 그의 영광을 보니 아버지의 독생자의 영광이요 은혜와 진리가 충만하더라" (요1:14) 그녀는 세례를 받았다. 세례 교인이다. 세례를 받을 때에 눈물이 터지고 눈물이 쏟아져서 창피했다고 한다. 그렇지만 한편으로는 한없이 기뻤다고 했다. 그녀는 그 의미를 알지 못했다. 그녀 마음에 그녀도 알지 못하는 사모하는 마음이 있었던 것이다. 그녀 마음 가운데 간절함이 있었기 때문에 그녀가 세례를 받을 때에 성령께서 임하셨던 것이다. 물세례와 성령세례를 동시에 받았던 것이다. 성령으로 충만함을 받은 것이다. "내가 아버지께로부터 너희에게 보낼 보혜사 곧 아버지께로부터 나오시는 진리의 성령이 오실 때에 그가 나를 증언하실 것이요, 보혜사 곧 아버지께서 내 이름으로 보내실 성령 그가 너희에게 모든 것을 가르치고 내가 너희에게 말한 모든 것을 생각나게 하리라 (요15:26, 14:26) 우리는 성령을 통해서 예수님을 알 수 있고 말씀도 깨달아 알게 된다.

"이르되 주 예수를 믿으라 그리하면 너와 네 집이 구원을 받으리라 하고" (행16:31) 그녀가 예수를 믿으므로 그 가족 구원이 진행되고 있었다. 그 집사는 7여 1남 중 5번째다. 그녀는 자기 가족을 구원해 주시기를 하나님께 간절히 기도했다. 온 가족이 구원받을 때까지 기도를 쉬지 않을 것이라고 한다. 열심히 복음도 전했고 또 전한다. 그녀의 기도와 복음 전도로 둘째 언니가 8남매 중 첫 번째로 예수님을 믿게 되었다. 하나님의 시간표가 내게 온 것 같다고 그녀는 고백한다. 우리가 예수님을 믿는 것은 우리 힘으로 믿는 것이 아니라 하나님의 은혜로 믿게 되는 것이다. 하나님께서 믿음을 주셔서 믿게 하시는 것이다. "너희는 그 은혜에 의하여 믿음으로 말미암아 구원을 받았으니 이것은 너희에게서 난 것이 아니요 하나님의 선물이라" (엡2:8) 지금은 집사 직분을 받고 찬양대로 봉사하고 있다고 한다. 그다음 8남매 중 여섯 번째가 예수님을 믿게 되었다. 중국어 학원에서 학원 강사님의 신앙 간증을 듣고 그 자리에서 무릎을 꿇게 되었다고 했다. 성령께서 가볍게 임하셨던 것이다. 그 후 가정에 어려운 일이 생겼다. 어려움 가운데 갑자기 "나를 알면서 모른 척한 죄 회개하라"라고 말씀하시는 하나님의 음성을 듣게 되었다. 그 하나님의 음성을 듣고서 두려운 마음으로 예수님을 믿게 되었다. 그다음은 어머니께서 예수님을 영접하게 되셨다. "인생들의 혼은 위로 올라가고 짐승의 혼은 아래 곧 땅으로 내려가는 줄을 누가 알랴" (전3:21) 이 말씀을 읽고 하늘 나라(천국)가 있음을 확신하게 되었다고 하셨다. 교회 나간 지 11개월인 지금 현재 성경 말씀 6독을 했다. 7독째 구약 성경 예레미야 13장을 읽고 있다. 말씀 읽는 것이 좋다고 하신다. 말씀을 읽을 때 마음이 평안하다고 하신다. 건강도 많이 좋아지셨다고 하신다. 8남매 중 아직도 예수를 믿지 않는 4자녀가 걱정이다. 그들 4자식이 속히 예수 믿는 것이 소원이라 하신다. 마지막으로 막내아들이 어머니보다 두 달 늦게 예수님을 믿게 되었다. 먼저 믿은 형제들과 한 선교사의 도움으로 하와이 열방대학 DTS 6개월 과정을 수료했다.

30대 초반 젊은 나이에 폐결핵으로 남편을 잃고 어린 네 자녀, 아직 태어나지도 않은 복 중에 있는 자녀와 어렵게 살아가는 한 여인이 있었다. 절에도 다니고 굿판에도 기웃거리며 한마디로 토속신앙을 믿는 그런 가정이었다. 어느 날 새벽에 처음 들리는 종소리에 끌려 소리가 나는 곳으로 갔다. 천~ 당~, 천~ 당~ 새벽 예배를 알리는 종소리였다. 매일 새벽 그 시간에 종소리가 울렸겠지만 전에는 듣지 못했던 것이다. 자그마한 교회에 20명 정도 새벽 예배를 드리고 있었다. 들어가 앉는 순간 "여기가 내가 있을 곳이구나" 그런 마음이 들었다고 했다. 성령께서 그 여인에게 임하셔서 그 걸음을 인도하신 것이다. 친척들의 핍박이 심했지만 묵묵히 신앙을 지키게 되었다. 세월이 흘러 큰아들이 사고로 죽게 되었다. 잘 생기고, 똑똑하고, 공부도 잘 하고, 말 잘 듣고 거기에다 신앙도 좋은 효자였다. 전교 일 등을 한 번도 놓친 적이 없었다. 이 큰아들은 오로지 어머니의 희망이었다. 그러던 그가 가정이 어려워서 대학 진학을 포기하고 가장으로서의 책임을 다하기로 결심하게 되었다. 어떤 연고로 시청에 특별 채용이 되었다. 출근 30일을 앞두고 극장에서 아르바이트로 천장 전기 배선 공사를 돕다가 발을 헛디뎌 바닥에 떨어져 뇌진탕으로 목숨을 잃게 되었다. 그때부터 일 년 동안 어머니의 기도가 막혔다. "하나님 이럴 수는 없습니다!" 그런데도 신앙은 포기되지 않았다고 했다. "그 안에서 너희도 진리의 말씀 곧 너희의 복음을 듣고 그 안에서 또한 믿어 약속의 성령으로 인치심을 받았으니" (엡1:13) 얼마 후 저녁밥을 지으려 부엌에 가셨다. 하나님 너무하십니다. 푸념했다고 했다. "네가 네 아들 ○○보다 나를 더 사랑하느냐? 네가 네 아들을 더 의지했냐? 나를 더 의지했느냐?" "그런즉 내 사랑하는 자들아 우상 숭배하는 일을 피하라" (고전19:14) 큰아들은 그녀에게 우상이었던 것이다. 하나님을 섬기는 일에 우선 순위가 얼마나 중요한가를 깨닫는 순간이었다. 이제 남은 인생 온전히 주님만 믿고 의지하며 주님만 바라보며 신앙생활을 할 것을 고백합니다. 어머니의 신앙이 새롭게 되었다. 어머니는 어린 자식들을 먹여 살리기 위해 등짐장사를 시작하셨다. 어느 때부터 어머니의 신앙이 회복되어 가정예배를 드리게 되었다. 가정예배 중에 "오늘부터 너희들은 내 자식이 아니야" 어제 교회에서 기도 중에 너희들을 하나님께 바치기로 했다. 초등학교 5학년인 나는 가족이 살길을 찾아 뿔뿔이 흩어지는 줄 알고 몹시 두려웠다. 큰형은 남의 집 머슴으로 가고, 누나는 남의 집 애 보기로 가고 나는 고아원으로 가야 되나 생각했다. 자식들을 하나님께 바친 뒤로 어머니가 달라지셨다. 가끔씩 잘못하게 되면 채찍질하시던 회초리가 사라졌다. 쌀이 떨어져도 걱정하지 않으셨다. 하나님께 바친 자식들이니까 하나님께서 먹이신다고 믿었던 것이다. 주님의 자식들이 양식이 떨어져 굶게 생겼습니다. 기도하면 쌀이 생겼다. 누군가 가져다 놓은 것이다. 광야의 만나처럼 매일 양식이 채워지는 것이다. 공납금 고지서를 어머니께 드리면 그걸 놓고 기도하셨다. 알 수 없는 누군가에 의해 그 공납금이 준비되었다. 등록금 못 내서 학교에서 어떤 처벌도 받은 적이 없었던 것이다. 하나님께서 성령으로 어머니와 함께하셔서 그때그때 필요를 채워주시는 것이다. "그의 계명을 지키는 자는 주 안에 거하고 주는 그의 안에 거하시나니 우리에게 주신 성령으로 말미암아 그가 우리 안에 거하시는 줄을 우리가 아느니라, 그런즉 너희는 먼저 그의 나라와 그의 의를 구하라 그리하면 이 모든 것을 너희에게 더하시리라" (요일3:24, 마6:33)

막내인 내가 중학교 1학년 때 소풍 가는 날이었다. 다리가 아파서 집으로 돌아 오게 되었다. 어머니께서 나를 보시고 너 무슨 일이냐 아파서 소풍을 못 갔어요. 어머니께서 나를 업고 교회로 달려가셨다. 목사님께서 보시고 아이가 아프면 병원으로 가셔야지 교회로 오시면 어떡합니까? 목사님께서 나를 등에 업고 시내 큰 병원으로 가셨다. 진단 결과는 충격적이었다. 골수염이라 여기서는 도저히 고칠 수 없으니 서울 큰 병원으로 가시라고 했다. 진료의뢰서를 써줄 테니까 빨리 서울 큰 병원으로 가시라고 했다. 그런데 어머니가 의사 선생님께 말씀하셨다. "쟤는요 하나님께 바친 애 거든요" 이 병이 죽을병이면 쟤는 서울이 아니라 미국 가서 수술해도 죽어요. 살 병이면 여기서 수술해도 쟤는 살아요. 어머니의 간청에 의사 선생님께서 수술하기로 결정했다. 이 병원에서는 고칠 수 없는 병이라고 의사 선생님이 분명히 말씀하지 않았던가? 못 고치는 병을 어머니가 우겨서 수술받게 하신 것이다. 내 어머니 맞아! 속으로는 어머니가 몹시 원망스러웠다. 이 어린 나이에 수술 중에 죽을지도 모르겠구나 믿음이 작은 나는 몹시 두려웠다. 침대에 누워 수술실로 가는 중에 나도 모르게 서원기도가 내 입에서 터져나왔다. "하나님, 나 고쳐주시면 주의 종 할게요" 하나님만 의지할 수밖에 없는 절박한 순간에 어린 내가 할 수 있는 것은 오직 기도뿐이었던 것이다. 수술이 잘 끝나고 하나님의 은혜로 건강이 회복되었다. 당시에는 어머니가 몹시 원망스러웠다. 한동안 어머니와 말도 하지 않았다. 후에 하나님만 믿고 의지하신 어머니의 그 굳은 믿음이 위기의 순간에 나를 살리셨구나. 성경 말씀을 통하여 알게 되었다. 어머니께 감사하고 또 감사했다. "내가 진실로 너희에게 이르노니 누구든지 이 산더러 들리어 바다에 던져지라 하며 그 말하는 것이 이루어질 줄 믿고 마음에 의심하지 아니하면 그대로 되리라"(막11:23)

고등학교 1학년 때 온 가족이 서울로 이사를 갔다 공부하는 것이 좋아졌다. 성적도 좋게 나왔다. 고등학교 3학년 2학기 때부터 진로를 고민하기 시작했다. ○○대학 의대를 가서 의사가 되기로 마음먹고 열심히 공부했다. 서원기도한 것을 까맣게 잊고 있었다. 어느 날 갑자기 피를 토하게 되었다. 병원에 가서 검사를 받았다. 폐결핵이라고 했다. 그 당시에는 쉽게 치료되는 병이 아니라고 했다. 장기간 약을 먹어도 언제 병이 나을지 알 수 없다고 했다. 그렇지만 장기간 치료하면 나을 수 있는 병이라고 했다. 문제는 폐결핵 환자는 대학에 갈 수 없다는 것이다. 그렇다면 대학도 못가고 뭘 해서 먹고 살아야 한단 말인가? 재수할 형편도 못 된다. 눈앞이 캄캄했다. 절망하고 있을 때 신학대학을 나온 형이 그가 나온 대학 '전형요강'을 가지고 왔다. 자세히 살펴보게 되었다. 전형요강에 건강진단서 첨부 내용이 빠져 있었다. 나중에 알게 된 일이지만 담당 사무직원의 실수로 그해 안내서에 그 내용이 누락된 것이었다. 신학대학에 들어가 대학생활을 시작했다. 공부하는 것이 별로 흥미가 없었다. 원하던 대학이 아니기 때문이었다. 대학교 3학년 어느 여름날 기도원에 가서 기도를 드리고 있었다. 기도 중에 성령께서 내게 임하셨다. 나를 회개하도록 인도하셨다. 지난날의 나의 모든 죄를 하나하나 눈앞에 펼쳐 보여주셨다. 그 가운데 중학교 1학년 때 골수병 수술실로 들어가면서 "나 고쳐주시면 주의 종 할게요" 서원기도했던 것을 눈앞에 나타내 보이셨다. "너 왜 나하고 한 약속을 잊고 지내냐? 나는 네 하나님이다"라고 말씀하셨다. 그 순간 회개의 눈물이 터졌다. 몇 시간을 통회자복하며 부르짖어 회개기도를 했는지 알 수 없었다. 기도를 마치고 집으로 돌아왔다. 기분이 무척 좋았다. 몸이 가벼워졌다. 그때까지 폐결핵약을 복용하고 있었다. 병이 다 나은 것 같다는 기분이 들었다. 병원에 가서 검사를 받았다. 폐결핵이 깨끗이 다 나았다고 했다. 그동안 지식으로만 알던 하나님을 체험적으로 알게 되었던 것이다.

인생의 절체절명의 위기 앞에서 믿음으로 견뎌낸 한 신앙인의 이야기다. 직장에서 야근을 하고 있었다. 갑자기 몸에 열이 나면서 춥고 떨리기 시작했다. 서둘러 퇴근하기로 했다. 퇴근길에 약국에 들려 몸살약을 사서 먹었다. 아픈 몸을 뒤척이면서 잠을 잘 수 있었다. 아침에 아내가 그의 얼굴에 난 검은 반점들을 보고 놀랐다. 급하게 119에 연락해서 ○○대학병원 응급실에 도착했다. 병원에 도착하자마자 그는 의식을 잃었다. 병원에서 환자의 상태를 살펴보고 난 후 아내에게 가망이 없다고 했다. 그의 아내가 의사 선생님께 살려달라고 눈물로 호소했다. 병원에서 할 수 있는 모든 검사와 치료를 했다고 했다. 검사 결과 폐렴구

균에 의한 패혈증이라고 했다. "예수께서 대답하시되 이 사람이나 그 부모의 죄로 인한 것이 아니라 그에게서 하나님이 하시는 일을 나타내고자 하심이라"(요9:3) 그는 열흘 만에 의식이 돌아오게 되었다. 온몸에 괴사가 진행되고 있었다. 오른쪽 팔을 팔꿈치 밑을 절단해야 하고 두 다리도 절단해야 한다고 했다. 한쪽 팔을 자르고 두 다리를 잘라야 한다는 충격적이고 참혹한 현실 앞에 "사람이 감당할 시험밖에는 너희가 당한 것이 없나니 오직 하나님은 미쁘사 너희가 감당하지 못할 시험 당함을 허락하지 아니하시고 시험당할 즈음에 또한 피할 길을 내사 너희로 능히 감당하게 하시느니라"(고전10:13) 하나님께서 이 말씀이 생각나게 하시고, 이 말씀으로 위로하시고 그 큰 고통을 견뎌내게 하셨다고 했다. 의사 선생님이 목숨을 살리기 위한 최선의 방책이자 선택이라고 했다. 의식을 잃고 있는 한순간에 하나님께서 "네가 믿는 하나님을 네가 아느냐?"고 말씀하셨다. 그는 환상 가운데 성경책을 펼쳐보면서 "하나님은 창조주이시며 이 세상을 창조하시고 운행하시고 나를 나보다 더 잘 아시고 내게 생명 주신 분이십니다"라고 그는 대답했다고 했다. 그리고 나서 그 앞에 광야를 펼쳐 보이셨다. "주께서 내가 앉고 일어섬을 아시고 멀리서도 나의 생각을 밝히 아시오며 나의 모든 길과 내가 눕는 것을 살펴보셨으므로 나의 모든 행위를 익히 아시오니"(사139:1~2), "또 증거는 이것이니 하나님이 우리에게 영생을 주신 것과 이 생명이 그의 아들 안에 있는 그것이니라 아들이 있는 자에게는 생명이 있고 하나님의 아들이 없는 자에게는 생명이 없느니라"(요일5:11~12) 그리고 그는 하나님 앞에 살려달라고 간절히 부르짖어 기도했다. 살려

주시면 복음을 전하는 일에 더욱 힘쓰겠다고 기도했다. 그때 의사 선생님이 "숨 쉬세요, 크게 쉬세요" 하고 크게 소리 질렀다. 그 소리를 듣는 그 순간에 그의 의식이 돌아오게 되었다. 그때 그의 아내도 중환자실에 면회를 와서 누워있는 그의 침대 앞에서 기도하고 있었다. 그들 부부는 어릴 적부터 신앙생활을 하고 있었다. 그는 지금 내가 믿는 하나님(성부 성자 성령)이 누구신가? 성경 66권 말씀을 열심히 읽으므로 알아가야 한다고 말한다. 자기처럼 위기의 순간에 하나님께서 물으시면 대답할 준비가 되어 있어야 할 것이라고 그는 말한다. 그의 아내는 그 고통과 어려움 가운데 "주님의 뜻을 이루소서" (찬송가 425장) 이 찬양으로 위로를 받고 오로지 기도로 견뎌낼 수 있었다고 한다. 그 후 주일날 병원 예배실을 찾아 예배를 드리게 되었다. 성찬 예배를 드렸다. 떡을 찢어 나누어 주었다. 떡을 손에 받는 순간 눈에서 눈물이 쏟아졌다. 성령께서 임하셔서 만지시고 위로하셨던 것이다. 예수님께서 몸을 찢어 내게 주시는구나. 환자에게는 성찬식에 포도주는 사용하지 않았다. 예수님께서 십자가에 달려 몸 찢기고 피 흘리시는 그 형상이 떠올랐다. 전엔 단 한 번도 느껴보지 못한 예배의 감격을 맛보게 되었다. 다니던 회사 사장님께서 병문안을 오셨다. 재활치료를 열심히 받고 회복되면 회사로 복직하도록 하세요. ○○○ 당신을 기다리겠습니다. 그 한마디에 힘을 얻게 되고 큰 위로가 되었다. 희망이 생기게 되었다.

그때 가정에 큰 행사가 기다리고 있었다. 첫아들의 돌잔치가 2달 앞으로 다가왔다. 아내와 같이 고민하게 되었다. 그즈음에 몸이 점점 좋아지는 것을 느끼게 되었다. 이것이 아들 돌잔치를 열라는 하나님이 내게 나타내시는 표지라고 생각되었다. 돌잔치를 하기로 결정하고 부모님께 알려 드렸다. 부모님께서 돌잔치를 하지 말라고 하셨다. 그렇지만 열심히 부모님을 설득해서 아들 돌잔치를 열게 되었다. 병원 관계들의 도움으로 부모님과 교회 여러 분들과 회사 임원과 여러 친척들을 모시고 아들 ○○○군의 돌잔치를 열게 되었다. 처형께서 기도를 드렸다. 죽음의 문턱에서 살아 돌아온 아버지 ○○○씨의 삶과 그의 아들 ○○○군의 돌잔치를 열게 하신 하나님께 감사드리고 축복합니다. 나를 위험한 병에서 살리시고 고치셔서 살아 돌아오게 하신 분은 하나님이십니다. 이 자리를 빌어 믿지 않으시는 분은 "예수님 믿으십시오" 하고 복음을 전하게 되었다. 그 후 치료 병원에서 치료를 마치고 재활 병원으로 이송되었다. 재활 병원 의사가 붕대를 풀고 보시더니 앞으로는 서서 걸을 수는 없을 것 같네요. 눈앞이 캄캄했다. 재활 치료받고 회사에 복직해야 하는데⋯ 그동안 희망이 산산조각나는 순간이었다. 재활 치료 중에 가장 견디기 힘든 것이 환상통이라고 했다. 헛통증이라고도 한다. 잘려 없어진 부분이 있다고 느끼기 때문에 오는 통증이라고 한다. "여기가 끝이야" 뇌에게 인지를 시켜야 한다고 했다. 상처 부위를 세게 때리는 치료다. 몹시 고통스러웠다. 오른쪽 팔에 의수를 달고 의족도 착용하고 재활 치료를 시작하게 되었다. 어려움과 고통의 나날이었지만 재활 치료를 마치고 드디어 보조기를 차고 다시 걷게 되었다.

　7개월의 병원 생활을 마치고 집으로 돌아왔다. 다세대 주택에서 살고 있었다. 병원에서는 모든 시설이 환자 중심으로 되어 있는데 집에서는 건강한 사람 중심으로 되어 있다. 화장실 출입문 문턱도 높았고 변기 주변에 보조기도 설치되어 있지 않았다. 움직일 때마다 아내의 손길이 필요했다. 그러던 어느 날 아내가 외출하게 되었다. 평소에는 아내가 없이 화장실 가는 것을 생각해 본 적도 없었다. 일은 다급했다. 그때 장애인이기 때문에 할 수 없다는 고정관념을 깨뜨려 버리는 놀라운 일이 일어났다. 기어올라 화장실 문턱을 넘어 갔다. 간신히 변기에 올랐다. 자리 잡기까지 5분 정도 걸렸다는 것을 알 수 있었다. 볼 일을 시원하게 보고서야 이게 어떻게 된 거지? 내가 혼자서도 할 수 있는 일이었네. 무척 기뻤다. 샤워도 했다. 그 후 다니던 회사 사장님의 배려로 회사에 복직하게 되었다. 손잡이를 틀어 열던 출입문을 자동문으로 교체하여 주셨고 그가 사용하기에 불편한 시설들은 그에게 맞게 고쳐주셔서 불편 없이 일에 전념할 수 있었다. 병원 생활을 끝내고 집으로 돌아와서 전에 하던 대로 새벽 예배를 드리게 되었다. 예배 때마다 감사의 눈물을 흘렸다. 그러던 어느 날 새벽기도 중에 성령께서 내게 강력하게 임하셨다. 눈물이 터졌다. 하나님께서 전에 성령 세례를 받을 때에 "너는 세상에 나가서 나의 증인이 되라" 하신 하나님의 음성을 또다시 듣게 되었다. 그동안 그 하나님의 그 명령을 까맣게 잊어버리고 있었던 것이다. 마음속으로부터 뜨거운 회개가 일어났다. "고난당한 것이 내게 유익이라 이로 말미암아 내가 주의 율례들을 배우게 되었나이다" (시 119:71) 하나님께서 고난을 통해 나를 단련하시고 새롭게 하셨다. 섬기던 교회에서 국내외 선교를 가게 되었다. 러시아 모스크바로 단기 선교를 가게 되었다. 전동 휠체어를 싣고 내리는 데 어려움은 있었지만 크게 문제 되지는 않았다. 러시아인 교회에서 간증을 하게 되었다. 통역사를 구하는 데 어려움이 있었다. 한인교회에 연락을 하게 되었다. 한인 교회 사모님께서 통역사로 그의 딸을 보내 주셨다. 그녀는 한국의 명문 대학에 유학 중인데 방학으로 집에 와서 쉬고 있다고 했다. 한국어를 잘 한다고 했다. 간증을 제대로 준비도 못했다. 성령께서 저의 입술을 사용하셔서 하나님의 영광만 드러내는 시간 되게 해달라고 기도하고 신자들 앞에 서게 되었다. 무슨 말을 하고 있는지도 모르는데 듣는 이들이 눈물을 흘리고 있었다. 성령께서 임하셨던 것이다. 후에 전해 들은 얘기로는 신자들이 많은 은혜를 받았다고 했다.

우리가 신앙생활을 하면서 하나님의 인도하심을 구해야 한다. 그것을 알면서도 구하지 못하는 것이 오늘 우리 성도들의 모습이다. 그것이 오늘을 살아가는 성도들의 고민이다. 하나님이 정말 나를 인도해 주실까 성도들의 신앙적인 방황이기도 하다고 한다. 그것은 자신이 없기 때문에 그렇다고 그 목사님은 말한다. "너희가 악할지라도 좋은 것을 자식에게 줄 줄 알거든 하물며 너희 하늘 아버지께서 구하는 자에게 성령을 주시지 않겠느냐 하시니라"(눅11:13), "그러나 진리의 성령이 오시면 그가 너희를 모든 진리 가운데로 인도하시리니 그가 스스로 말하지 않고 오직 들은 것을 말하며 장래 일을 너희에게 알리시리라 그가 내 영광을 나타내리니 내 것을 가지고 너희에게 알리시겠음이라 무릇 아버지께 있는 것은 다 내 것이라 그러므로 내가 말하기를 그가 내 것을 가지고 너희에게 알리시리라 하였노라"(요16:13~15)

그는 목사님 집안에 맏아들로 태어났다. 할아버지도 목사님이시고 아버지도 목사님이시다 그는 신학대학을 졸업하고 목사 안수를 받고 군목으로 입대하게 되었다. 장교 훈련을 받는 중에 한쪽 골반에 골절상을 입게 되었다. 그는 골반에 골절상을 입었지만 그것에 대해 알지 못했다. 근육통이라고 생각하고 훈련을 받다가 골반에 골절상이 악화되어 더 이상 훈련을 받을 수가 없었다. 급기야 군인 병원으로 후송되었다. 진단 결과는 그에게 충격적이었다. 한쪽 다리를 못 쓸 수도 있으므로 장애인이 될 수 있다고 군의관이 말했다. 상상도 못한 일이 그에게 일어났다. 그 순간 목사라면 하나님을 믿고 의지해야 할 텐데, 먼저 하나님께 기도해야 할 텐데 그는 먼저 아버지가 떠올랐다고 했다. 아버지께 연락을 해서 서울 큰 병원으로 가서 수술을 받으면 장애인은 되지 않겠지? 그런 생각만 하고 있었다고 했다. 그러나 그 당시에는 아버지께 연락할 방법이 없었다.

밤 11시가 되어서 홀로 병실에 남아 있었다. 그 시간은 그에게 광야의 시간이었다. 그는 그 밤에 누구에게도 도움을 구할 수 없는 처지에 놓여 있었다. 바로 그때 하나님 생각을 하게 되었다고 했다. 그렇지만 하나님께서 나를 만나주실까? 내 상처를 고쳐주실까? 믿어지지 않았다고 했다. 그렇지만 그는 큰 소리로 하나님~! 하고 불렀지만 아무 대답이 없었다. 하나님~! 다시 한번 불러봤지만 대답이 없었다. 3번째 하나님~! 하고 부르짖을 때에 그의 속으로부터 뜨거운 눈물이 터졌다. "너희가 내게 부르짖으며 내게 와서 기도하면 내가 너희들의 기도를 들을 것이요 너희가 온 마음으로 나를 구하면 나를 찾을 것이요 나를 만나리라" (렘29:12~13) 하나님도 못 믿는 내가 무슨 목사야? 나는 엉터리 목사구나. 내가 진짜 목사라면 아버지를 찾기 전에 하나님을 찾았어야지. 내가 하나님을 알기는 하는가? 하나님을 모르기 때문에 믿지도 않는구나. 하나님도 모르면서 누구에게 하나님을 가르쳐. 내가 지금까지 성도들에게 거짓말을 했구나. 내가 목사지만 남들과 다를 게 뭐야 겉으로는 경건해 보이지만 내 속에는 온통 죄로 가득하구나 하나님께서 자신의 더럽고 추한 모습을 낱낱이 보여주셨다. 자신의 죄악된 삶을 하나하나 회개하도록 인도하셨다. 죄를 실토하고, 울고, 또 실토하고, 울고 또 울었다. 마음속으로부터 기쁨이 넘쳐났다. 무척 기뻤다. 그때까지 그는 자기가 죄인임을 모르고 있었던 것이다. 그렇다면 그때까지 회개기도를 드린 적이 없다는 얘기도 된다. 성도들에게 회개 기도도 가르친 적이 없다. 하나님께서는 죄를 자백하고 회개할 때에 우리를 만나주신다. 예수님이 나를 대신해서 십자가에 달려 죽으셨구나. 우리를 위해 십자가에 피 흘려 죽으셨구나. 그 십자가가 마음에 다가왔다고 했다. 그러나 그 목사님은 자신에게 임하시고, 만져주시고, 죄를 보여주시고 회개하도록 인도하신 그분이 성령 하나님이심을 알지 못했다. 삼위 하나님을 바로 알고 있지 않다는 것이다. 그렇기 때문에 우리는 성경 말씀을 읽고 또 읽어야 한다. 말씀을 반드시 알아야 한다. 말씀을 바로 알고 말씀 따라 살기를 힘써야 한다. 우리 믿는 자들은 앞에서도 언급한 바와 같이 하나님께 성령을 구해야 한다. 성령으로 충만함을 받아야 한다. 성령 충만함으로 성령의 인도하심을 받는 삶이 하나님이 나와 함께하시는 삶이다. 하나님이 하나님의 성령을 우리에게 부어주셔서 성령으로 우리 안에 거하시는 것이다. 성령께서는 우리가 예배드릴 때, 찬양할 때, 말씀 들을 때, 기도할 때 우리에게 임하시고 역사하신다. "오늘 내가 내게 명하는 이 말씀을 너는 마음에 새기고 네 자녀에게 부지런히 가르치며 집에 앉았을 때에든지 길을 갈 때에든지 누워 있을 때에든지 일어날 때에든지 이 말씀을 강론할 것이며 너는 또 그것을 네 손목에 매어 기호를 삼으며 네 미간에 붙여 표로 삼고 또 네 집 문설주와 바깥문에 기록할지니라"(신6:6~9)

그 후 그 목사님은 ○○교회 부목사로 섬기면서 신학대학원에 다니고 있었다. 어느 날 하나님께 목회를 잘할 수 있도록 도와주시고 신학대학원에서 석사 학위도 받을 수 있도록 도와 달라고 기도드렸다. 하나님께서 석사 학위를 하나님께 바치라고 말씀하셨다. 석사 학위를 하나님께 바치는 것이 아까웠다. 목사로 계시는 아버지께 자문을 구했다. 또 다른 목사님들에게도 자문을 구했다. 자문에 응한 목사님들이 한결같이 석사 학위를 하나님께 바치지 말라고 했다. 이분들이 목사님들이 맞는지 묻고 싶다. 하나님께 기도는 왜 하냐고 묻고 싶다. 하지만 하나님께서는 이런 부족한 자들을 목사로 세워 쓰신다. "사무엘이 이르되 여호와께서 번제와 다른 제사를 그의 목소리를 청종하는 것을 좋아하심같이 좋아하시겠나이까 순종이 제사보다 낫고 듣는 것이 숫양의 기름보다 나으니 이는 거역하는 것은 점치는 죄와 같고 완고한 것은 사신 우상에게 절하는 죄와 같음이라 왕이 여호와의 말씀을 버렸으므로 여호와께서도 왕을 버려 왕이 되지 못하게 하셨나이다 하니"(삼상15:22~23) 그 후 금요 철야 기도시간에 그는 하나님 앞에 무릎을 꿇었다. 자신도 모르게 입에서 "주여 석사 학위를 하나님께 바치겠습니다" 기도가 튀어나왔다. 하나님께서 그를 불쌍히 여기셔서 그의 입술을 사용하여 순종하는 기도를 하게 하신 것이다. 그를 명령을 거역하는 죄에서 건져주신 것이다. 그러나 그 목사님은 그 사실을 전혀 깨닫지 못했다. 하나님 앞에서는 학위는 문제가 되지 않는다. 교회 목사도 교회 주인이신 하나님께서 세우신다.

그 목사님은 말씀을 읽기만 하고 믿지는 않았다. 말씀이 믿어지지 않았다. 그 말씀인즉 "그러나 하나님께서 세상의 미련한 것들을 택하사 지혜 있는 자들을 부끄럽게 하려 하시고 세상의 약한 것들을 택하사 강한 것들을 부끄럽게 하려 하시며"(고전1:27) 이 말씀을 믿을 거냐 안 믿을 거냐 고민을 하게 되었다. 그런 가운데 "하나님 말씀을 믿겠습니다" 기도하게 되었다. "여호와의 말씀이 그에게 임하여 이르시되 그 사람이 네 상속자가 아니라 네 몸에서 날 자가 네 상속자가 되리라 하시고 그를 이끌고 밖으로 나가 이르시되 하늘을 우러러 뭇별을 셀 수 있나 보라 또 그에게 이르시되 네 자손이 이와 같으리라 아브람이 여호와를 믿으니 여호와께서 이를 그의 의로 여기시고"(창15:4~6) 그 목사님은 설교에 대한 두려움이 있었다. 한번은 어린아이들 앞에서 설교하게 되었다. 그는 부산 출신이다. 부산 사투리로 설교할 수밖에 없지 않은가? 아이들이 웃기 시작했다. 따라 하기 시작했다. 설교가 제대로 될 수 없었다. 그로 인해 설교에 대한 두려움이 생기게 되었다. 그래서 일 년 동안 열심히 표준말을 익혔다. 그때에 말씀이 하나님의 말씀으로 믿어지기 시작했다. "말씀이 육신이 되어 우리 가운데 거하시매 우리가 그의 영광을 보니 아버지의 독생자의 영광이요 은혜와 진리가 충만하더라"(요 1:14) 차츰 말씀으로 자아가 깨어지면서 설교에 대한 두려움이 사라지게 되었다. 그 목사님은 그 후 유명 설교자로 활동하게 되었다. "진리를 알지니 진리가 너희를 자유롭게 하리라, 그러므로 아들이 너희를 자유롭게 하면 너희가 참으로 자유로우리라"(요8:32, 36)

한번은 교회 안에서 이상한 소문이 돌았다. 그 목사님은 그 소문을 듣지 못했다. 근거 없는 일로 그를 비난하는 소문이었기 때문이다. 새 신자가 들어 왔다. 온 지 얼마 되지 않아 그만두겠다고 했다. 무엇 때문이냐고 물었다. 처음에는 대답을 하지 않았다. 그를 설득해서 간신히 그 소문을 알 수 있었다. 그분이 저는 목사님이 그런 분인 줄 몰랐다. 좋은 분으로 알고 있었는데 실망하게 되었다고 했다. 소문인즉 목사님이 특정 교인에게 금전적인 빚을 지고 있었다고 했다. 그분이 경제적으로 어려움에 처해 있는데 그분에게 빚을 갚을 생각은 하지 않고 그분을 위해 기도만 하고 있다는 것이었다. 그 말을 듣는 순간 그에게 큰 충격으로 다가왔다. 목회에 대한 두려움과 배신감이 들었다. 목회를 내려놓아야겠다는 생각도 들었다. 그런데 하나님께서 그 소문의 진위를 밝히지 말라고 하셨다. 그것이 내게 도움이 되지 않는다고 하셨다. 그것으로 내가 해를 입을 것이라고 하셨다. "내가 그리스도와 함께 십자가에 못 박혔나니 그런즉 이제는 내가 사는 것이 아니요 오직 내 안에 그리스도께서 사시는 것이라 이제 내가 육체 가운데 사는 것은 나를 사랑하사 나를 위하여 자기 자신을 버리신 하나님의 아들을 믿는 믿음 안에서 사는 것이라"(갈2:20), "이와 같이 성령도 우리의 연약함을 도우시나니 우리는 마땅히 기도할 바를 알지 못하나 오직 성령이 말할 수 없는 탄식으로 우리를 위하여 친히 간구하시느니라" (롬8:26)

그녀는 하나님을 믿기는 했는데, 내 멋대로, 내 좋을 대로 믿고 싶은 부분만 취해서 믿었다고 했다. 그러다가 3년 전쯤에 돌아온 탕자처럼 하나님께로 돌아왔다는 젊은 한 여성 배우의 간증이다. 유치원생 때 놀이터에서 전도 잔치 무리에 휩쓸려 교회를 가게 되었다. 그때 어리고 예쁜 주일학교 유치원 선생님이 말씀하셨다. "예수님이 우릴 위해서 십자가에 돌아가셨다. 3일 만에 부활하셨다." 아! 나 때문에 예수님에 대해 그렇게 처음 들었다고 한다. 그때 들은 그 얘기가 지금도 생생하게 기억에 남아 있다고 한다. 그녀는 가족 가운데 예수님을 믿는 분은 한 분도 없다고 했다. 친가와 외가 모두 불교 집안이라고 했다. 그럼에도 불구하고 교회를 다니는 데 방해를 받지 않았다고 했다. 부모님들에 대한 전도가 쉽게 되었다. 아버지와의 관계가 좋지는 않았다. 2년 전 목사님이 설교 중에 집에 가 아빠한테 사랑한다 그래라 그리고 아빠를 안아 드려라. 속으로 왜 하필이면 엄마가 아니고 아빠야 평소에 아빠가 소파에 잘 안 계시는데 그날따라 소파에 앉아 계셨다. 다가가서 아빠를 안아 드리면서 "아빠 사랑해"라고 말했다. 너무 고맙다 딸 그러시는데 내가 호락호락한 성격이 아니라서 그래서 아빠한테 한 마디를 덧붙여 말했다. 이거 내가 안아 주는 거 아니야 하나님이 아빠를 안아 주고 "아빠 사랑해" 하라고 하셔서 하는 거야. 그러니까 아빠 나한테 고맙다고 하시지 마세요. 그리고 교회에 가셔서 하나님에게 고맙다고 하세요. 아빠는 딸의 말대로 교회에 가셨다. 그녀가 아빠 교회 가서 기도했느냐고 물었다. "하나님 당신이 진짜 계신지는 모르지만 내가 딸 덕분에 이런 교회에도 다 와 보고 감사합니다"라고 기도했다고 하셨다. 아버지는 그렇게 딸의 전도로 예수님을 믿게 되셨다. 교회 다닌 지 벌써 2년쯤 되었다고 한다.

사대부 문중에 종손으로 태어나 문중 구원은 물론 세계 선교까지 하시는 어느 장로님의 간증이다. 대궐 같은 집 안에는 늘 스님들이 진을 치고 있는 독실한 불교 가정이었다. 어느 날 친구들을 만나서 술 한잔 하고 헤어졌다. 잠에서 깨어나 눈을 떠보니 교회 안마당이었다. 교회 문에다가 시원하게 볼일을 보고 집으로 돌아왔다. "3일 후 부부가 안방에서 잠을 자고 있었다. 그들이 같은 시간에 같은 꿈을 꾸고 있었다. 꿈속에서 예수님께서 찾아오셨다. 예수님은 발에 끌리는 흰옷을 입고 있었다. 가슴에 금빛 찬란한 띠를 띠고 있었다. 그의 머리와 털의 희기가 흰 양털 같고 하얀 눈 같았다. 그의 눈은 불꽃 같았다. 그의 음성은 많은 물소리와 같았다. 그의 얼굴은 해가 힘있게 비치는 것 같았다. 그의 뒤에는 금빛 찬란한 후광이 비치고 있었다. 그가 두 손을 부부에게 내밀었다. 두려워하지 말라 나는 예수라 나는 너와 네 집을 구원하러 왔다. 내 손을 잡으라 부부는 각각 같은 순간에 예수님 손을 잡았다. 그분의 손은 불덩이같이 뜨거웠다." 소스라치게 놀라 부부는 악! 하고 소리치며 동시에 잠에서 깨어났다" 그 부부는 꿈에서 깨어나 일어나 앉았다. 몹시 두려웠다. 이게 무슨 일인가? 그들은 그것을 알 수 없었다. 3

일 전 일이 생각났다. 교회에 가자 교회에 가기로 결심하게 되었다. 주일날 두 딸을 데리고 교회에 갔다. 그때 갔던 그 교회에 지금까지 다니고 있다고 한다. 사대부 종손이 예수님을 믿기 때문에 집에서 쫓겨나게 되었다. 조상 제사 문중 제사를 지낼 수 없다는 이유로 장자권을 박탈당하게 되었다. 재산권도 박탈당했다. 그렇지만 그는 그런 것에 아무런 미련이 없었다. 그에게 가장 소중한 것은 오직 예수님이었다. 그다음은 가족 구원이었다. 그는 어린 시절 우리가 흔히 드라마에서 보아왔던 사대부 집안의 '도련님'으로 불리며 옥동자로 자라났다. 어릴 때부터 할머니가 매일 새벽 다섯 시쯤에 그를 깨워서 대문을 열게 하셨다. 아침 일찍 장손이 대문을 열면 가정에 복이 들어온다고 믿었다고 한다. 그 어릴 때 습관이 오늘 새벽 기도에 도움이 되었다고 한다. 학교 다닐 때 점심시간이 되면 도우미 아줌마가 찬합에다 따뜻한 밥을 싸 들고 왔다고 한다.

   구정 명절에 제사 때문에 집에 갈 수도 없고 걱정을 하고 있는데 알고 지내는 권사님께서 ○○산 기도원을 가는 데 같이 가자고 했다. 기도원이 이상한 사람들이 모이는 곳이라는데 나는 성경 말씀도 읽어본 적도 없고 찬송가도 모르는데 걱정을 하면서 권사님을 따라 기도원에 갔다. 다들 찬송을 부르는데 나는 알지 못하므로 자신도 모르게 잠이 들었다. 잠 속에서 기도원에 불이 났다. 다들 도망치기 시작했다. 그런데 나는 불을 쬐고 있었다. 뜨거운 불기운에 잠이 깼다 몸 좌측에 마비가 일어나기 시작했다. 옆에 있던 권사님이 목사님께 알렸다. 목사님이 와서 안수기도를 했다. 목사님이 기도 중에 "당신은 예수님을 믿습니까" 물었다. "예 믿습니다" 마음속에서 목소리가 올라오는데 입 밖으로 나오지는 않았다. 그때 목사님께서 "성령을 받으라" 외쳤다. 그 순간 몸속에서 알지 못하는 무언가가 빠져나가고 있다는 느낌이 들었다. 마비가 풀리고 몸이 회복되었다. 찬송가 가사가 눈앞에 자막처럼 펼쳐졌다. 찬송을 큰 소리로 따라 불렀다. 찬송을 방언으로 불렀다고 했다. 그는 방언이 무엇인지 모르는 때였다. 성령께서 그에게 임하셔서 성령세례를 베푸시고 방언으로 찬송케 하셨던 것이다.

기도원에서 기도를 마치고 집으로 돌아왔다. 그런데 동생에게 기막힌 일이 일어났다. 돌이 갓 지난 어린 아들이 갑자기 저세상으로 갔다. 나는 두 딸만 있고 집에서 쫓겨났기 때문에 그 어린 조카가 종손으로 대우받아 왔기 때문이다. 그즈음에 동생을 위로하면서 복음을 전했다. 동생이 예수님을 믿고 교회를 따라 다녔다. 그때 장자권이 회복되고 재산권도 회복되었다. 그 동생도 지금 교회 장로로 섬기고 있다. 그리고 아버지와 관계도 회복되었다. 어머니께서 눈길에 넘어져서 대퇴부를 다치셨다. 오래 병상에 누워 있는 동안 치매가 왔다. 아내와 딸들이 지극정성으로 어머니 병간호를 하기 시작했다. 그러던 어느 날 누워 있는 시어머니 손을 붙잡고 울며 간절히 기도하는 아내의 모습을 보게 되었다. 어느 날 아버지께서 형제를 불러 앉혔다. 너희 둘이 다 예수를 믿으니 조상 제사를 나 혼자 지낸다. 너희가 전도를 해서 문중에도 예수 믿는 분들이 많아져서 문중들도 우리 집에 제사 지내러 안 온다. 예배와 제사를 같이 하자 추도 예배를 먼저 드리고 뒤에 제사를 지내도록 하자. 형제는 아버지의 뜻에 따르기로 했다. 제사 때마다 추도 예배를 먼저 드리고 뒤에 제사를 지냈다. 제사에 아버지만 절을 하고 형제는 절을 하지 않았다. 그렇게 일 년이 지났다. 아버지께서 이제는 너희 멋대로 하라고 하셨다. 그래서 가정에 제사 지내는 일이 없어졌다. 아버지도 큰아들을 따라 교회에 다니게 되셨다. 할머니도 병원에서 병중에 예수님을 영접하고 돌아가셨다. 지금은 원로 장로지만 필리핀, 스리랑카, 태국, 캄보디아, 말레이시아 등지로 선교 사역을 가야 하는데 코로나로 인해 발이 묶여 있다고 한다.

"내 평생 살아온 길 뒤돌아보니 오직 주의 은혜라" 노래로 고백하는 그녀의 파란만장한 삶을 돌아본다. 어린 시절 그녀는 양친부모 밑에서 평범하게 자랐다. 14살 때 부모님이 이혼을 하게 되었다. 그로 인해 가족이 뿔뿔이 흩어져야 했다. 생각지도 못한 고달픈 삶이 그녀를 기다리고 있었다. 그녀에게는 동생이 있었다. 두 분 중 누구도 자매를 책임질 형편이 못 되었다. 부모님이 나를 버렸구나. 배신감까지 들기도 했다. 작은아버지가 카이스트에 근무하고 있었다. 그는 대전에 살고 있었다. 작은아버지 집을 찾아갔다. 그때부터 고달픈 삶이 시작되었다. 작은집은 가정 형편이 넉넉했다. 사촌 남동생이 나를 많이 미워하고 괴롭혔다. 학교에 가면 서울에서 왔다고 왕따를 당했다. 집에 돌아오면 방은 도둑이 든 것처럼 어지럽게 흩어져 있고 벽에 '나가!'라고 사촌동생이 크게 써 붙여 놓았다. 밥을 먹을 때 그가 반찬을 먹지 못하게 막았다. 밥도 제대로 먹지 못했다. 학교에 도시락을 싸갈 수가 없어 점심은 굶게 되었다. 영양실조에 걸려 어려움을 겪기도 했다. 자주 코피가 나고 가끔 쓰러지기도 했다. 신경성 장염과 위염에까지 걸리게 되었다. 학교 생활도 제대로 적응하지 못했다. 어머니를 찾아 서울역 주변을 헤매기도 했다. 학교에서 같은 반 애들한테 맞아서 코뼈가 부러지기도 했다. 너무나 힘든 시기였다. 앞이 보이지 않았다. 서울에서 친구가 좋아서 음악 하는 것이 좋아서 교회를 다녔다 하나님은 그녀에게 너무나 멀리 계신 분이라고 느꼈다 내 편은 아무도 없다고 생각했다. 외로웠다. 너무나 외로웠다. 여러 번 생을 마치면 어떨까 생각하기도 했다. 엎친 데 덮친 격으로 동생한테 자폐증 증상까지 나타나기 시작했다. 그녀는 어려움 가운데 동생도 책임져야 했다.

그때 음악 선생님의 눈에 띄게 되었다. 음악에 재능이 있음을 보셨던 것이다. 성악 렛슨 선생님도 붙여 주셨다. 처음으로 어른의 따뜻한 사랑을 느끼게 된 것 같았다. 음악 대학에 응시했다. 다행히 합격해서 대학교를 다니게 되었다. 작은집에서 나왔다. 은행 대출을 많이 받아 학비도 내고 집세도 냈다. 다음 등록금도 내야 하고 생활비도 필요했다. 학교를 휴학해야겠다고 생각하고 있을 그때에 뜻밖에 좋은 일이 그녀를 기다리고 있었다. 음대 전체 수석을 차지하게 되었다. 학비를 전액 면제받게 되었다. 음대 교수님이 추천하시고 도와주셔서 독일 유학 준비를 하게 되었다. 모든 일이 잘되어가고 있었다. 독일행 비행기표도 샀다 그런데 그동안 살면서 겪어 온 상처들이 마음속 깊이 쌓여 정신질환으로 나타나기 시작했다. 대학 친구의 도움으로 상당 기간 정신과 치료도 받게 되었다. 교회도 나가게 되었다. 일이 잘 풀리므로 하나님도 가까이 계신 것처럼 착각하며 신앙생활을 하게 되었다. "여호와의 말씀이니라 나는 가까운 데에 있는 하나님이요 먼 데에 있는 하나님은 아니냐 여호와의 말씀이니라 사람이 내게 보이지 아니하려고 누가 자신을 은밀한 곳에 숨길 수 있겠느냐 여호와가 말하노라 나는 천지에 충만하지 아니하냐"(렘23:23~24) 내가 노력하지 않아도 하나님의 은혜로 숨을 쉴 수 있었구나. 하나님은 언제나 내 곁에서 나를 지키시고 이끌어 주셨구나. 그동안 내가 살아오는 길목에서 만난 수많은 사람들은 하나님께서 나를 위해 붙여주신 하나님의 천사들이었구나. 하나님께서 나와 늘 함께하셔서 그분의 자녀로 만들어 가는 과정이었구나. 하나님 은혜를 깨닫게 되었다.

하나님께 매일 새벽 예배를 드리기로 마음먹었다. 다음날 새벽 가까운 교회를 찾아갔다. 목사님과 사모님 두 분이 새벽 예배를 드리고 있었다. 누군가 나를 안아주는 듯 따스함이 느껴졌다. 그 교회에서 날마다 새벽 예배를 드리게 되었다. 100일 작정 기도를 하기로 하고 기도를 시작했다. 성령께서 나를 회개에 이르도록 인도하셨다. 회개가 터져 나오기 시작했다. 내 속에 있는 온갖 더러운 죄를 자백하게 되었다. 내 죄를 사하시고 깨끗하게 씻어 달라고 부르짖어 기도하게 되었다. 마음이 가벼워졌다. 너무 기뻐서 눈물이 났다. 성령께서 병을 치유하시고 비뚤어진 삶을 회복하게 하셨다. 주 없이 살 수 없네. 주님만이 내 생명이며 소망이며 기쁨이었다. 회개는 자기 자신이 하는 것이 아니다. 자신의 죄를 다 알지 못하기 때문이다. 회개는 성령께서 이끌어내신다. 성령께서 죄를 나타내 보이신다. 우리는 그 죄를 하나님 앞에 자백하게 되는 것이다. 그렇게 100일이 지나고 작정한 기도는 끝이 났다. 독일행 비행기표는 쓸모가 없어졌다. 시일이 지난 것이다. 독일 유학은 자연히 포기되었다. 그 후 교회에서 먹고 자고 기도하고 노래 연습하면서 그렇게 365일이 지났다. 그때 시청에 근무하는 어떤 장로님께서 전화를 하셨다. 대전시립합창단에서 단원을 모집하는데 시험을 보는 것이 어떻겠냐고 물었다. 시험을 보겠다고 했다. 1차 시험에 합격했다. 2차 시험에 떨어질까 봐 두려웠다. 하나님께 기도했다. 하나님께서 "너 하던 대로 하라"고 하셨다. 하던 대로가 뭘까 고민하게 되었다. 내가 하던 것이 뭐였지? 지금까지 너 교회에서 새벽 기도했잖아. 하던 대로가 새벽 기도였다. 365일 새벽 기도를 끝내고부터 새벽 기도를 하지 않고 있었던 것이다. 다시 새벽기도를 드리기 시작했다. 2차 시험에 합격했다. "하나님은 사람이 아니시니 거짓말을 하지 않으시고 인생이 아니시니 후회가 없으시도다 어찌 그 말씀하신 바를 행하지 않으시며 하신 말씀을 실행하지 않으시랴, 네 길을 여호와께 맡기라 그를 의지하면 그가 이루시고 네 의를 빛같이 나타내시며 네 공의를 정오의 빛같이 하시리로다" (민23:19, 시37:5~6)

"고난이 축복이라" 그의 인생 2막은 이 고백으로 시작된다. "고난당한 것이 내게 유익이라 이로 말미암아 내가 주의 율례들을 배우게 되었나이다, 하나님은 곤고한 자를 그 곤고에서 구원하시며 학대당할 즈음에 그의 귀를 여시나니 그러므로 하나님이 그대를 환난에서 이끌어 내사 좁지 않고 넉넉한 곳으로 옮기려 하셨은 즉 무릇 그대의 상에는 기름진 것이 놓이리라" (시119:71, 욥36:15~16) 어느 날 다섯 살짜리 큰아들 은서가 아빠 드럼 젓가락을 가지고 놀고 있었다. 목욕 후 몸이 젖은 채로 전기 콘센트에 두 젓가락을 꽂아 전기 감전 사고를 당하게 되었다. 방 안에는 연기로 가득 차 있었다. 아이가 시커멓게 변해서 심장이 멈춘 듯했다. 열 손가락에서 연기가 폴폴 났다. 조금 지나서 은서 몸 안에서 전기가 터지는 소리가 났다. 그와 동시에 대소변이 쏟아져 나왔다. 그때 은서가 눈을 떴다. 심장이 뛰기 시작하고 호흡이 돌아왔다. 그제야 정신이 번쩍 들어 은서가 죽었다가 살았다. 119에 신고하게 되었다. 병원에 도착했다. 심각한 전기 감전 사고로 대전에서 치료할 수 없다고 했다. 서울에 화상전문 병원에 입원 치료를 받게 되었다. 서울로 가는 도중에 "하나님 이게 뭐예요" 물었다. 아무 대답도 없으셨다. 전신 화상은 물론 열 손가락 신경과 관절이 크게 손상을 입었다고 했다. 열 손가락을 쓸 수 없을 수도 있다고 했다. 그때 하나님께서 말씀하셨다. "두려워하지 말라 내가 너와 함께 함이라 놀라지 말라 나는 네 하나님이 됨이라 내가 너를 굳세게 하리라 참으로 너를 도와 주리라 참으로 나의 의로운 오른손으로 너를 붙들리라" (사41:10) 은서 엉덩이 살을 떼어 손가락에 이식하는 수술을 세 번씩이나 받게 되었다. 화상치료는 아이가 통증을 견딜 수 없으므로 반드시 전신마취 후에 치료하게 된다. 전신마취하고 치료하고 그런 치료를 20회나 반복하게 되었다. 은서는 그 힘든 치료를 잘 견뎠다. 어린 나이에 견디기 힘든 치료를 마치고 병원에서 은서가 퇴원하게 되었다. 집으로 돌아왔다. 아이의 손에 감긴 붕대를 풀었다. 아이가 손가락을 움직인다. 다시 쓸 수 없다던 아이 손가락이 어느 정도 회복되었다. 성령께서 아이를 불쌍히 여기셔서 상처를 만지시고 치유하셨음을 그녀는 믿는다. 병원에 있는 동안 은서의 귀에 이어폰을 꽂고 늘 말씀을 들려주었다. 은서가 일곱 살이 되었다. 놀이터에서 아이들과 놀고 있었다. 아이들이 손가락이 장애인이라고 은서를 놀려댔다 은서가 갑자기 미끄럼틀 위로 올라갔다. 양손을 치켜들었다. 한 손으로 다른 손가락을 가리키며 얘들아 엄지와 검지를 다치면 군대를 못 가지만 나는 엄지와 검지가 멀쩡하잖냐 나는 군대 갈 수 있다고 소리쳐 말했다. 그 아이는 넷째 손가락에 장애가 있었다. 은서가 자라서 중학생이 되었다. 은서 담임 선생님이 어느 날 전화를 하셨다. 은서가 큰 사고를 당한 것을 선생님이 알게 되었다. 그 아이 속에 상처가 있을 수도 있는데 너무 밝게 자라고 있다고 했다. 그래서 심리검사를 해보는 것이 좋을 것 같다고 하셨다. 학교에서 심리검사를 받았다. 선생님께서 이 아이에게 신이 있는 것 같다. 은서 심리 상태는 정상이라고 했다. 지금까지 엄마와 아이가 겪은 아픔을 통하여 이 시대에 그와 같은 고통을 겪고 있는 사람들에게 위로가 되고 격려가 되는 삶을 살아 가도록 이끌어 내신 하나님의 은혜라고 그녀는 고백한다. 그녀는 지금은 전에 다니던 직장을 내려놓고 전도사로 찬양 사역자로 하나님께 영광을 돌리는 일에 쓰임받고 있다.

그의 아버지께서 그에게 중학교 1학년 때부터 용돈 기입장을 쓰게 하셨다. 첫 달 용돈은 만 오천 원을 받게 되었다. 고등학교 3학년 때는 오만 원을 용돈으로 받았다. 용돈을 받으면 반드시 용돈 기입장에 기입하게 하셨다. 용돈 기입장에 기입하지 않거나 내용이 맞지 않으면 그다음 달 용돈은 주시지 않으셨다. 그는 중학교 1학년 때부터 고등학교 3학년 졸업할 때까지 용돈 기입장을 쓰게 되었다고 한다. 아버지께서 그가 어릴 때부터 그렇게 재정훈련을 시키셨다. 그는 그 훈련을 통하여 규모의 경제를 알게 되었고 적게 쓰는 방법을 터득하게 되었다고 한다. 그는 현재 30대 중반 나이에 삼천억 대 자산가가 되었고 그동안 100억 원을 기부할 수 있었다고 한다. 아버지께서는 재정적으로 넉넉한 편은 아니지만 선교사들을 돕는 일을 하셨다. 선교사님들이 가끔 저희 집에 오시면 반가이 맞아주시고 음식도 대접하시고 편안한 잠자리도 제공하셨다. 떠날 때는 많은 돈은 아니지만 일정액을 달러로 환전해 두셨다가 100불씩 또는 적어도 50불(30년 전)씩 내주셨다. 그의 아버지와 어머니께서는 신실한 신앙인이셨다. 결혼하고 아이가 있어야 할 때가 되었는데 그렇지 못했다. 다니는 교회 성도들에게 아이를 갖도록 기도해 달라고 부탁을 하게 되었다. 성도들이 하나님 앞에 그의 어머니에게 아이를 갖게 해 달라고 합심하여 뜨겁게 기도하셨다. "여호와께서 이르시되 내가 아이를 갖도록 하였은즉 해산하게 하지 아니하겠느냐 네 하나님이 이르시되 나는 해산하게 하는 이인즉 어찌 태를 닫겠느냐 하시니라" (사66:9).

그로부터 5년 후에 성도들의 기도로 그 아이가 태어났다. 부모님께서는 귀하게 얻은 아이를 목사로 키우겠다고 하나님 앞에 서원기도를 드렸다고 했다. 그의 어릴 때 꿈도 목사님이 되는 것이라고 했다. 그는 교인들로부터 많은 사랑을 받으며 자라게 되었다. 부모님들이 매일 가정예배를 드렸다고 했다. 그런 가정에서 자연스럽게 그의 믿음도 자랐다. 그는 다섯 살 때 넓적다리가 아파서 가까운 동네 병원에 갔다. 그 병원에서 고칠 수 없다고 대학병원에 가보라고 했다. 대학병원에 가서 입원 치료를 받게 되었다. 여러 가지 검사를 받았다. 병에 대하여 원인을 알 수 없고 치료할 수도 없다고 했다. 병원에 입원해 있을 때 그는 어리지만 성령으로 충만한 아이였다. 같은 병실에 있는 환자들에게 주일학교에서 배운 찬양을 불러드리고 "예수님 믿으세요. 예수님을 믿어야 천국 가요" 하고 예수님을 전했다고 한다. 다리가 아파서 걸을 수도 없었다. 할 수 없이 병원에서 퇴원했다. 이제 할 수 있는 것은 하나님께 기도하는 것뿐이었다. 그 어린아이가 권사님들을 불러모아서 열 번만 기도하면 그의 병이 나을 수 있을 것 같다고 했다. 여리고 성도 7번 돌아서 무너졌는데 열 번 기도하면 낫겠다는 생각이 들었다고 한다. 그는 유치원 주일 학교에서 여리고 성이 7바퀴를 돌 때 무너지고 보리떡 다섯 개와 물고기 두 마리로 오천 명을 먹인 것을 배워서 알고 있다고 했다. "여호와께서 여호수아에게 이르시되 보라 내가 여리고와 그 왕과 용사들을 네 손에 넘겨주었으니 너희 모든 군사는 그 성을 둘러 성 주위를 매일 한 번씩 돌되 엿새 동안을 그리하라, 일곱째 날 새벽에 그들이 일찍이 일어나서 전과 같은 방법으로 그 성을 일곱 번 도니 그 성을 일곱 번 돌기는 그날뿐이었더라, 이에 백성은 외치고 제사장들은 나팔을 불매 백성이 나팔 소리를 들을 때에 크게 소리 질러 외치니 성벽이 무너져 내린지라 백성이 각기 앞으로 나아가 그 성에 들아가서 그 성을 점령하고"(수6:2~3,15,20) 권사님들과 함께 그의 아픈 다리에 손을 얹고 뜨겁게 찬양하며 기도하기 시작했다. 매일같이 권사님들과 부모님이 힘을 합하여 방언으로 기도하고 마음으로 기도하는 동안 다리가 낫기 시작했다. 다리에 힘이 생기기 시작했다. 걸을 수 있게 되었다. "내가 만일 방언으로 기도하면 나의 영이 기도하거니와 나의 마음은 열매를 맺지 못하리라 그러면 어떻게 할까 내가 영으로 기도하고 또 마음으로 기도하며 내가 영으로 찬송하고 또 마음으로 찬송하리라" (고전 14:14~15) 고교시절에 2박 3일 일정으로 가족 여행을 갔다. 일명 가족 수련회라고 한다. 낮에는 여행지를 둘러보면서 즐기다가 밤에는 선교사님들이 보낸 편지를 읽고 그 편지 위에 손을 얹고 그 한 분 한 분을 위해 기도한다. 후원하는 선교사님들의 숫자가 적을 때는 별로 어려움이 없었다. 그런데 후원하는 선교사님들이 많아지면서 그분들의 편지를 읽고 기도하는 것이 철야기도처럼 되어 갔다. 그다음 날 저녁에는 각자 미래에 대한 꿈을 종이에 써서 발표하고 그것에 대하여 함께 기도한다. 그리고 가족 중에 한 사람을 가운데 앉히고 남은 세 가족이 그의 머리에 손을 얹고 기도한다. 일명 꿀단지 기도라고 한다. 그의 가족은 부모님과 동생이 하나 있다. 매년 연례행사로 해 오고 있었다. 교회에 어려운 일이 일어났다. 장로님들과 목사님 사이에 의견 충돌이 일어났다. 그즈음에 스트레스로 인해 아버지 건강도 나빠지게 되었다. 마음이 혼란한 때 아버지 친구께서 예수전도단 훈련을 받아 보라고 권했다. 흔쾌히 승낙하고 6개월간 DTS훈련을 받게 되었다. DTS 일환으로 인도를 다녀오셨다. 아버지 건강도 좋아지게 되었다. 그의 신앙도 좋아졌다.

그는 인터넷 최고의 영어 강사가 되기 위해 자기 자신이 할 수 있는 모든 것을 다 해왔다. 온전히 자기 열심이었다. 그동안 많은 시행착오도 겪게 되었다. 급기야 하나님 앞에 무릎을 꿇고 기도하게 되었다. 하나님을 믿고 의지하지 않고 자신의 힘으로 이루려고 한 자신을 돌아보게 되었던 것이다. 저 인터넷 최고의 영어 강사가 되기를 원하는 거 우리 주님 지켜보고 계심을 믿습니다. 7년 동안 내 힘으로 이루려 한 죄 주님 앞에 자백합니다. 그 일을 시작한 지 이제 7년이 지났습니다. 그동안 영어 강의를 인터넷으로 들은 시간이 무려 일만 시간이 넘었다. "사람이 마음으로 자기의 길을 계획할지라도 그의 걸음을 인도하시는 이는 여호와시니라"(잠16:9) 그때부터 "하나님 나를 도와주세요. 하나님을 믿고 의지하도록 하겠습니다" 그러면서 그의 앞길이 열리기 시작했다. "아무 일에든지 다툼이나 허영으로 하지 말고 오직 겸손한 마음으로 각각 자기보다 남을 낫게 여기고 각각 자기 일을 돌볼뿐더러 또한 각각 다른 사람들의 일을 돌보아 나의 기쁨을 충만하게 하라"(빌2:3~4) 그는 주식회사 '○○○'을 설립하고 의장으로 경영에 참여하고 있다. "나와 내 백성이 무엇이기에 이처럼 즐거운 마음으로 드릴 힘이 있었나이까 모든 것이 주께로 말미암았사오니 우리가 주의 손에서 받은 것으로 주께 드렸을 뿐이니이다"(대상29:14) 그는 하나님 앞에 십일조를 드리는 마음으로 학생 한 명이 등록할 때마다 한 명을 후원하는 예수님의 사랑 나눔을 실천하고 있다. "만군의 여호와가 이르노라 너희의 온전한 십일조를 창고에 들여 나의 집에 양식이 있게 하고 그것으로 나를 시험하여 내가 하늘 문을 열고 너희에게 복을 쌓을 곳이 없도록 붓지 아니하나 보라"(말3:10) 이 말씀을 좋아하게 되었다고 한다. 그는 아버지께서 하시는 선교사 후원 사업을 대를 이어 계속할 것이라고 한다. 그는 하나님께서 그에게 명령하시면 무엇이든지 순종할 준비가 되어 있다고 한다. 할렐루야.

목회자, 음악치료사, 심리상담사, 방송설교자, ○○○교회 예배자…
○○○ 목사 그분의 이름 앞에 붙은 수식어다. "아버지께 참되게 예배
하는 자들은 영과 진리로 예배할 때가 오나니 곧 이때라 아버지께서는
자기에게 이렇게 예배하는 자들을 찾으시느니라 하나님은 영이시니 예
배하는 자가 영과 진리로 예배할지니라"(요4:23~24) "저는 예배자입니
다"라고 자신을 소개하는 그 목사님의 삶의 발자취를 따라가 보자. 그
녀가 2살쯤에 어머니는 성령의 임재를 체험하게 되셨다. 그로 인해 뜨
겁게 신앙생활을 하게 되었다고 한다. 어머니는 시골 교회에서 집사로,
교사로 섬겼다고 했다. 그녀가 중학교 1학년 때 어머니께서 신학 공부
를 하셨다. 그녀가 중학교 2학년 때 사순절 기간에 목사님 설교를 듣는
중에 "그가 찔림은 우리의 허물 때문이요 그가 상함은 우리의 죄악 때
문이라 그가 징계를 받으므로 우리는 평화를 누리고 그가 채찍에 맞으
므로 우리는 나음을 받았도다 우리는 다 양 같아서 그릇 행하여 각기
제 길로 갔거늘 여호와께서는 우리 모두의 죄악을 그에게 담당시키셨
도다"(사53:5~6) 이 말씀이 그녀의 마음 깊이 다가왔다. 나의 교만 때
문에 예수님이 찔리셨구나. 지금도 내가 예수님을 찌르고 있구나. 자신
이 죄인임을 뼈저리게 느끼게 되었다. 회개의 눈물을 흘리게 되었다.
성령의 임재를 경험하게 되었다. 전에는 예배 시간에 졸기도 했는데 예
배의 태도가 진지해졌다. 친구들의 흐트러진 예배의 모습이 안타까웠
다. 창조주 하나님 앞에 경외함으로 예배를 드려야 할 텐데. 저 모습들

이 어제의 내 모습이었구나. 그로인해 회개의 눈물이 터지게 되었다. 그녀가 20세 때 어머니께서 가정에서 교회를 개척하셨다. 교인은 가족 4명과 새 신자 3명 도합 7명이었다. 이듬해 지하교회를 얻어 옮기게 되었다. 그다음 해에 아버지께서도 목사 안수를 받고 두 분이 함께 목회 사역을 하게 되셨다. 찬양대 새벽 반주 청소 등으로 부모님을 도왔다고 했다. 물질적으로는 비록 가난했지만 행복했다고 한다. 신학을 하기 전에 그녀는 미국 콜로라도 주립대학에서 음악치료를 공부하게 되었다. "하나님께서 부리시는 악령이 사울에게 이를 때에 다윗이 수금을 들고 와서 손으로 탄 즉 사울이 상쾌하여 낫고 악령이 그에게서 떠나더라" (삼상16:23) 이 말씀이 음악치료의 기원이 되었다고 한다. 음악치료 공부 시간에 교수님의 강의를 하나도 알아들을 수가 없었다. 그렇다고 주변에 도움받을 수 있는 한국인도 없었다. 그때 하나님의 음성을 듣게 되었다. 하루 세 번씩 기도하고 한 시간씩 달리라고 말씀하셨다. 하루에 세 번씩 기도하기 시작했다. 새벽에 하나님께 기도했다. 마음이 평안해졌다. 점심 때가 되기 전에 하나님께 기도했다. 위로와 용기를 주셨다. 하나님께서 하라는 대로 운동장에서 달리기 시작했다. 찬양하며 기도하며 달렸다. 게으름을 피우고 하루 분량을 달리지 아니하면 밤이고 새벽이고 성령께서 운동장으로 내몰았다. 밤에는 사전을 옆에 놓고 교수님 강의 녹음테이프를 듣고 또 들었다. 열심히 공부하게 되었다. 그녀가 달리면서 "천부여 의지 없어서 손들고 옵니다 주 나를 외면하시면 나 어디 가리까 내 죄를 씻기 위하여 피 흘려 주시니 곧 회개하는 맘으로 주 앞에 옵니다" (찬송가 280장 1절) 이 찬양을 즐겨 불렀다고 한다. 달릴 때에 하나님의 사랑을 느낄 수가 있었다고 한다. "사랑하는 자들아 우리가 서로 사랑하자 사랑은 하나님께 속한 것이니 사랑하는 자마다 하나님으로부터 나서 하나님을 알고 사랑하지 아니하는 자는 하나님을 알지 못하나니 이는 하나님은 사랑이심이라" (요일4:7~8)

그녀는 학교 앞에 있는 현지인 장로교회를 나가게 되었다. 다행히 목사님의 설교를 알아들을 수 있었다고 한다. 하나님의 은혜로 그 대학을 졸업하고 귀국하게 되었다. 대학에서 강사로 활동하고 있었지만 내면의 알 수 없는 갈증이 채워지지 않았다. 하나님께서 신학을 하고 목회 사역을 하도록 마음에 감동을 주셨다. 무척 기뻤다. 그래서 신학을 공부하고 목사 안수를 받게 되었다. 그녀가 20살 때 어머니께서 개척하신 그 교회에서 담임목사로 섬기고 있었다. 지금으로부터 12년 전 첫 집회 초청을 받고 아버지와 함께 차를 타고 가는 중에 아버지께서 "너 헌금 준비했니?" 그 목사님은 헌금을 준비하지 않았다. 나는 그 집회에 설교자로 참여하기 때문이라고 했다. 예배드리러 가는데 예배자가 헌금을 준비하지 않고 가? 아버지께서는 어느 교회를 가든지 설교자로 가나 강사로 가나 다 예배드리러 가는 것이라고 하셨다. 우리 모두는 예배자라는 것이다. 그때 예배자의 참모습이 이런 것이구나 깨닫게 되었다고 했다.

"부르신 곳에서 나는 예배하네 어떤 상황에도 나는 예배하네 부르신 곳에서 나는 예배하네 어떤 상황에도 나는 예배하네" 이 찬양 가사 안에 자신의 고백이 담겨져 있다고 간증하는 그녀의 삶 속으로 들어가 본다. 지금은 무용으로 박사과정을 마치고 2018년 발레트리니티 비영리 무용 단체를 설립하여 운영하고 있다. 학기말에는 어려운 학생 몇 명을 선발하여 장학금을 전달하고 있다. 연말에는 춤추는 아이들을 모아 공연을 개최하고 그 수입으로 어려운 나라 어린이를 위해 교실을 지어주는 일을 하고 있다. 지금까지 2개의 교실을 지어주게 되었다. 그녀는 어릴 때 어머니가 일하시느라 바쁘셔서 그녀를 돌봐 줄 수가 없었다. 깊은 신앙으로 하나님을 섬기시던 할머니 밑에서 신앙인의 모습을 보면서 자라게 되었다. 할머니는 늘 커다란 성경책을 펼쳐 읽으시고 찬양도 하셨다. 할머니가 새벽기도를 가시면 집에 혼자 남아 있는 것이 무서워 할머니 치맛자락을 잡고 따라다녔다 교회에서 늘 새벽 기도하시는 할머니 옆에 붙어서 잠들곤 했다. 어머니도 신앙심이 깊으신 집사님이셨다. 그녀가 중학교 1학년 어느 날 할머니께서 뇌출혈로 쓰러지셨다. 그녀는 할머니가 믿음이 좋으셨기 때문에 하나님이 고쳐주실 줄 믿었다. 1년이 넘도록 할머니는 병상에 누워 계셨다. 그때 할머니께 찬송을 들려드리고 말씀도 읽어드렸다. 그러다가 할머니가 돌아가시게 되셨다. 그녀는 어린 마음에 그 일이 이해되지 않았다. 그래서 그 답을 찾으려고 성경 말씀을 읽고 또 읽었다. 그녀는 아직까지 그 궁금증의 답을 찾지 못했다고 한다. 그녀는 중학교에 들어가면서 무용을 배우기 시작하게 되었다고 한다.

여자 대학에 들어갔다. 여느 대학생들과 마찬가지로 클럽에 가서 춤을 추고 술을 마시면서 대학생활을 즐겼다고 한다. 그러다가 학년말에 성적표를 받아보고 정신이 번쩍 들었다. 성적은 바닥이고 몸은 살이 쪘

다. 모든 미용 과목을 말씀으로 풀어 강의하는 교수님이 있었다. 무용 미학 시간에 아름다울 '미' 자를 한자로 쓰셔서 풀이하시면서 예수님을 비유로 나타낸 글자라고 풀어 설명하셨다. 그 학교는 미션스쿨은 아니었다. 그녀는 성경 말씀에서 양의 목자이신 예수님의 아름다움을 찾기 시작했다. 그러다가 뜻밖의 말씀에 부딪치게 되었다. "그가 찔림은 우리의 허물 때문이요 그가 상함은 우리의 죄악 때문이라 그가 징계를 받으므로 우리는 평화를 누리고 그가 채찍에 맞으므로 우리는 나음을 받았도다"(사53:5) 이 말씀과 그녀 할머니께서 고난 중에 돌아가신 것이 그녀 마음에 겹쳐 떠오르면서 예수님이 나를 구원하시기 위해 십자가에 피 흘리며 고통 중에 돌아가셨구나. 십자가의 의미를 깨닫게 되었다고 했다. 할머니의 그 고달픈 삶도 나를 구원으로 인도하기 위한 여정이었구나 깨닫게 되었다고 한다. 그다음으로 이어지는 이 말씀 "그가 곤욕을 당하여 괴로울 때에도 그의 입을 열지 아니하였음이여 마치 도수장으로 끌려가는 어린 양과 털 깎는 자 앞에서 잠잠한 양같이 그의 입을 열지 아니하였도다"(사53:7) 말씀을 읽어보고 예수님이 나를 위해 고난을 감내한 그 일이 너무 숭고해 보이고 아름답게 보였다고 했다. 그로부터 문란한 생활에서 벗어나게 되었다. 무용과 내에서 기도 모임도 갖게 되고 복음 전도에도 힘쓰게 되었다. 모든 공부를 말씀으로 풀어내기 시작하면서 공부하는 것이 즐거웠다. 그해 이과대학 전체 수석을 차지하게 되었다. 장학 혜택도 받게 되었다. 대학 총장님께서 상장을 주시고 부상으로 책을 주셨다. 책을 펼치는 순간 "내게 능력 주시는 자 안에서 내가 모든 것을 할 수 있느니라"(빌4:13) 말씀이 적혀 있었다.

그녀에게 뜻하지 않게 어려움이 찾아왔다. 아버지께서 사기를 당해 가정 경제가 어렵게 되었다. 그러던 어느 날 교회 봉사팀에서 노숙자들을 위해 봉사를 나갔다가 어려움에 처해 있는 한 노숙자를 발견하게 되었다. 온몸이 피투성이가 되어 누워 있었다. 신발은 벗은 채로 맨발이었다. 그녀는 가게로 올라가서 슬리퍼와 바지와 티셔츠를 사서 같이 봉사 나간 청년들에게 부탁하여 씻겨주고 옷을 입혀드렸다. 아저씨 예수님 믿으세요. 복음을 전하고 집으로 돌아왔다. 주머니에 2만 원이 있었는데 다 쓰고 없었다. 어려운 시기였다. 다음날이 주일이었다. 예배를 마치고 돌아서려는데 교육 목사님께서 담임 목사님께서 찾으시니 가보라고 했다. 담임 목사님께서 ○○양에게 장학금으로 전해주라고 어떤 장로님이 맡기셨다면서 봉투를 건네주셨다. 그 장로님이 기도 중에 ○○양을 도와주라는 하나님의 음성을 듣게 되었다고 했다. 봉투를 열어 보았다. 그 안에 2백만 원이 들어 있었다. 하나님이 내 모든 것을 내려다보고 계시는구나. 눈물이 났다. 하나님께 감사기도를 드렸다. 박사과정은 전액 장학금으로 학업을 마치게 되었다. 그녀는 대학 2학년 어느 날 기도 중에 성령께서 그녀에게 임하셨다. 눈물이 쏟아지면서 회개를 하게 되었다. 처음으로 하나님을 인격적으로 만나게 되었다. 그 후 신앙생활이 뜨거워지게 되었다.

2006년 그녀가 미스코리아 선발대회에 나가는 꿈을 꾸게 되었다. 같은 꿈을 세 번씩이나 꾸었다. 무슨 뜻이 담겨 있는 꿈이라 생각하게 되었다. 그 꿈이 뜻하는 바를 알아보기로 했다. 성경 말씀에서 그 답을 찾아보기로 했다. 창세기에서 요셉이 바로의 꿈을 해석하여 준 것이 생각이 나서 1장부터 읽기 시작했다. 41장에서 요셉의 꿈 얘기를 읽게 되었다. 바로의 꿈을 해석한 것은 요셉이 아니라 하나님께서 하셨음을 알게 되었다. "요셉이 바로에게 대답하여 이르되 내가 아니라 하나님께서 바로에게 편안한 대답을 하시리이다. 요셉이 바로에게 아뢰되 바로의 꿈은 하나라 하나님이 그가 하실 일을 바로에게 보이심이니이다" (창41:15,25) 하나님 제가 왜 미스코리아 선발대회에 나가야 되나요 기도했다. 그때 큐티 시간에 이 말씀을 읽고 하나님의 뜻임을 깨닫게 되었다. "의인의 열매는 생명 나무라 지혜로운 자는 사람을 얻느니라" (잠11:30)

하나님이 나를 그 대회에 나가 복음을 전하라고 보내시는구나. 그녀는 지역 예선에서 '미'로 선발되어 본선에 진출하게 되었다. 지역 예선에서 '미'로 선발되어 본선에 나간 전례가 없는 일이었다. 50주년을 맞이한 특별한 대회였다. 살벌한 경쟁 속에서 복음을 전하는 것이 무리인 듯 보였다. 어느 날 책상 위에 노란 쪽지가 있었다. 펼쳐보았다. 거기에는 "우리 같이 기도모임해요" 장소와 날짜까지 적혀있었다. 그 대회에 참가한 크리스챤이 보낸 쪽지였다. 나도 그런 쪽지를 같은 시기에 전체 참가자 60여 명 중에 몇 분에게 보내서 작은 기도 모임을 하고 있었다. 하나님께서 나도 이렇게 보내주셨는데 또 한 사람을 나와 같이 보내셨구나 하는 생각이 들었다. 어느 날 그 크리스챤이 나를 찾아와 우리 합하여 같이 기도모임을 하자고 했다. 흔쾌히 그렇게 하기로 하고 같이 기도모임을 가졌다. 대회 참가자 60명 가운데 20명이 기도모임에 모이게 되었다. 대회 주최측에서 알고 기도모임을 하지 말라고 했다. 머리를 맞대고 방법을 생각해냈다. 저녁에 하던 모임을 새벽에 하기로 했다. 불이익이 돌아올까 봐 처음 나왔던 사람 중에 많은 사람이 새벽기도 모임에 나오지 않았다. 그렇게 새벽 기도 모임은 적은 인원으로 시작되었다. 기도 모임에 많은 사람이 모이진 않았지만 끊어지지 않고 잘 진행되었다. 대회 마지막 날에는 내게 쪽지를 보낸 언니와 단둘이 기도 모임을 갖게 되었다. 언니는 어떻게 해서 이 대회에 나오게 되었느냐고 물어보았다. 언니는 잠언 말씀을 읽는 중에 이 말씀이 그녀에게 다가와 나오게 되었다고 했다.

"그를 높이라 그리하면 그가 너를 높이 들리라 만일 그를 품으면 그가 너를 영화롭게 하리라 그가 아름다운 관을 네 머리에 두겠고 영화로운 면류관을 네게 주리라 하셨느니라" (잠4:8~9) 하나님! 이 언니를 이 선발대회에 하나님께서 보내셨음을 믿습니다. 이 대회에서 '진'에 선발되도록 도와주셔서 하나님이 하시는 일을 들어내시옵소서 하고 기도했다. 그 언니는 그 대회에서 미스코리아 '진'에 선발되어 하나님께 영광을 돌리게 되었다. 그녀는 그 대회에서 특별상을 수여하는 영예를 누리게 되었다. 우리는 각자가 서 있는 자리가 하나님께서 보내신 선교자의 자리다. 그 자리에서 복음을 전해야 한다.

지금 글로 소개되는 이 박사님은 35년 동안 제7일안식일교회 신자로서 활발히 전도 활동을 했다. 그는 종교적인 자기 열심으로 살아왔지 신앙생활을 한 것은 아니었다. 이것은 정말 두려운 일이다. 우리가 경계해야 할 대목이다. 시한부 말기암 환자가 하나님을 믿음으로 6개월 만에 치유하시는 성령의 역사하심을 눈으로 보게 되어 잘못된 교리를 믿고 있는 자신을 돌아보게 되었다. 교리는 신앙의 개념화다 우리가 믿는 내용을 '일반적인 지식'으로 삼는 것이다. 그는 종교인으로 살다가 거듭남으로 신앙인이 되었다.

"예수께서 대답하여 이르시되 진실로 진실로 네게 이르노니 사람이 거듭나지 아니하면 하나님의 나라를 볼 수 없느니라, 예수께서 대답하시되 진실로 진실로 네게 이르노니 사람이 물과 성령으로 나지 아니하면 하나님의 나라에 들어갈 수 없느니라"(요3:3,5) 신앙인에게는 그 안에 성령께서 함께하신다. 성령님의 인도하심을 받는다. 종교인과 참신앙인은 명확하게 구별된다. 그것은 빛과 어둠의 차이요 생명과 사망의 차이다. "내가 진실로 진실로 너희에게 이르노니 내 말을 듣고 또 나 보내신 이를 믿는 자는 영생을 얻었고 심판에 이르지 아니하나니 사망에서 생명으로 옮겼느니라"(요5:24) 그는 시한부 말기암 선고를 받고 2개월밖에 살 수 없는 환자가 예수님을 믿음으로 성령께서 그 환자를 치유하심을 보게 되었다. 6개월 만에 완치되는 과정을 직접 보았다. 그 의사는 그 환자의 치료 담당 의사였기 때문이다. 교리만 믿고 형식적인 종교 생활을 하는 자신이 의사로서 환자 앞에 너무나 부끄러웠다. 생명을 살리는 이는 의사인 자신이 아니라 하나님이심을 보게 되었다. 그 의사는 살아 역사하시는 하나님께로 돌아와 물세례와 성령세례를 받고 거듭나게 되었다. 그는 매우 건강하다. 활력이 넘친다. 박사님의 건강비결이 무엇입니까? 물어보면 그 박사 의사 선생님은 말씀을 먹는 것이라고 선뜻 대답한다. 그게 무슨 말입니까? 재차 물었더니 성경 말씀을 읽는 것이 말씀을 먹는 것이다. 그것이 건강 비결이라고 한다. 성경 말씀을 읽고 또 읽으라고 그는 권면한다. 그는 지금이 제일 행복하다고 한다. 힘이 솟아나고 마음에 기쁨이 가득하다고 한다.

그 의사는 그동안 미국에서 활동하다가 10년 전에 고국으로 돌아왔다. 그는 하나님 말씀으로 병이 치유될 수 있다는 것을 깨달아 알게 되었다고 한다. 그것이 과학적으로 증명될 수 있다고 한다. 그래서 속초 설악산 밑에 힐링센터를 차려 놓고 하나님의 말씀으로 복음으로 사랑으로 난치병 환자들, 특히 암환자들의 치유를 도와주는 일을 하고 있다. 그는 젊은 시절에 미국에서 첨단 의료시설을 갖춘 병원에서 의사로 근무하고 있었다. 돈을 많이 벌게 되었다. 미국 LA 근처 해변 부자 마을에 별장도 샀다. 벤츠도 두 대나 타고 다녔다. 모든 것이 풍족했다. 그런데 갑자기 이런 것을 다 잃어버리면 어떻게 되지 암에 걸리면 어떻게 하지 갑자기 자신도 모르게 두려움이 엄습해 왔다.

의학용어로 공황장애가 온 것이다. 고국에 계신 장모님께서 비싼 부적을 부쳐 왔다. 호주머니에 넣어 볼까 지갑에 넣으면 병이 나을까 생각해봤지만 믿어지지 않았다. 어떻게 하면 좋을까 갑자기 하나님이 떠올랐다고 한다. 그동안 하나님이 없다고 주장한 그였다. 하나님께서 살아계셔서 일하심을 믿고 하나님께 기도하기로 결심하게 되었다. 그런데 언젠가 어떤 목사님이 전도하러 왔다가 성경책을 두고 간 것이 생각났다. 집안 한 구석에 아무렇게나 처박아 둔 성경책을 찾게 되었다. 책상 위에 성경책을 올려놓고 두 손을 모으고 기도했다. 살아계셔서 역사하시는 하나님 내가 하나님 뵙기를 원합니다. 나를 찾아주시고 만나주셔서 하나님을 알게 하여 주시옵소서. 내게 하나님이 살아계심을 표적으로 나타내 보여주시옵소서. 그러면 내가 하나님을 믿겠습니다. 그리고 이 성경 말씀을 믿을 수 있도록 도와주시옵소서. 기도를 마쳤다.

성경책을 펼쳐보고 싶어졌다. 성경책을 폈다 "그(므두셀라)는 구백육십구 세를 살다가 죽었더라" (창5:27) 사람이 969세까지 살아? 그럴 수도 있겠구나 내가 의사지만 과학으로 설명할 수 없는 영역이 있는 것은 아닐까 이게 바로 하나님이 내게 답변하는 것이구나 내가 의사로서 그 시대에는 그렇게 살 수 있었다는 것을 증명할 수 있는 때가 올 꺼야. 그는 자신도 모르게 두 손을 번쩍 들고 "하나님 감사합니다"라고 외쳤다. 그 순간 부적 생각이 나서 지갑에서 꺼내 찢어버렸다. 그리고 어느 목사님의 전도로 제7일안식일교회를 섬기게 되었다. 거기에는 이 말씀 "진실로 너희에게 이르노니 천지가 없어지기 전에는 율법의 일점일획도 결코 없어지지 아니하고 다 이루리라" (마5:18) 을 잘 지키는 교회라고 생각하게 되었다. 이 박사님은 2018년 10월 안식일교회를 떠났다. 구원의 확신을 금지한 교리와 조사심판교리는 성경에 전혀 맞지 않는다고 생각되었기 때문이라고 했다.

그는 성경 말씀은 구약 신약처럼 약속의 말씀이라고 강조한다. 그는 약속을 명령이나 교리로 오해하면 율법주의자가 된다고 말하고 있다. 교리가 당신에게 우상이 될 수 있다고 한다. 신앙인이 아닌 종교인이 된다는 말이다. 앞서 언급한 바와 같이 종교인과 참신앙인은 명확하게 구별된다. 그것은 사망과 생명으로 나누어진다. 종교 생활은 그저 종교 생활일 뿐이다. 종교는 생명이 없다 살아 역사하는 말씀이 그 안에 없고 지식이나 교리가 대신 차지하고 있기 때문이다. 말씀을 믿는 믿음이 없기 때문이다. 말씀이 생명이다. 말씀이 예수님이시다 "말씀이 육신이 되어 우리 가운데 거하시매 우리가 그의 영광을 보니 아버지의 독생자의 영광이요 은혜와 진리가 충만하더라, 예수께서 이르시되 내가 곧 길이요 진리요 생명이니 나로 말미암지 않고는 아버지께로 올 자가 없느니라" (요1:14, 14:6) 신앙은 말씀을 믿는 것이다. 신앙은 믿음이다. 예수님을 믿는 것이다. 믿음으로 구원을 받는 것이다. "이르되 주 예수를 믿으라 그리하면 너와 네 집이 구원을 받으리라 하고" (행16:31) 믿음으로 영생을 얻는 것이다. "내가 진실로 진실로 너희에게 이르노니 내 말을 듣고 또 나 보내신 이를 믿는 자는 영생을 얻었고 심판에 이르지 아니하나니 사망에서 생명으로 옮겼느니라" (요5:24) 사람의 약속도 서로가 믿음으로 이루어진다. 우리 오늘 두 시에 파고다 공원 앞에서 만나자 약속을 했으면 서로가 믿고 그 약속 장소에 나가 만난다. 연약한 우리도 서로 약속을 지키며 살고 있다. 하물며 하나님이 우리 인간에게 하신 약속을 의심해서는 안 된다. 믿고 따르면 되는 것이다. 말씀을 믿고 따른다는 것이 무엇인가 말씀 안으로 들어가 사는 것이다.

"태초에 말씀이 계시니라 이 말씀이 하나님과 함께 계셨으니 이 말씀(예수 그리스도)은 곧 하나님이시니라, 말씀이 육신이 되어 우리 가운데 거하시매 우리가 그의 영광을 보니 아버지의 독생자의 영광이요 은혜와 진리가 충만하더라, 내가 아버지의 계명을 지켜 그의 사랑 안에 거하는 것같이 너희도 내 계명을 지키면 내 사랑 안에 거하리라 내가 이것을 너희에게 이름은 내 기쁨이 너희 안에 있어 너희 기쁨을 충만하게 하려 함이라 내 계명은 곧 내가 너희를 사랑한 것같이 너희도 서로 사랑하라 하는 이것이니라, 그의 계명을 지키는 자는 주 안에 거하고 주는 그의 안에 거하시나니 우리에게 주신 성령으로 말미암아 그가 우리 안에 거하시는 줄을 우리가 아느니라"(요1:1,14,15:10~11, 요일3:24) 위 말씀에 답이 있다. 우리가 그의 계명을 지키면 주 안에 거한다고 한다. 계명은 서로 사랑하라 하는 것이라고 한다. 서로 사랑하면 계명을 지키게 되는 것이다. 어렵지 않다. 어렵게 생각되는 것은 말씀을 모르기 때문이다. 말씀을 아는 데 있어서 중요한 것은 지름길이 없다는 것이다. 말씀을 읽고 또 읽는 것이다. 그리고 말씀을 깨달아 알게 해주실 것을 하나님께 기도하면 성령께서 깨닫게 하시고 알게 해주신다. "예수께서 이르시되 네 마음을 다하고 목숨을 다하고 뜻을 다하여 주 너의 하나님을 사랑하라 하셨으니"(마22:37) 하나님을 사랑하고 이웃을 사랑하는 것이 우리가 계명을 지키는 일이고 예수님 안에 거하는 것이라고 말씀이 답을 해주고 있다. 이것이 하나님의 약속을 믿고 따르는 신앙인의 삶이다. 약속 안에 사는 신앙이다.

"교회는 그의 몸이니 만물 안에서 만물을 충만하게 하시는 이의 충만함이니라, 너희는 그리스도의 몸이요 지체의 각 부분이라, 이는 성도를 온전하게 하여 봉사의 일을 하게 하며 그리스도의 몸을 세우려 하심이라"(엡1:24, 고전12:27, 엡4:12) 교회는 그리스도의 몸이요 우리도 그리스도의 몸이라고 한다. 그러면 우리 각 성도는 교회가 되는 것이다. 교회가 하는 일은 여러 가지가 있지만 그중에 봉사의 일도 있고 구제하는 일도 있다. 이 얘기는 따뜻한 마음으로 사랑을 전하고 복음을 전하는 어느 집사님의 이야기다 어느 교회 앞 다리 밑에 노숙인들의 움막이 있었다. 이 집사님은 그 노숙인들의 움막을 처음 본 듯했다. 그런데 교회에서 아무도 모르고 있는 것 같았다. 모르니까 관심이 없을 수도 있고 관심이 없으므로 모를 수도 있겠다는 생각이 들었다. 담임 목사님을 찾아갔다. 우리 교회 앞 다리 밑에 노숙인 움막이 있는데 우리 교회가 뭔가 도와주어야 하지 않겠습니까? "우리에게 주신 은혜대로 받은 은사가 각각 다르니 혹 예언이면 믿음의 분수대로, 혹 섬기는 일이면 섬기는 일로, 혹 가르치는 자면 가르치는 일로, 혹 위로하는 자면 위로하는 일로, 구제하는 자는 성실함으로, 다스리는 자는 부지런함으로, 긍휼을 베푸는 자는 즐거움으로 할 것이니라" (롬12:6~8) 교회가 뭡니까? 나도 교회고 집사님도 교회인데 우리에게 주신 은사대로 봉사하는 일을 맡아 하는 것이 좋을 듯합니다. 먼저 집사님께 그 현장을 보게 하신 이는 하나님이시니 집사님이 그 노숙인을 돌보는 일을 하심이 좋을 듯합니다. 2009년 1월 1일 음력 설날이었다. 부산이 고향인 집사님이 설을 쇠러 고향에 가지 못했다. 그 집사님과 같이 컵라면 다섯 개와 빵과 우유를 사 들고 노숙인 움막을 찾게 되었다. 그것이 '바하밥집'의 첫걸음이었다. 그는 온전히 하나님의 은혜로 날마다 채워 주심을 따라 그날그날 메뉴를 달리하여 소외되고 가난한 이웃들에게 따뜻한 밥 한 끼로 복음 사역을 하고 있다.

그 집사님은 부자는 아니지만 비교적 넉넉한 가정에서 태어났다. 아버지께서 50대 나이에 늦둥이를 보게 되었다. 그 아이가 지금의 집사님이다. 어릴 때는 귀염둥이로 자랐다. 그러다가 결혼을 하게 되었다. 그 후 IMF 외환위기 때에 하던 사업이 부도를 맞게 되었다. 그때 아내는 친정으로 보내고 잠시 노숙자 생활을 하게 되었다.

어느 날 명동성당 앞에서 김밥을 나눠주고 있었다. 사람들이 줄을 서서 김밥을 받고 있었다. 줄을 설까 말까 망설이다가 줄을 섰다 공교롭게도 그의 앞에 계신 분까지만 김밥을 나눠주고 김밥이 떨어졌다. 그는 어제 김밥 한 줄 먹고 그때까지 지낸 상태였다. 배가 더 고팠왔다. 그때 앞에 김밥을 받은 노숙자가 김밥을 반을 뚝 잘라 내게 건네 주었다. 김밥을 입에 무는데 갑자기 눈물이 핑 돌았다. 그것이 생존이자 생명이라고 생각되었다.

지금 생각해보면 하나님께서 소외되고 배고픈 사람들에게 음식을 나누는 일에 쓰시려고 그를 단련하신 기간이었다고 하나님께 감사하다고 한다. 그러다가 외환위기가 풀리고 가정이 회복되었다. 이웃에 목사님이 살고 있었다. 그가 어느 날 내가 섬기는 교회를 가자고 했다. 인사치레로 한 번만 가기로 하고 그 목사님을 따라갔다. 예배당 가운데에 자리를 잡고 앉았다. 예배도 시작되기 전에 앞에 있는 십자가에서 눈을 뗄 수가 없었다. 내 눈에서 눈물이 주르륵 흘렀다. 나는 울고 있었다. 그는 그 예배시간에 눈물 콧물 다 쏟고 강력한 성령의 임재를 체험하게 되었다. 도대체 여기서 무슨 일이 일어나고 있는 거지. 이게 뭐야. 교회가 이런 곳이야. 기독교가 이런 거였어. 교회가 이런 거였어. 궁금하다는 생각이 들었다. 그는 그다음 주일부터 지금까지 그 교회를 다니고 있다고 한다. 교회를 다니기 전에는 교회는 착한 사람만 다니는 곳이라고 생각했다. 그래서 그는 나쁜 사람이기 때문에 교회에 갈 수 없다고 생각했다. 그런데 교회는 나쁜 사람이든지 착한 사람이든지 누구나 다 다닐 수 있는 곳임을 알게 되었다.

바하밥집에서는 매일 식사 때마다 ○○○대표가 식사기도를 하고 있다. 살아계신 하나님 아버지 이 식탁을 예수님 이름으로 차리게 하시니 감사합니다. 끼니마다 필요한 식재료를 만나처럼 부족함이 없이 공급하여 주시니 감사합니다. 예수님께서 저희들을 이 자리에 초대하여 주심을 감사합니다. 저희들이 성령의 임재를 사모하게 하시고 기다리게 하여 주시옵소서. 저희들이 성령의 임재하심을 믿게 하여 주시옵소서. 저희들에게 성령이여 임하여 주시옵소서. 성령께서 늘 저희 안에 계심을 믿게 하여 주시옵소서. 저희 각자가 해결할 수 없는 많은 문제가 예수님의 옷가에 손을 대므로 병 나음을 입은 혈루병 여인처럼 (눅 8:43~48) 그런 믿음으로 이 식탁에 참여하게 하여 주시옵소서. 이 식사 나눔이 하나님께서 기쁘게 받으시는 예배가 되게 하여 주시옵소서. 저희들이 감사함으로 이 예배에 참여할 수 있게 하시니 감사합니다. 이 예배를 통하여 하나님께서 홀로 영광 받아주시옵소서 예수님 이름으로 기도드립니다. 아멘

하나님 왜 꼭 교통사고여야 했습니까? 왜 이렇게 힘들게 하시면서 하나님의 도구로 쓰십니까? 질문이 있어야 하나님께 다가가는 것 같다고 고백하는 어느 목사님의 간증 속으로 들어가 본다. 지금은 ○○○교회 담임목사로 ○○예술학교 교장 선생님으로 사역하고 있다. "너희

중에 어떤 사람이 양 백 마리가 있는데 그 중의 한 마리를 잃으면 아흔아홉 마리를 들에 두고 그 잃은 것을 찾아내기까지 찾아다니지 아니하겠느냐"(눅15:4) 이 말씀이 생각나게 하시고 어떻게 하다 보니 한 명의 학생이 주어졌고 그 한 명을 위한 학교를 운영하고 있다고 한다. "하나를 위한 모두"를 슬로건으로 학교를 운영하고 있다고 한다. 달꿈예술학교라는 학교명은 이 말씀 "그 아이의 손을 잡고 이르시되 달리다굼 하시니 번역하면 곧 내가 네게 말하노니 소녀야 일어나라 하심이라"(막 5:41)에서 달리다굼을 줄이고 굼을 꿈으로 변형하여 만들었다고 한다.

그는 다섯 살 어린 나이에 교통사고를 크게 당하게 되었다. 돌이켜보면 그것이 하나님의 시험일 수도 있겠구나 하는 생각이 들기도 한다. 시험을 통해 성령께서 만나주시고 단련하시고 모든 것을 이겨낼 수 있는 힘을 주신 것이라고 그는 믿고 있다. "성령이 곧 예수를 광야로 몰아내신지라 광야에서 사십 일을 계시면서 사탄에게 시험을 받으시며 들짐승과 함께 계시니 천사들이 수종들더라"(막1:12~13) 현장을 목격한 청년이 119에 신고했다. 가까운 대학병원으로 이송되었다. 급히 수술을 받게 되었다. 여러 장기에 크게 손상을 입었다. 장시간 수술을 받게 되었지만 살아날 가망이 없다는 진단이 내려졌다. 하얀 천으로 덮어 놓게 되었다. 사망 진단이 내려졌던 것이다. 그때 수술을 주도한 의사 선생님이 뭔가 모르게 살아있다는 믿음이 생기게 되었다. 아이를 덮었던 하얀 천을 벗겼다 심장 쪽에 심전도 기기를 연결했다. 계기판에 미세한 움직임이 나타나기 시작했다. 온몸에 상처 하나하나를 꼼꼼하게 검사하면서 다시 수술을 하게 되었다. 심장이 다시 뛰기 시작했다. 호흡이 돌아오게 되었다. 어린아이가 눈을 떴다. 의식이 돌아온 것이다. 살아난 것이다. 생명은 하나님께 속한 것이다. 하나님께서 그 어린아이를 살리신 것이다. "여호와께서 권능으로 내게 임재하시고 그의 영으로 나를 데리고 가서 골짜기 가운데 두셨는데 거기 뼈가 가득하더라 나를 그 뼈 사방으로 지나가게 하시기로 본즉 그 골짜기 지면에 뼈가 심히 많고 아주 말랐더라 그가 내게 이르시되 인자야 이 뼈들이 능히 살 수 있겠느냐 하시기로 내가 대답하되 주 여호와여 주께서 아시나이다. 또 내게 이르시되 너는 이 모든 뼈에게 대언하여 이르기를 너희 마른 뼈들아 여호와의 말씀을 들을지어다 주 여호와께서 이 뼈들에게 이같이 말씀하시기를 내가 생기를 너희에게 들어가게 하리니 너희가 살아나리라"(겔 37:1~5) 그 아이는 재수술에 성공하여 기적적으로 살아나게 되었다. 죽음에서 생명으로 옮겨진 것이다. 중환자실에서 병실로 옮긴 후 그의 입에서 "하나님 감사합니다" 자신도 모르게 그 말이 그의 입에서 튀어나왔다고 한다. 그는 그것을 기억하지 못한다고 한다. 나중에 같은 병실에 있는 어떤 환자로부터 듣게 되었다고 한다. 그는 사고 전에 누나 따라 그냥 교회가 좋아서 교회를 다녔다고 했다. 정확한 기억은 아니지만 수술실에서 무의식중에 그는 어렴풋이 "내가 하나님이다"라는 하나님의 음성을 들은 것 같다고 했다. 그때부터 그 어린아이의 생각이 달라졌다고 한다. 예수님을 믿지 않는 사람을 보면 안타까운 마음이 들었다고 한다. 그는 의식을 잃은 상태에 있을 때 성령의 임재를 경험한 게 아닌가 생각이 들기도 한다고 했다. 그와 동시에 성령께서 한 의사 선생님의 마음을 감동케 하셔서 재수술하게 하시고 그를 살리신 게 아닌가 생각이 들기도 한다고 했다. 그때부터 그 아이는 예수님을 전하기 시작했다. 어린 나이에 스님인 줄 모르고 스님에게 전도를 했다. 집에까지 찾아와서 화를 내고 가셨다. 그런데 놀라운 일이 일어났다. 그 주일에 그 스님이 교회를 나온 것이다. 그가 꿈에 "너 교회 안 나가면 죽어" 어떤 음성을 듣게 되어 두려워서 교회에 나오게 되었다고 한다. "항상 기뻐하라 쉬지 말고 기도하라 범사에 감사하라~, 성령을 소멸하지 말며" (살전5:16~19) 기쁨과 감사가 사라지지 않는 것이 성령님의 역할이었구나 깨닫게 되었다고 한다. 그는 걸을 수 있게 된다는 꿈을 꾸게 되었다. 그는 수술 후에 걸을 수가 없었다. 그때 보호장구를 착용하고 걷기 재활훈련을 하게 되었다. 하루에 6시간 고된 훈련이었지만 힘들지 않았다고 한다. 걸을 수 있다는 기쁨이 더 컸기 때문이라고 했다. 재활훈련을 통해 그는 목발을 짚고 걸을 수 있게 되었다.

어머니께서 그를 장애인 학교가 아닌 일반 학교에 보냈다. 그는 유치원을 다니지 못했다. 초등학교에 들어갔으나 아는 것이 별로 없었다. 오랜 병원 생활과 집에 있을 때도 집 밖에 거의 나가지 않았다. 초등학교 1학년 학년말 시험 시간이었다. 시험지를 받아 들었는데 아는 것이 없었다. 이름을 쓰고 아무렇게나 답이라 생각되는 번호에 동그라미를 치고 시험지를 냈다. 선생님께서 새 시험지를 가져오셨다. ○○아 "다시 답을 생각해 보아라"고 했다. 그렇지만 다시 생각해 봐도 아는 것이 없었다. 먼저와 같이 대충 동그라미를 쳐서 냈다. 세 번째도 선생님께서 새 시험지를 가져오셨다. ○○아 이번에는 "더 꼼꼼히 답을 생각해 보아라" 그와 같이 해서 시험을 마쳤다. 선생님께서 그에게 그렇게 생각하는 훈련을 시키셨다. 사물을 관찰하는 훈련을 시켰던 것이다. 그 후 많은 생각을 하게 되었다. 사물을 관찰하는 눈이 열리게 되었다. 열심히 공부를 하게 되었다. 학교 성적도 당연히 올라가게 되었다. 중고등학교는 기독교 계열 학교를 다녔다. 운동장이 넓고 북한산 백운대가 눈앞에 보이는 학교였다. 교훈이 "믿음으로 일하는 자유인"이었다. 중고등학교는 어머니의 헌신적인 노력과 같은 반 학생들의 도움으로 어려움 없이 마칠 수가 있었다.

대학교에 들어갔다. 이제 성인이 된 자신을 돌아보게 되었다. 장애인으로서의 모든 어려움을 혼자 감당해 보려고 결심했다. 그때는 IMF 외환위기 때라 정부의 절전 명령을 따라야 했다. 엘리베이터가 3층까지 운행하도록 지침이 내래 왔지만 행정 편의상 전면 중지 하게 되었다. 건물 층층을 목발을 짚고 계단을 오르내려야 했다. 너무나 힘들고 지쳤다. 그제야 자신이 남들과 다르구나 장애가 큰 거 였구나 새삼스럽게 어머님의 그를 위한 헌신이 그의 가슴을 뭉클하게 했다. 지금까지 보살피시고 키워주신 그 어머니의 헌신적인 돌보심이 나를 여기까지 오게 만드셨구나 학업을 그만둬야 하나 그런 생각은 하지 않았던 것 같다. 사고를 당한 이후의 삶이 늘 그랬으니까. 당연히 이겨내야 하는 것이니까. 그래서 다른 학생들이 4년에 마치는 대학 공부를 7년 걸려서 마치게 되었다. 힘들어 지쳐 쓰러지면 다시 일어나고 그렇게 하기를 반복하게 되었다. 그는 그렇게 인고의 7년 세월을 겪어 왔다. 돌이켜 보면 하나님께서 사고를 통해 그를 단련하시고 천천히 그의 걸음걸음마다 함께 하셔서 오늘에 이른 것이라고 그는 하나님께 감사의 기도를 드렸다. 그도 한때 너무 힘들어서 내려놓고 싶을 때가 있었다고 한다. 그때 전교 단 한 명밖에 없는 그 학생이 "목사님 기도하고 결정하셨어요? 목사님 비전이라면서요." "이르시되 아버지여 만일 아버지의 뜻이거든 이 잔을 내게서 옮기시옵소서 그러나 내 원대로 마시옵고 아버지의 원대로 되기를 원하나이다 하시니"(눅22:42) 하나님 왜 꼭 교통사고여야 했습니까? 왜 이렇게 힘들게 하시면서 하나님 도구로 쓰십니까? 하나님께 물어보고 싶어서 그는 꼭 천국에 가야 한다고 한다. "우리가 지금은 거울로 보는 것같이 희미하나 그때에는 얼굴과 얼굴을 대하여 볼 것이요 지금은 내가 부분적으로 아나 그때에는 주께서 나를 아신 것같이 내가 온전히 알리라"(고전13:12)

뇌전증, 일명 간질병에 걸린 3살짜리 어린아이에게서 하나님께서 하시는 일을 나타내시고자 이끄시는 지나온 여정을 되돌아보기로 한다. 우리는 하나님께서 살아계셔서 일하심을 믿고 모든 것을 온전히 주님께 맡기고 그분의 이끄심을 따라 믿음으로 순종하며 나아가야 한다. 주님께서 때로는 어두운 터널을 지나게 하시고 고난의 늪에서 허우적거리게 하시며 절망의 낭떠러지 앞에서 절망하게 하시며 우리가 아무것도 할 수 없는 광야로 이끄심은 우리가 온전히 하나님만 바라볼 수 있도록 이끄시는 하나님의 은혜임을 우리는 알아야 한다. 그 고난의 음침한 골짜기는 우리에게 기회로 주어지는 것임을 우리는 알아야 한다. 그 광야에서 우리를 도와주실 분은 오직 주님밖에 없음을 깨달아 알게 될 것이기 때문이다. 그것들은 더 좋은 평안과 기쁨으로 갚아주시는 그분의 은혜를 위한 통로일 뿐이다. "열두 해를 혈루증으로 앓아 온 한 여자가 있어 많은 의사에게 괴로움을 받았고 가진 것도 다 허비하였으되 아무 효험이 없고 도리어 더 중하여졌던 차에 예수의 소문을 듣고 무리 가운데 끼어 뒤로 와서 그의 옷에 손을 대니 이는 내가 그의 옷에만 손을 대어도 구원을 받으리라 생각함일러라, 예수께서 이르시되 딸아 네 믿음이 너를 구원하였으니 평안히 가라 네 병에서 놓여 건강할지어다" (막5:25~28, 34) 그녀에게 여섯 살, 세 살짜리 두 딸이 있었다. 그 가운데 둘째 딸이 다른 아이들보다 말도 잘하고 똑똑하고 건강했다. 그 아이는 유치원에 다녔다. 그런데 어느 날 유치원 선생님한테서 전화가 왔다. 유리가 경기(간질병의 증상)를 한다는 것이다. 큰 충격이었다. 급히 연대 신촌세브란스 병원에 입원을 시켰다. 그 병은 대체로 사회적 인식이 좋지 않다. 왜 우리 유리가 이런 몹쓸 병에 걸렸나 두려웠다. 시간이 지날수록 경기가 더 자주 일어났다. 여러 가지 검사를 받았으나 원인을 찾지 못했다. 그때그때 필요한 약물을 투여했지만 아무런 반응이 나타나지 않았다. 남들의 좋지 않은 인식 때문에 다들 숨기고 있었지만 그렇게 손을 놓고 있을 수는 없었다. 아이 엄마 아빠는 똑같이 3대째 독실한 기독교 집안이다. 하나님만 바라보면서 회개기도를 하기 시작했다. 이 아이가 아픈 것이 그들의 죄 때문일지 모른다는 생각을 하게 되었기 때문이다. "예수께서 대답하시되 이 사람이나 그 부모의 죄로 인한 것이 아니라 그에게서 하나님이 하시는 일을 나타내고자 하심이라, 예수께서 대답하여 이르시되 하나님께서 보내신 이를 믿는 것이 하나님의 일이라 하시니"(요9:3, 6:29) 회개기도부터 시작하게 되었다. 눈물 콧물 다 쏟으며 하나님 앞에 부르짖어 기도했다. 카톡으로 인맥이 닿는 대로 아픈 유리를 위해 기도해 달라고 기도 편지를 보냈다. 행운의 편지처럼 기도 편지가 퍼져 나갔다. 유리가 경기 중에도 유리 누가 만들었지? '하나님' 하고 엉엉 울었다. 유리에게 하나님이 함께하시고 위로 하시며 견디게 하시는구나. 그 아이 엄마는 믿음이 생겼다. 유리가 잠에서 깨어나 "예수님이 오셨어 예수님이 울었어"라고 했다. 이어 "좋으신 하나님 좋으신 하나님 참 좋으신 나의 하나님" 찬양을 하는 것이다. 이제 유리에게 쓸 약은 한 가지밖에 없다. 그 약이 듣지 않으면 그 이상 쓸 약이 없다고 한다. 유리를 안고 병원 예배실로 갔다. 부르짖어 기도를 드렸다. 하나님께서 고쳐 주신다고 했다. 그 응답이 마음에 감동으로 들려왔다. 그 이상의 약이 없다는 그 약을 저녁에 투여하고 아침이 되었다. 유리의 경기는 멈추지 않았다. 그 약까지도 유리에게 아무런 효험이 없었다. 그때 그 아이 엄마는 회개의 눈물이 터졌다. 지금까지 회개기도를 했지만 마음속에 있는 죄를 제대로 고백하지 못했고 전심으로 회개하지 않았음을 깨닫게 되었다. 교회에서 많은 봉사의 일을 하기는 했지만 하나님께 영광을 돌리지 않았던 것이다. 자기를 드러내는 데 열심이었던 것이다. "하나님의 의를 모르고 자기 의를 세우려고 힘써 하나님의 의에 복종하지 아니하였느니라" (롬10:3) 그 누구도 사랑하지 않고 있는 자신을 발견하게 되었다. 그동안 하나님께 달라고만 기도했지 주님과 교제하고 감사하고 하나님의 영광을 위해 아무것도 하지 않은 자신을 주님 앞에 내려놓고 뜨겁게 회개 기도를 드렸다. 회개로 인도하시는 이는 하나님이시다. "혹 네가 하나님의 인자하심이 너를 인도하여 회개하게 하심을 알지 못하여 그의 인자하심과 용납하심과 길이 참으심이 풍성함을 멸시하느냐" (롬2:4) 우리는 자기 자신의 죄를 다 알지 못하기 때문이다. 먼저 하나님께서 고쳐주신다고 말씀하신 것은 이와 같은 죄인 엄마인 그녀부터 고쳐 주시겠다는 기도 응답이 었음을 알게 되었다. 유리는 경기를 더 심하게 했다. 약물난치성뇌전증 진단이 내려졌다. 그 엄마를 보고 "누구세요" 한다. 엄마도 알아보지 못한다. 병원 예배실에 기도하러 갔다. 유리를 앞에 앉혀놓고 기도를 할 때 아이가 경기를 심하게 했다. 기도를 멈췄다 처음으로 원망이 터져 나왔다. 하나님은 안계서 하면서 병실로 돌아왔다. 이제부터 다시는 하나님 찾지 않을 거야 환우들을 위한 기도 모임이 있다고 방송으로 알렸다. 나도 모르게 기도 모임에 갔다. 기도를 시작하는데 하나님께서 말씀하셨다. "너는 왜 네 딸 유리만 놓고 기도하느냐?" 다른 아픈 아이들을 위해서도 기도해 봐라. 하나님의 음성을 듣게 되었다. 아픈 유리, 다른 아픈 아이들, 간병하는 엄마들 다 하나님께서 만드신 사람들이라는 생각이 들었다. 하나님께서 그녀의 딸 유리를 사용하셔서 그 엄마를 신앙인으로 만들어 가신다. 그 아이 엄마는 그때부터 다른 아픈 아이, 다른 아픈 아이의 엄마들을 비롯하여 모든 사람들을 위해 기도하게 되었다. "여호와 하나님이 땅의 흙으로 사람을 지으시고 생기를 그 코에 불어 넣으시니 사람이 생령이 되니라" (창2:7)

70일째 되는 날 아침에 일어나면서 유리가 "하나님께서 고쳐주셨어"라고 했다. 유리는 하루를 경기로 시작하는데 이게 무슨 일이야. 오늘 아침엔 경기도 하지 않았네. 그로부터 유리는 경기를 하지 않았다. 그렇지만 바로 퇴원하지는 못했다. 의사 선생님께서 좀더 경과를 지켜보자고 했다. 80일 만에 유리는 병원에서 퇴원하게 되었다. 유리가 건강이 좋아졌다. 유치원도 다시 다니게 되었다. 퇴원 후 1년 육 개월이 지난 어느 날 유리가 갑자기 쓰러졌다. 다시 병원에 입원했다. 유리가 전처럼 경기를 했다. 다시 검사를 받았다. 병의 원인이 밝혀졌다. 수술하면 나을 수 있다고 했다. 그렇지만 어린아이 두개골을 열고 1주일 간격으로 두 번 수술을 해야 한다고 했다. 두려웠다. 그날이 크리스마스 이브 날이었다. 병문안 온 친지분이 이 수술이 하나님이 유리에게 주신 크리스마스 선물이라고 했다. 하나님의 뜻이면 유리를 고쳐 주시겠구나 믿음으로 수술동의서에 사인을 했다. 릴레이 기도팀이 만들어졌다. 금식을 하고 짜여진 순번대로 유리를 위해 1시간씩 기도하는 것이다. 기도 편지를 통해 많은 분들이 유리를 위한 기도에 동참하게 되었다. 수술이 잘 되어도 오른쪽 다리에 장애가 올 수 있다고 했다. 수술이 시작되었다. 두 번에 걸친 수술은 성공적으로 끝났다. 우려 했던 대로 오른쪽 다리가 힘을 쓸 수 없게 되었다. 걸을 수 없었다. 재활 병동으로 옮기게 되었다. 재활 치료 의사 선생님께서 걸을 수 있겠지만 그 기간이 오래 걸릴 수 있다고 했다. 유리를 안고 재활 병동 예배실로 갔다. 하나님 아버지 유리를 걸을 수 있도록 고쳐주세요 하고 기도를 드렸다. 바로 그때 같이 기도하던 유리가 "엄마 걷고 싶어"라고 했다. 그럼 걸어봐 유리가 일어나 걷기 시작했다. 뒤뚱뒤뚱 불안하지만 그렇게 한 발짝 한 발짝 걸었다. 재활치료 7일부터 뛰기 시작했다. 하나님께서 유리를 사용하셔서 기적을 나타내 보이셨다. 믿지 않는 영혼들에게 복음을 전하게 하시고, 그분들을 위해 기도하게 하시고, 사랑하게 하시고, 마음을 같이하여 합심으로 기도하게 하시고, 믿음이 자라게 하시고 바른 신앙인으로 세워가시는 것을 하나님께서 우리들에게 나타내 보이신 것이다. 말씀을 읽고 또 읽으므로 말씀을 알아가게 하시는 이는 성령 하나님이시라. 말씀을 바로 알고 바로 믿고 하나님을 의지하며 그분의 인도하심을 따라가면 그가 이루시고 그의 영광을 나타내시는 줄 믿습니다.

하나님을 위한 삶을 사는 부부. 하나님이 삶의 중심에 있는 부부, 이 부부의 삶이란 어떤 것일까? 그들의 삶 속으로 들어가보자. 이 부부는 예수전도단 간사로 활동하고 있다. "여호와 하나님이 땅의 흙으로 사람을 지으시고 생기를 그 코에 불어 넣으시니 사람이 생령이 되니라, 여호와 하나님이 아담에게서 취하신 그 갈빗대로 여자를 만드시고 그를 아담에게로 이끌어 오시니, 이러므로 남자가 부모를 떠나 그의 아내와 합하여 둘이 한 몸을 이룰지로다, 예수께서 대답하여 이르시되 사람을 지으신 이가 본래 그들을 남자와 여자로 지으시고 말씀하시기를 그러므로 사람이 그 부모를 떠나서 아내에게 합하여 그 둘이 한 몸이 될지니라 하신 것을 읽지 못하였느냐 그런즉 이제 둘이 아니요 한 몸이니 그러므로 하나님이 짝지어 주신 것을 사람이 나누지 못할지니라 하시니, 아내를 얻는 자는 복을 얻고 여호와께 은총을 받는 자니라, 다투는 여인과 함께 큰 집에서 사는 것보다 움막에서 사는 것이 나으니라, 다투는 여자는 비 오는 날에 이어 떨어지는 물방울이라, 남편은 그 아내에 대한 의무를 다하고 아내도 그 남편에게 그렇게 할지라 아내는 자기 몸을 주장하지 못하고 오직 그 남편이 하며 남편도 그와 같이 자기 몸을 주장하지 못하고 오직 그 아내가 하나니 서로 분방하지 말라 다만 기도할 틈을 얻기 위하여 합의상 얼마 동안은 하되 다시 합하라 이는 너희가 절제 못함으로 말미암아 사탄이 너희를 시험하지 못하게 하려 함이라, 모든 사람은 결혼을 귀히 여기고 침소를 더럽히지 않게 하라 음행하는 자들과 간음하는 자들을 하나님이 심판하시리라, 아내들아 남편에게 복종하라 이는 주 안에서 마땅하니라 남편들아 아내를 사랑하며 괴롭게 하지 말라, 그러나 너희도 각각 자기의 아내 사랑하기를 자신같이 하고 아내도 자기 남편을 존경하라, 남편들아 아내 사랑하기를 그리스도께서 교회를 사랑하시고 그 교회를 위하여 자신을 주심같이 하라 (창2:7, 22, 24, 마19:4~6, 잠18:22, 21:9, 27:15, 고전7:3~5, 히13:4, 골3:18~19, 엡5:33, 25)

그 부인은 어릴 때부터 교회를 다녔다 대학에 들어가서 운동권 학생들과 어울려 다녔다 데모 대열에 참여하기도 했었다. 요주의 인물 명단에 올랐다. 그녀는 경찰의 눈을 피해 숨어 다녀야 했다. 대인 기피증을 보이기도 했다. 그러던 어느 날 전도자로부터 성경책을 받게 되었다. 그날부터 집 안에만 틀어박혀 생활하게 되었다. 성경책을 읽기 시작했다. 성경 말씀을 읽다가 성령세례를 받았다. 방언도 받았다. 기쁨이 쏟아지는 느낌이 들었다. 이게 무슨 일인가 문밖으로 나가는 것이 두렵지 않게 느껴졌다. 집 밖으로 나가봤다 길옆의 나무도 길바닥에 돌들도 하나님을 찬양하는 듯했다. 대인 기피증이 있는지 확인하기 위해 가게를 찾았다. 주인아저씨에게 물건을 샀다. 그의 얼굴을 빤히 쳐다봤다.

아무렇지도 않았다. 대인 기피증이 다 나은 것이다. 하나님이 고쳐주셨다. 하나님이 나같이 골방에 처박혀 있는 자도 찾아 주시다니 하나님의 사랑이 느껴졌다. 감사했다. 그 순간 자신도 모르게 "하나님께 헌신하겠습니다" 외쳤다. 그전에는 항상 기뻐하라 이 말씀이 마음에 와닿지 않았다. 이제 그 답을 찾게 된 것 같다. 성령이 주시는 기쁨으로 기뻐할 수 있구나 "내가 너희에게 이것을 이름은 내 기쁨이 너희 안에 있어 너희 기쁨을 충만하게 하려 함이라" (요15:11) 그 후 훈련을 마치고 사역자로 활동하게 되었다.

부부간에 좋은 이야기를 나누면 하나님께서 기뻐하시는 것 같다고 한다. 남편이 먼저 태어난 집안 배경과 어릴 때 있었던 좋은 기억들, 중학교 고등학교를 다니면서 기억에 남기고 싶었던 아름다운 추억들, 이런 것들을 아내에게 하나하나 시간을 두고 들려주므로 남편에 대해 알아가게 되고, 이해가 깊어지게 되고, 남편에 대하여 연민이 생기게 되고 좋은 것들을 함께 즐기며 나누게 되면서 공감대가 형성된다. 좋은 일은 먼저 좋지 않은 일은 나중에 조금만 들어내는 것이 좋다고 한다. 이와 같이 아내도 그의 모든 것을 남편에게 들려주므로 아름다운 가정 하나님께서 기뻐하시는 가정이 되었다고 그 부부는 말한다. 부부간에 다툼이 일어나는 것은 지극히 당연한 일이다. 성장 배경이 다르고 생각이 다르고 해결 방법도 다르기 때문이다. 그 부부는 다툼이 일어나는 한 가지 원인을 찾았다. 남편이 들으면 화를 내게 되는 말, 아내가 들으면 화를 내게 되는 말, 그것을 찾아 그 말들을 줄여가기 시작했다고 한다. 예를 들면 당신은 '항상' 그래. 남편이 이 말을 제일 듣기 싫어한다고 했다. 남편과 대화할 때는 그 '항상'이라는 말을 일절 사용하지 않았다고 한다. 그랬더니 다툼이 점점 줄어들기 시작하더니 아예 다툴 일이 없어졌다고 한다. 한 번은 아들의 실수를 꾸짖지 않으시고 해결하시는 아버지의 지혜를 엿볼 수 있었다. 그가 중학교 1학년 때였다. 아버지께서 추석 선물로 그에게 운동화를 사주셨다. 추석날 신으라고 하셨다. 너무 좋아서 추석날 신으라고 한 운동화를 신고 집 밖으로 나갔다. 웅덩이 가에서 놀다가 미끄러져 웅덩이에 빠지게 되었다. 작은 나무를 잡고 발만 간신히 빠져나왔다. 운동화는 건질 수 없었다. 두려웠지만 아버지께 말씀드렸다. 아버지께서 나를 꾸짖지 않으시고 물고기를 잡으러 가자고 친구들을 꼬드겼다. 농업용 두레박으로 웅덩이 물을 푸기 시작하셨다. 마침내 물고기가 보이기 시작했다. 내 운동화도 보였다. 물고기도 잡고 운동화도 건지게 되었다. 물고기로 매운탕을 끓여 이웃들과 맛있게 나누어 먹었다. 운동화를 깨끗하게 빨아 추석날 신을 수 있었다. 그로부터 그는 운동화를 빨아 신는 습관이 생겼다고 한다.

"허물을 덮어 주는 자는 사랑을 구하는 자요 그것을 거듭 말하는 자는 친한 벗을 이간하는 자니라"(잠17:9) 그 부부는 한 가지씩 서로가 다른 버릇이 있었다. 아내는 자가용만 타면 양말을 벗는 버릇이 있고 남편은 수건을 사용하고서 사용하지 않은 것처럼 잘 펴서 걸려 있던 대로 걸어놓는 것이다. 허물이라고 할 수 없을지 모르지만 그것이 그 부부에게 유쾌하지 못했다. 그래서 생각해낸 것이 서로의 허물을 덮어주는 것을 대화로 풀기로 했다. 남편은 혼자 자취생활을 할 때 수건 하나를 사용했다. 그래서 그것이 습관이 되었다는 것을 알게 되었다. 아내는 발에 약간의 혈액순환 장애가 있어 자가용만 타면 양말을 벗게 되었다. 서로가 서로의 버릇을 알게 되므로 남편은 아내의 발을 맛사지 해주게 되었다. 아내는 사용한 수건은 세탁기에 챙겨 넣게 되었다. 그로 인해 그 부부는 서로가 서로에게 관심을 가지고 배려하게 되었다. 어느 날 아내가 아파서 자리에 눕게 되었다. 남편이 설거지를 한다. 사소한 일을 가지고 잔소리를 늘어놓는다. 수저가 너무 많다든지 쟁반이 너무 많다든지 아무 쓸데 없는 것을 가지고 잔소리를 한다. 듣는 아내가 마음이 상했다. 설거지를 그만두라고 하고 싶지만 그럴 형편이 못됐다. 하나님 남편을 용서하게 해주세요. "용서합니다" 설거지가 끝날 때까지 "용서합니다"를 반복하게 되었다. 남편이 고맙다는 생각이 들었다. 하나님 아버지 가정을 지켜주시니 감사합니다. 하나님께 감사기도를 드렸다. "사랑은 모든 것을 참으며 모든 것을 믿으며 모든 것을 바라며 모든 것을 견디느니라" (고전13:7) 부부 회의를 하라, 항상 일정한 시간을 정해 놓고 기도로 준비해서 진지한 태도로 부부회의에 임하라. 그리하면 가정의 크고 작은 일들이 주님의 은혜로 잘 풀어져 나갈 것이다. 그 부부는 일주일에 1시간씩 시간을 정해 놓고 부부회의를 한다. 회의 전에 각자 회의 의제를 정하여 기도로 준비한다. 그 부부는 진지한 태도로 부부회의를 한다. 어려운 문제를 가지고 토론을 한다. 그날에 결론에 도달하지 못하더라도 그날 회의는 정해진 시간에 마친다. 가정에 많은 변화가 생겼다. 크고 작은 다툼이 사라졌다. 대화도 부드러워졌다. 서로가 서로에게 배려하게 되고 사랑하게 되었다. 삶이 행복해졌다.

선교사 훈련 사역을 하고 있었다. 대전에서 시역할 때에 갑자기 사역이 해체되는 일이 일어났다. 같이 사역하던 간사들은 각자 집으로 돌아갔다. 뜨거운 8월이었다. 그 부부는 그때까지 살 집을 장만하지 못했다. 사역지가 거처이자 가정집이었다. 갈 곳이 없었다. 3살짜리와 젖먹이 아기가 있었다. 대전역을 거처로 삼기로 했다. 필요한 옷가지를 사물함에 보관하고 친정으로, 친척 집을 전전하게 되었다. 그때 이 말씀을 묵상하게 되었다. 예수님은 그 어려운 형편에서 어떻게 그 힘든 사역을 마칠 수 있었을까 "예수께서 이르시되 여우도 굴이 있고 공중의 새도 거처가 있으되 인자는 머리 둘 곳이 없다 하시더라, 하나님이 나사렛 예수에게 성령과 능력을 기름 붓 듯하셨으매 그가 두루 다니시며 선한 일을 행하시고 마귀에게 눌린 모든 사람을 고치셨으니 이는 하나님이 함께하셨음이라, 나를 눈동자같이 지키시고 주의 날개 그늘 아래에 감추사"(마8:20, 행10:38, 시17:8) 이 말씀에 답이 있음을 깨달아 알게 되었다. 그 답은 성령의 임재였다. 성령께서 함께 하신 것이다. 아기가 젖먹는 것을 내려다 보았다. 그런 처지에 놓여 있는 엄마 아빠와는 너무 달라 보였다. 엄마를 처다 보고 방그시 웃고 있다. 그는 엄마와 함께 있기 때문에 평안해 보였다. 다윗도 "주의 날개 그늘 아래 감추사" 성령의 임재를 구하고 있다. 이 모든 어려움은 성령이 임하시고 인도하실 때 이 사역도 잘 감당할 수 있음을 깨닫게 되었다. 그 부부 사역자는 그해 9월에 새로운 사역지에 안착하게 되었다.

그녀는 만삭의 몸으로 사순절 특별 새벽기도를 드렸다. 권사님들의 사랑을 듬뿍 받으면서 40일 새벽기도는 끝이 났다. 5월 8일 첫 아이가 태어났다. 말을 할 때가 지났는데도 아이가 말을 하지 못했다. 태어나서 15개월째 되는 어느 날 갑자기 아이가 경기를 하기 시작했다. 병원에 가서 검사를 받았다. 난치성뇌전증 진단을 받았다. 하나님 왜 하필 제게 이런 일이? 그녀는 억장이 무너졌다. 남편은 아이가 그의 자존심이었다. 호텔에서 아이 돌잔치를 했다. 그는 열심히 일을 했다. 가정 형편은 그런대로 넉넉한 편이었다. 그렇지만 아이의 병이 부부 사이에 틈을 만들어 갔다. 서로를 배려하고 이해하려는 마음도 서로에게서 멀어져 갔다. 그녀의 마음이 가뭄에 쩍쩍 갈라지는 논바닥 같고 밟으면 부서져 버리는 낙엽같이 메말라져 갔다. 뇌전증 전문 병원인 신촌 세브란스 병원에서 입원과 퇴원을 반복하면서 아이 치료를 받았다. 그때마다 병원 예배실을 찾았다. 하나님 살아계시면 말씀 좀 해주시면 않되요? 고쳐주시면 안 되느냐고 기도로 묻고 또 물어봤지만 주님은 아무 대답도 하지 않으셨다. 부부간에 사랑은 사치였고 대화는 대화가 아닌 다툼으로 이어져 갔다. 아이에게 말을 걸면 아무 대답이 없다. 남편에게 말을 걸면 대꾸도 않는다. 하나님께 기도해도 주님도 침묵하신다. 아모스 말씀이 생각났다. "주 여호와의 말씀이니라 보라 날이 이를지라 내가 기근을 땅에 보내리니 양식이 없어 주림이 아니며 물이 없어 갈함이 아니요 여호와의 말씀을 듣지 못한 기갈이라"(암8:11) 병원에 갈 때마다 기대를 걸고 가지만 아이 병이 낫는 병이 아니라 앞으로 점점 더 어려울 수 있다. 낙심되는 말만 하는 의사 선생님들의 그 한마디가 그녀를 더욱 힘들게 했다. 하나님께서 천사 같은 믿음의 사람들을 많이 붙여주셨다. 서로의 아이 상태를 나누며 함께 울고 위로하고 기도하는 시간들이 그녀에게 힘이 되었다. 하나님을 알고 싶다. 바로 알아야겠다. 어떻게 하면 하나님을 알 수 있을까? 어떻게 하면 하나님을 만날 수 있을까? "나를 사랑하는 자들아 나의 사랑을 입으며 나를 간절히 찾는 자가 나를 만날 것이니라" (잠8:17) 하나님도 이름이 있을까 "여호와는 용사시니 여호와는 그의 이름이시로다" (출15:3)

다른 교회에 다니는 언니의 권면으로 자신은 초신자가 아니지만 초신자 양육 프로그램에 참여하게 되었다. 성령수양회 시간에 목사님들이 성도마다 머리에 안수기도를 해주셨다. 그 목사님들 중에는 치유의 은사를 받은 목사님도 있었다. 속으로는 그분의 기도 받기를 간절히 기다리고 있었다. 그런데 기대와는 달리 다른 여자 목사님께서 오셔서 그녀의 머리에 손을 얹고 기도하기 시작했다. 그 목사님은 이 말씀을 선포하면서 기도하기 시작했다. "두려워하지 말라 내가 너와 함께함이라 놀라지 말라 나는 네 하나님이 됨이라 내가 너를 굳세게 하리라 참으로 너를 도와 주리라 참으로 나의 의로운 오른손으로 너를 붙들리라" (사 41:10)

그녀는 마음 속으로 하나님 저는 죄인입니다. 그렇지만 하나님을 찾고 있습니다. 하나님 나 좀 만나주세요. 하나님께서 그녀를 만나주시기를 간절히 기도하고 있었다. 성령님이 오신 것 같았다. 갑자기 혀가 말려 들어가면서 방언이 터졌다. 왈칵 눈물이 쏟아졌다. 통곡을 뛰어넘는 울음이었다. 지금까지 한 번도 경험하지 못한 뜨거운 눈물이었다. 그녀는 죄를 다 적어 갔는데 적어간 것이 그녀 죄의 전부라고 생각했는데 내가 알지 못했던 죄까지 성령께서 눈 앞에 나타내 보이면서 회개하도록 인도하셨다. 자신도 모르게 입으로 죄를 고백하고 있었다. 뜨겁게 죄를 자복하며 회개하게 되었다. 하나님께서 그럼에도 "○○아 내가 너를 사랑해, 너와 같은 죄인을 내가 이처럼 사랑해"라고 말씀하셨다. 말할 수 없는 평안이 찾아왔다. 이것이 바로 천국이구나 하나님의 임재 안에 있는 것이 천국임을 깨달아 알게 되었다. 그동안 약물치료도 하고 유전자 검사도 하고 아이의 뇌수술도 했다. 호르몬 치료도 받았다. 아이에게 할 수 있는 것은 다 해봤다 그 어떤 것도 아이에게 효험이 나타나지 않았다. 나의 믿음은 여기까지 인가 자신의 믿음이 부끄럽게 여겨졌다. 베드로가 물 위로 걸어 가다가 물에 빠진다 의심하였기 때문이다. "베드로가 대답하여 이르되 주여 만일 주님이시거든 나를 명하사 물 위로 오라 하소서 하니 오라 하시니 베드로가 배에서 내려 물 위로 걸어서 예수께로 가되 바람을 보고 무서워 빠져 가는지라 소리 질러 이르되 주여 나를 구원하소서 하니 예수께서 즉시 손을 내밀어 그를 붙잡으시며 이르시되 믿음이 작은 자여 왜 의심하였느냐 하시고"(마 14:28~31)

의심하지 않는 믿음은 무얼까 그렇지만 답을 얻지 못했다.

병원에서 고칠 수 없는 병이라고 마지막 진단이 내려졌다. 아이를 붙들고 울고 또 울었다. 병원에서 퇴원했다. 그렇게 자라면서 아이는 특수학교를 다녔다. 그날도 아이는 여느 날처럼 엄마가 조금 있다가 와서 약 먹여 줄게 하고 드라마 바이블을 들을 수 있게 해 놓고 잠시 마트에서 필요한 물품들을 사왔다. 손을 닦고 아이 방에 갔다. 그날은 휴일이라 가족들이 다 집에 있었다. 아이가 아주 낮은 침대인데 침대에서 떨어져 있었다. 종종 있는 일이라 별다른 생각이 없었다. ○○아 약 먹자 아무 반응이 없었다. 코에 손가락을 대어 보았다. 숨을 쉬지 않는다. 가슴에 손을 댔다. 심장이 뛰지 않는다. 작은 아이에게 큰 소리로 119라고 소리쳤다. 응급 의료팀이 오는 동안 아이 동생이 심폐소생술을 실시했다. 119로 이송되어 가까운 병원 응급실에 입원하게 되었다. 응급실 앞에 남편과 함께 기다리는 동안 엄마는 일기앱을 열어 우리 아이가 심정지가 와서 ○○병원 응급실에 입원하게 되었어요. 많은 나눔방 지체들이 ○○을 위해 기도하겠다고 알려 왔다. 교우들이 아이를 위해 기도하기 시작했다. 1시간 정도 지났을까 의사 선생님이 아이 심장이 뛰기 시작했다고 알려 왔다. 그리고 뒤이어 뇌사 판정을 받게 되었다. 하나님 기도하면 고쳐주실 줄 믿었는데 고치시지도 아니하시고 데리고 가시나요? 하나님 너무 하십니다. 설움이 복받쳐 울부짖었다고 한다. 이런 경우 바로 장례 절차에 들어갈 수도 있고 장기 기증절차를 밟을 수도 있다고 했다. 우리 부부는 그럴 때를 대비해서 어느 정도 마음에 준비가 되어 있었던 것 같았다. 쉽지는 않았지만 아이 장기를 기증하기로 결정을 내렸다. 우리 인생이 가족을 특별히 엄마와 헤어질 때 자신이 언제쯤 떠나게 되는 것을 알 수 있을까? 성경 말씀은 이렇게 기록하고 있다. "사람이 그의 장래 일을 능히 헤아려 알지 못하게 하셨느니라" (전 7;14). 그 아이는 말을 하지 못했다. 말을 하지 못하니까 듣지도 못할 것이라고 그 엄마는 생각했다. 하늘나라 가기 며칠 전부터 밥을 떠 먹여 주는 엄마 앞에 눈물을 흘렸다고 한다. 매우 서럽게 우는 눈물이었다고 한다. 그 아이는 울음소리도 내지 못한다고 했다. 그 눈물은 그 아이가 엄마에게는 할 수 있는 유일한 "엄마 그동안 고마웠어요" 하는 고마움의 표현이었구나 그 엄마는 그럴 것이라고 말한다. 사랑한다고 말해 줄걸 한 번 더 안아 줄걸 아쉬움이 밀려왔다고 한다. 장기 적출 전에 아이 임종예배를 드리게 되었다. 그 아이 동생이 "형이 나의 형이어서 고마워 우리 이다음에 천국에서 만나" 엄마도 "○○아 내가 네 엄마라서 고마워" 너로 인해 하나님께서 성령을 보내 나를 만나 주셨고 세상이 줄 수 없는 평안을 알게 하셨단다. "평안을 너희에게 끼치노니 곧 나의 평안을 너희에게 주노라 내가 너희에게 주는 것은 세상이 주는 것과 같지 아니하니라 너희는 마음에 근심하지도 말고 두려워하지도 말라"(요 14:27) 누가 그 아이 엄마에게 또 이런 일을 할 수 있겠느냐고 물어 보시면 맡겨만 주시면 할 수 있을 거라고 그 엄마는 선뜻 대답 한다. 아이를 사랑부 예배에 데리고 다니면서 아빠의 신앙이 자라게 되었고 부부간의 사이도 많이 좋아졌다고 한다. 하나님께서 병약한 한 아이를 사용하셔서 그 아이 아빠를 구원하셨고 그 가정을 믿음의 반석 위에 굳게 세워 주셨다. 그 아이의 장기로 죽어가는 다섯 생명을 살리셨음을 우리는 보고 듣게 되었다. 그 아이 엄마는 하나님께 감사기도를 드렸다.

"내가 주인 삼은 모든 것 내려 놓고 내 주 되신 주 앞에 나가 내가 사랑했던 모든 것 내려 놓고 주님만 사랑해" 그가 어릴 때 아버지는 직장 생활을 하셨고 어머니는 사업을 하셨다. 가정 형편은 넉넉했고 단란한 가정이었다고 했다. 평일에는 학교를 다녔고 주일날은 교회를 다녔다. 초등학교 2학년 어느 날 스쿨버스를 타고 집 앞에 내렸다. 평소 같으면

정겹게 맞아 주시던 이웃 주민들이 화가 난 표정으로 대뜸 너 엄마 아빠 어디 갔어? 순간 집에 무슨 일이 생겼구나 하는 생각이 들었다고 했다. 그 후 엄마 아빠를 찾으러 오는 사람들도 굉장히 많았다. 많은 사람들이 집에 찾아와서 엄마 아빠가 어디에 있느냐고 다그쳐 물었다. 심지어 어린 내 멱살을 잡기도 했다. 어린 여동생은 그때마다 울음을 터뜨렸다. 전화벨이 따르릉 울리면 덜컥 겁부터 났다. 엄마 아빠 어디 있니? 집에 있지? 막무가내로 집에 쳐들어 오시는 분들도 있었다. 그해 크리스마스이브 저녁에 교회에서 연극 연습을 마치고 집으로 돌아오는데 알지 못하는 분이 나와 동생을 차에 태워 시골에 계시는 외할아버지 댁으로 갔다. 거기서 동생과 함께 살게 되었다. 엄마 아빠와는 연락이 닿지 않았다. 외할아버지와 외할머니는 연로하셨고 외할아버지는 몸이 편찮으셨다. 외할머니는 저희 어린 남매에게 밥해주고 옷을 빨아 입히는 것도 많이 힘드신 것 같았다. 그렇지만 우리는 예수님을 믿기 때문에 하나님께서 곧 예전대로 회복시켜 주시리라 믿고 있었다. 하지만 하나님께서 너무 멀리 계신 것 같았다. 그렇게 일 년 반이 지났다. 어머니께서 전화를 하셨다. 기쁨과 원망이 뒤섞인 순간이었다. 몸에 전율이 흐르는 것 같았다. 어머니께서 날짜를 정하셔서 그날에 오시겠다고 했다. 달력에서 날짜를 하나하나 지워가면서 손꼽아 기다렸다. 어머니께서 마침내 약속하신 날에 오셨다. 어머니께서 울먹이면서 저를 안아 주셨다. 그간의 원망은 온데간데없이 사라졌다. 아 이것이 어머니의 사랑이구나 "그런즉 믿음, 소망, 사랑, 이 세 가지는 항상 있을 것인데 그 중의 제일은 사랑이라" (고전13:13) 순간 이 성경 구절이 떠올랐다. 하나님

나라도 이와 같이 믿음도 소망도 쓸데없고 사랑만 남는 것이구나 생각하게 되었다. 아버지께서 직장에 다니면서 신학공부도 하셨다. 목사 안수를 받게 되어 목회자가 없는 시골 교회에 가셔서 목회 사역을 시작하셨다. 어느 주일 예배 시간에 아버지의 설교를 듣고 있는데 갑자기 눈에 검은 커튼이 드리워지는 느낌이 들었다. 눈앞이 잘 보이지 않았다. 가까운 안과 병원을 찾았다. 의사 선생님께서 서울에 있는 큰 병원으로 가보라고 하셨다. 서울에 있는 예수병원에 입원하게 되었다. 병원 이름이 예수병원이기 때문에 원장 선생님이 신앙인이라고 생각했다. 망막박리증이라는 진단이 나왔다. 수술하면 좋아질 것이라고 했다. 의사 선생님께 수술 전에 꼭 기도하고 수술해주세요 부탁을 했다. 수술은 쉽지가 않았다. 4차례 수술을 받았다. 그렇지만 오른쪽 눈은 시력을 잃게 되었다. 부모님은 매일같이 새벽 기도를 드렸다. 그런데 하나님께서 왜 내게 이런 시련을 주실까 하나님을 원망하게 되었다.

"하나님은 안 계신다, 하나님이 계신다면 선하신 하나님은 아니다" 이것을 증명해내기 위해 신학대학을 가게 되었다. 매우 불순한 동기로 신학을 공부하게 되었다. 신학을 공부하게 되면서 이것이 하나님을 인격적으로 만나게 되는 첫 걸음이었구나 알게 되었다. 그는 사탄에 대해 알아가기 시작했다. "용을 잡으니 곧 옛 뱀이요 마귀요 사탄이라 잡아서 천 년 동안 결박하여, 너희는 너희 아비 마귀에게서 났으니 너희 아비의 욕심대로 너희도 행하고자 하느니라 그는 처음부터 살인한 자요 진리가 그 속에 없으므로 진리에 서지 못하고 거짓을 말할 때마다 제 것으로 말하나니 이는 그가 거짓말쟁이요 거짓의 아비가 되었음이라, 뱀이 여자에게 이르되 너희가 결코 죽지 아니하리라 너희가 그것을 먹는 날에는 너희 눈이 밝아져 하나님과 같이 되어 선악을 알 줄 하나님이 아심이니라, 근신하라 깨어라 너희 대적 마귀가 우는 사자같이 두루 다니며 삼킬 자를 찾나니 너희는 믿음을 굳건하게 하여 그를 대적하라 이는 세상에 있는 너희 형제들도 동일한 고난을 당하는 줄을 앎이라, 또 그들을 미혹하는 마귀가 불과 유황못에 던져지니 거기는 그 짐승과 거짓 선지자도 있어 세세토록 밤낮 괴로움을 받으리라" (계20:2, 요8:44, 창3:45, 벧전5:8~9, 계20:10)

그는 신학 공부를 마치고 목사 안수도 받았다. 어느 날 왼쪽눈 앞에 날파리가 날아다니기도 하고 아지랑이가 아른거리기도 했다. 멀쩡하던 왼쪽눈에 병이 생긴 것이다. 하나님께 고쳐 달라고 기도를 해볼까 않고쳐 주시면 어떻게 하지 고민하기 시작했다. 목사 안수까지 받은 그의 믿음의 현주소다. 그때 시편 1편 3절 말씀을 묵상하게 되었다. "오직 여호와의 율법을 즐거워하여 그의 율법을 주야로 묵상하는도다 그는 시냇가에 심은 나무가 철을 따라 열매를 맺으며 그 잎사귀가 마르지 아니함 같으니 그가 하는 모든 일이 다 형통하리로다" (시1:3)

그 앞절에서 말씀을 즐겨 묵상하면 뒷절에서 모든 일이 다 형통하리로다 아차 이거였구나. 말씀을 읽고 또 읽어 말씀을 알게 되면 형통하게 되는구나. 그는 열심히 말씀을 읽으면서 말씀 따라 신앙 생활을 하게 되었다. 그는 눈병을 고쳐달라고 기도하게 되었다. 병원에서 눈 검사를 받았다. 비문증이라 했다. 수술하면 낫는 병이라고 했다. 눈 수술을 받았다. 수술결과는 좋았다. 그로부터 얼마간 세월이 흘렀다. 어머니께서 유방암에 걸리셨다. 어머니께서 수술도 받고 항암치료도 받게 되었다. 그때 처음으로 어머니의 약한 모습을 보게 되었다. 하나님 저에게 왜 이런 병을 주십니까 믿음이 좋았던 어머니셨다. "예수께서 대답하여 이르시되 이 사람이나 그 부모의 죄로 인한 것이 아니라 그에게서 하나님이 하시는 일을 나타내고자 하심이라" (요9:3)

하나님이 하시는 일이 뭘까? " 예수께서 대답하여 이르시되 하나님께서 보내신 이를 믿는 것이 하나님의 일 이니라 하시니, 오라 하시니 베드로가 배에서 내려 물 위로 걸어서 예수께로 가되 바람을 보고 무서워 빠져 가는지라 소리 질러 이르되 주여 나를 구원하소서 하니 예수께서 즉시 손을 내밀어 그를 붙잡으시며 이르시되 믿음이 작은 자여 왜 의심하였느냐 하시고, 예수께서 이르시되 할 수 있거든이 무슨 말이냐 믿는 자에게는 능히 하지 못할 일이 없느니라 하시니 곧 그 아이의 아버지가 소리를 질러 이르되 내가 믿나이다 나의 믿음 없는 것을 도와주소서 하더라, 너희는 그 은혜에 의하여 믿음으로 말미암아 구원을 받았으니 이것은 너희에게서 난 것이 아니요 하나님의 선물이라" (요6:29, 마14:29~31, 막9:23~24, 엡2:8)

예수님을 믿는 것이 하나님의 일이며, 믿음이 작은 것은 의심하는 것이며, 믿음 없는 것을 도와주시는 분은 하나님이시고 그 믿음은 하나님의 선물이라. 어머니께서 병에 걸리신 것은 그 믿음을 굳게 하시기 위한 하나님의 은혜였구나 말씀을 통해 깨달아 알게 되었다. 그때 처음으로 어머니를 위해 기도하게 되었다.

태 중에 있는 둘째 아이가 심장에 문제가 생겼다 그것이 그에게 큰 고민으로 다가왔다. 저 아이가 잘못되면 어떻게 하지? 장애가 생기면 어떻게 키울까? 수술비는 얼마나 들까? 쓸데 없는 걱정을 하고 있는 자신을 돌아보게 되었다. 신앙인이라면 무슨 일이든지 먼저 하나님을 바라보고 기도해야 한다. "쉬지 말고 기도하라, 오직 믿음으로 구하고 조금도 의심하지 말라, 그의 계명을 지키는 자는 주 안에 거하고 주는 그의 안에 거하시나니 우리에게 주신 성령으로 말미암아 그가 우리 안에 거하시는 줄을 우리가 아느니라, 내 계명은 곧 내가 너희를 사랑한 것 같이 너희도 서로 사랑하라 하는 이것이니라, 너희가 내 안에 거하고 내 말이 너희 안에 거하면 무엇이든지 원하는 대로 구하라 그리하면 이루리라" (살전5:17, 약1:6, 요일3:24, 요15:12, 요15:7)

위의 말씀 따라 우리는 쉬지 말고 기도하고 믿음으로 구하고, 계명을 지키고, 계명은 서로 사랑하는 것이고, 그리하면 우리가 주 안에 거하게 되므로 원하는 대로 구하라. 그리하면 이루리라. "사랑은 모든 것을 참으며 모든 것을 믿으며 모든 것을 바라며 모든 것을 견디느니라" (고전13:7) 걱정하던 그 아이는 태어나서 심장 수술을 받고 아무 탈 없이 건강하게 자라고 있다.

그녀는 초등학교 5학년 때부터 30대 초반까지 파란만장한 삶을 살게 되었다. 그녀의 아버지는 뱃일을 하셨고 어머니는 아버지의 뱃일을 도우면서 물질도 하셨다. 그녀의 부모님은 제주도에서 살았다. 그러다가 제주도에서 포항 구룡포로 이사하게 되었다. 그녀는 구룡포에서 태어났다. 어머니께서 대장암에 걸리기 전까지는 마냥 행복했다고 한다. 어머니께서 암에 걸리면서 그녀의 삶은 고달프고 힘든 세월이었다고 한다. 어머니는 대장암 말기 판정을 받았다. 병원에서 할 수 있는 치료가 없었다. 집에 돌아왔다. 무당을 불러다가 굿을 하기도 했다. 어머니 생각에 해보지 않은 것이 있다고 했다. 마지막 남은 방법은 교회를 가는 것이었다. 어머니께서 병든 몸을 이끌고 교회를 찾아가셨다. 그때부터 그녀는 어머니를 따라 교회를 다니게 되었다. 그녀는 열심히 기도를 드렸다. 새벽 기도도 드렸다. 그렇게 되는 데는 하나님의 은혜가 있었다. 어느 날 새벽 기도를 드리는데 하나님께서 환상을 보이셨다. 어떤 사람이 큰 인물이 되어 인터뷰하는 장면을 보이시면서 그런 인물이 되라고 하셨다. 그 말씀을 마음 속에 간직하고 늘 기도에 힘쓰게 되었다고 한다. 중학교 2학년 때 어머니께서 오랜 암 투병 끝에 돌아가셨다. 아버지께서는 낯선 고장이라 제대로 적응하지 못하셨다. 가정 형편은 매우 어려웠다. 고등학교 1학년 1학기 때 반에서 불우 이웃돕기 성금을 모았다. 담임 선생님께서 그녀에게 주셨다. 자존심이 몹시 상했다. 고등학교를 그만두고 부산으로 갔다. 방직 공장에 취직을 했다. 하루 8시간씩 3교대 근무였다. 밤 10시부터 그다음 날 아침 6시까지 근무를 배정받았다. 기숙사 생활을 했다. 먹고 자는 것은 해결되었다. 야간에 일하는 것이 너무 힘들었다. 1년 정도 그 공장에서 일하다가 낮에 일하는 봉제 공장으로 옮겼다. 야간에는 학교를 다녔다. 생각이나면 교회를 가기는 했지만 신앙 생활을 제대로 하지 못했다. 일본 관광객들이 몰려오던 때라 관광 가이드를 하면 돈을 많이 벌 수 있다고 했다. 가이드를 하려고 열심히 일본어를 배웠다. 하지만 그 꿈은 이루지 못했다. 일본어를 할 수 있었기 때문에 잡화점에 들어가서 얼마간 돈을 모았다. 잡화점에는 일본 관광객이 많이 물건을 사갔다. 팁도 받게 되었다. 수입의 절반을 저축하게 되었다. 잡화점 점원 일을 그만 두었다. 대학교를 들어가 공부를 해야 한다. 나이도 스무 살이 되었다. 빨리 돈을 모아야 한다. 돈벌이가 된다는 소문을 듣고 조그만 초밥집을 열었다. 주방장이 한달만에 그만 두었다. 다행히 레시피를 배워서 다 준비해 두었다. 죽을 둥 살 둥 모르고 열심히 일을 했다. 점원 일을 하는 때보다 수입이 늘게 되었다. 수영로교회가 초밥집 근처에 있었다. 담임 목사님과 부목사님께서 식사하러 오셨다. 교회 나오라고 예수 믿으라고 복음을 전했다. 그 분들은 그녀가 신자인 줄 몰랐기 때문이다. 가까이에 교회가 있는데도 교회를 나가지 않았다. 주일날 수입이 더 좋아서 였다. 그러다가 어느 날 밤 꿈에 "너 나 잊어 버렸니? 하나님 음성을 듣게 되었다. 아차 싶었다. 그 동안 내가 하나님을 잊고 있었구나. 장래 비전을 보여주신 분이 하나님이신데 그 꿈을 이루어 주실 분도 하나님이신데 하나님 죄송해요 돌아갈게요. 주님께로 돌아가겠습니다. 회개 기도를 드렸다. 주일에 교회에 갔다. 눈물이 쏟아졌다. 여태 교회에서 그렇게 울어 본 적은 없었다. 하나님 저 돌아 왔습니다. 이제 다시는 떠나지 않게 해 주세요. 절 붙들어 주세요 하고 기도를 드렸다. 뜻하지 않게 초밥집에 문제가 생겼다 영업제한 시간이 다 되어 갈 때 손님이 찾아왔다. 영업제한 시간이 가까웠기 때문에 거절해야 하는데 그렇게 하지 못했다. 손님은 식사를 하고 그녀는 청소를 하면서 정리를 하고 있었다. 그때 단속반이 들이닥쳤다. 영업시간 위반이라고 진술서를 쓰라고 했다. 순진하게 단속반이 불러

주는 대로 썼다. 30일간 영업정지를 받게 되었다.

30일간 하나님께 기도하러 기도원에 올라갔다. 3일간 작정하고 금식기도를 시작했다. 생각보다 쉽지 않았다. 처음 3일은 실패했다. 마음을 단단히 먹고 또 3일을 작정하고 금식기도에 들어갔다. 하나님께서 성령으로 찾아 주셨다. 작정기도를 마치고 집으로 돌아왔다. 대학 입학시험이 코 앞으로 다가왔다. 다음해에 시험을 보기로 하고 보험회사 영업사원으로 들어갔다. 많은 사회 경험을 얻게 되었다. 날마다 새벽 기도를 드렸다. 하나님께서 나타내 보여주신 그 꿈을 향해 달려갈 수 있도록 그 길을 여시고 인도하여 주시옵소서 새벽마다 뜨겁게 뜨겁게 기도를 드렸다. 12일 만에 성경 말씀을 일독하게 되었다. 계속해서 말씀을 읽고 또 읽어 갔다. 학원에 등록을 하고 열심히 공부하게 되었다. 학원에 갈 때는 전도지를 들고 다니면서 복음을 전하게 되었다. 동아대학교 법과대학 야간부에 합격하게 되었다. 열심히 공부를 했다. 공부하는 것이 즐거웠다. 따라서 좋은 성적을 얻게 되었다. 장학 혜택을 받게 되어 등록금 걱정 없이 공부할 수 있었다. 기숙사도 제공 받았다. 법학공부를 한지 5년만에 사법시험에 합격하게 되었다. 사법연수를 거쳐 변호사가 되었다.

사법연수원 시절 첫 월급을 자선 단체에 기부했다. 하나님 은혜에 감사하는 의미였다고 했다. 세 자매를 입양하여 키우고 있다. 처음에는 막내 딸이 병치레를 많이 해서 힘들었다. 지금은 건강하게 자라고 있다. 변호사 일을 할 때에 어려운 처지에 있는 사람들을 위해 일하려고 힘을 쏟았다. 특별히 소년범죄 아이들을 많이 도왔다고 한다. 당초 정치할 뜻은 없었지만 입양아 문제, 미혼모 문제, 소년범 문제 등 그동안 변호사 일을 하면서 다뤄왔던 문제들에 대한 소명의식을 갖게 되었고, 그런 처지에 있는 분들을 도와야 한다는 여러분들의 권유를 받아들여 정치를 하게 되었다. "임금이 대답하여 이르시되 내가 진실로 너희에게 이르노니 너희가 여기 내 형제 중에 지극히 작은 자 하나에게 한 것이 곧 내게 한 것이니라 하시고"(마25:40) 국회의원이 되었다. 입양법과 보호출산법 등 여러 법률을 발의하였다. 그녀는 늘 기도하면서 하나님의 뜻을 따라 살기를 힘쓴다 그렇지만 세상 일은 늘 힘이 든다. 그녀는 울면서 "아멘 주 예수여 어서 오시옵소서"(계22:20)라고 기도한다. 인생에 있어서 가장 큰 복은 어린 양의 혼인 잔치에 청함을 받은 복이다. "천사가 내게 말하기를 어린 양의 혼인 잔치에 청함을 받은 자들은 복이 있도다 하고 또 내게 말하되 이것은 하나님의 참되신 말씀이라 하기로"(계19:9)

어릴 때 미국으로 입양되어 교회 장로님으로 NASA 수석연구원으로 한국입양홍보회 설립자로 성장한 분이 있다. 그분의 인생을 따라가 보도록 한다. 그는 강원도 묵호에서 양친 부모님 동생과 같이 작은 오두막집에서 살았다. 그가 5살 때 갑자기 부모님과 헤어지는 아픔이 있었다. 그에게 한두 살 어린 동생이 있었다. 어린 때라 동생의 나이를 잘 기억하지 못했다. 동생은 게를 파는 아주머니가 데려가셨고 그는 다리에 장애가 있기 때문에 데려 가지 않았다. 그렇게 동생과도 생이별을 하게 되었다. 동생 이름은 최대천이고 그의 이름은 최석천이다. 이름을 밝히는 데는 이유가 있다. 형인 최석천 씨가 동생 최대천 씨를 찾고 있기 때문이다. 그는 한쪽 다리에 약간의 장애가 있다. 어릴 때 보호시설 원장님의 도움으로 서울대학 병원에서 수술을 받았다. 다방면으로 동생을 찾아봤지만 헤어진 지 60년이 지난 오늘까지 찾지 못하고 있다. 행여나 하는 마음에서 그들 형제의 이름을 밝혀 둔다. 그는 아동보호시설 홀트에 있을 때 서울에서 오신 전도사님으로부터 예수님 영접기도를 받았다. 아무런 표징은 나타나지 않았지만 예수님께서 내 안에 오셔서 함께 하심을 느끼면서 예수님을 믿게 되었다. 예수님을 믿고부터 그에게 작은 변화가 일어나기 시작했다. 믿기 전에는 아이들과 창고에서 초콜릿이나 과자를 훔쳐 먹었는데 그 버릇이 없어지게 되었다. 나를 사랑해 주시는 엄마 아빠가 있으면 좋겠다. 부모님과 함께 사는 집이 있으면 좋겠다. 가끔 그런 생각을 하게 되었다고 한다. 그는 열세 살 때 미국으로 건너가 미국인 가정에 입양되었다. 그렇지만 그것은 그가 결정해야 할 일은 아니었다. 어떤 보이지 않는 힘이 그를 한국 강원도 묵호땅에서 이국 땅 미국으로 옮겨 살게 만든 것이다. 양아버지 꿈에 한 아이를 입양하라는 하나님의 음성을 듣고 그를 입양하게 되었다고 한다. 태평양을 건너서 미국의 신실한 기독교 가정으로 옮겨 살게 된 것은 하나님의 은혜였다. 미국에 갈 때 그의 가방 안에는 성경책 한 권과 일기장, 윷가락, 화투 한 목이 들어 있었다. 그것이 그의 전재산이었다. LA공항에서 비행기를 타고 양아버지 집 근처 공항에서 내렸다. 옷을 갈아 입어야 했다. 한국에서 입고 온 옷과 신발은 위생 문제로 다 벗어 버려야 했다 새 옷과 새 구두를 사서 입고 갔는데 다 벗어 버려야 했다.

그에게는 그것이 몹시 아까웠다. 그런데 양아버지께서 갈아 입으라고 주신 옷이 너무 낡아 보였다. 신발도 그랬다 그가 갈아입은 옷은 같은 나이 친아들이 입었던 옷이라고 했다. 그만큼 검소한 가정이었다. 그렇지만 갈아입고 갈아 신었다. 양아버지 자동차를 타고 가는데 차가 너무 낡았다. 양아버지 집이 몹시 가난한가 보다 생각했지만 막상 가보니 여느 집과 같이 평범한 가정이었다. 양아버지께서는 직장생활을 하셨다. 양어머니와 다른 네 형제자매들이 그를 따뜻하게 맞아 주었다. 저녁 식사 때 양어머니께서 만들었다면서 김치를 내주셨다. 한 번 한국인 식당에서 맛본 것을 기억을 더듬어 상상으로 만들었다고 했다. 한국에서 올 양아들을 위해 온갖 정성을 다해 만드셨다고 하셨다. 그야말로 양어머니의 정성과 사랑이 듬뿍 담긴 김치였다. 그는 양어머니 감사합니다. 고개를 숙여 양어머니께 감사를 드렸다. 말이 통하지 않았지만 그렇게 감사 인사를 드렸다. 양배추에 마늘 대신에 양파를, 고춧가루 대신에 후춧가루를 넣어 만들었다고 했다. 그렇게 만든 김치가 김치 맛이 날 리 없다. 먹기 힘든 맛이지만 맛있는 것처럼 먹었다. 그는 아침에 잠자리에서 일어나면 먼저 하나님께 기도를 드렸다. 그리고 나서 양부모님께도 아침 인사를 드렸다. 그렇게 매일같이 하루를 기도로 시작해서 기도로 마감한다. 매일 성경 말씀을 읽고 열심히 공부를 했다. 그 가정에는 그와 같이 입양된 형제가 한 아이 더 있었다. 친자녀 셋 입양 자녀 둘 다정하게 잘 지냈다고 한다. 5남매가 가끔씩 카드놀이를 하면서 형제들이 다 함께 즐거운 시간을 갖기도 했다. 어느 날 그가 화투를 꺼내 가르쳐 주고 화투 놀이를 즐긴 적도 있었다고 했다. 누나가 특히 화투 놀이를 좋아해서 가끔 화투 놀이도 하면서 즐거운 시간을 보냈다. 언제나 가족들이 서로 아끼고 사랑하며 화목하게 지냈다. 그간의 아픔이 눈 녹듯이 사라져 갔다. 마음에 안정을 찾게 되었다. 한국에서 중학교를 다닐 때 수학이 어려웠다. 그런데 수학 공식이 재미있게 느껴졌다. 공부하는 것이 전처럼 힘들지 않고 좋아졌다. 학교 성적도 점점 좋아져 갔다. 고등학교를 졸업하고 대학을 가야 하는데 어느 대학을 가야 할지 고민하게 되었다. 하나님께 기도했다. 하나님 어느 대학을 가야 할지 알려주시면 안 되느냐고 기도를 드렸다. 아무 대답도 얻지 못했다. 양아버지 도움을 받기로 했다. 내 실력이 어느 정도인지 이 실력으로 어느 대학을 가야 할지 알지 못했기 때문이다. 양아버지께서 자세히 일러 주셨다. 양아버지께서 항공우주공학을 공부해 보라고 하셨다. 항공우주공학을 공부할 수 있는 대학 10곳을 선정해서 그에게 맞는 대학을 찾아보기로 했다. 양아버지께서 그에게 퍼듀대학이 좋겠다고 하셨다. 퍼듀대학 입학원서를 제출하고 입학시험을 치렀다. 다행히 합격하게 되었다. 온 가족이 다 기뻐하며 축하해 주었다. 뛸 듯이 기뻤다. 퍼듀대학에 들어가 항공우주공학을 전공했다. 그는 그 대학에 들어가 나름대로 공부를 잘하게 되었다고 했다. 그 대학을 졸업했다. 전공한 분야의 기업이나 회사에 들어가서 전공을 살려 일할 수 있는 기업을 찾아보았다. NASA가 그의 적성에 맞는 기업인 것 같았다. 시험을 치르기 전에 하나님께 기도를 드렸다. 이 기업에 들어가서 전공을 살려 일할 수 있도록 시험에 합격하게 해달라고 기도를 드렸다. 미국항공우주국에 입사 시험을 치렀다. 다행히 합격하게 되었다. 온 가족이 함께 축하하고 기뻐했다. 그의 양아버지께서 그가 이 세상에서 제일 좋았던 일이 세 가지가 있는데, 첫 번째는 하나님을 만난 것이고, 두 번째는 너희 양어머니를 만난 것이며, 그다음은 너를 만난 것이라고 말씀하셨다. 듣고 너무나 감격했다. 그리고 감사했다. 그 양아버지로 말미암아 신실한 신앙인으로 자라게 되었다. 그 양아버지께서는 독실한 신앙인이셨다. 퍼듀대학에 다닐 때 등록금이 없어 대출까지 받아가면서 그를 뒷바라지 하신 그분들의 따뜻한 사랑에 머리 숙여 감사드린다고 했다.

한때 그는 하나님 왜 내가 아버지 어머니를 일찍 잃을 수밖에 없었습니까? 왜 우리 형제는 헤어져야 했습니까? 왜 나는 그 어린 나이에 거리의 아이가 되어야 했습니까? 왜 나는 아무 연고도 없는 낯선 땅 미국으로 입양되어야 했습니까? 하나님께 기도를 드렸다. 하나님께서 내 기도를 들으시고 말씀하셨다. 네가 어릴 때 겪었던 것처럼 너와 같이 어려운 처지에 있는 아이들에게 가정을 찾아 주는 일을 네게 맡기려고 너를 단련시킨 것이니라. 아직도 한국에 네 어릴 때와 같은 처지에 놓여 있는 아이들이 많이 있느니라. 그 아이들을 위해 누가 무엇을 할 수 있겠느냐? 그 아이들의 마음과 형편과 처지를 잘 알고 있는 네가 나서야 하지 않겠느냐? 그 아이들에게 입양이라는 방법으로 가정을 찾아 주는 사역을 네가 맡아서 해야 할 것이니라. 그 말씀을 듣고 하나님께서 늘 함께 하시고 인도하셨음을 알게 되었다. 그는 하나님의 말씀을 따르기로 결심했다. 그래서 그 일을 하기 위해 여러분들의 도움을 받아 한국입양홍보회를 발족하게 되었다. 그는 입양은 기회라고 한다. 가족을 잃은 아이들에게 주어진 특별한 기회라고 한다. 새 아버지 어머니와 가족을 만날 수 있는 기회라고 한다. 입양은 아이들에게 새로운 기회를 주는 일이라고 그는 말하고 있다. 성경 창세기 말씀에 이렇게 기록하고 있다. "요셉의 형들이 미디안 상인들에게 은 이십에 요셉을 팔아넘겼다 그 미디안 상인들은 요셉을 애굽에서 바로의 신하 친위대장 보디발에게 팔았다. 하나님이 요셉과 함께 하시므로 바로의 꿈을 해석하게 하시고 바로가 그에게 애굽 전국을 총리로 다스리게 하였더라, 하나님이 큰 구원으로 당신들의 생명을 보존하고 당신들의 후손을 세상에 두시려고 나를 당신들 보다 먼저 보내셨나니"(창37:28,36, 41:43, 45:7)) 최석천 장로님의 삶과 요셉의 삶에는 닮은 점이 많다. 부모 형제와 헤어진 것이 닮았고 하나님께서 함께 하신 것이 닮았다. 최장로님은 NASA 수석 연구원이 되었고 요셉은 애굽의 총리가 되었다. 하나님께서는 하나님이 아니면 일으켜 세울 수 없는 낮고 비천한 자를 택하여 일으켜 세우신다. "그러나 하나님께서 세상의 미련한 것들을 택하사 지혜 있는 자들을 부끄럽게 하려 하시고 세상의 약한 것들을 택하사 강한 것들을 부끄럽게 하시며 하나님께서 세상의 천한 것들과 멸시 받는 것들과 없는 것들을 택하사 있는 것들을 폐하려 하시나니 이는 아무 육체도 자랑하지 못하게 하려 하심이라"(고전1:27~29) 그리고 그를 들어 쓰신다. "내게 주신 모든 은혜를 내가 여호와께 무엇으로 보답할까 내가 구원의 잔을 들고 여호와의 이름을 부르며 여호와의 모든 백성 앞에서 나는 나의 서원을 여호와께 갚으리로다, 그러나 내가 나 된 것은 하나님의 은혜로 된 것이니 내게 주신 그의 은혜가 헛되지 아니하여 내가 모든 사도보다 더 많이 수고하였으나 내가 한 것이 아니요 오직 나와 함께 하신 하나님의 은혜로라" (시116:12~14, 고전15:10) 스티브 모리슨(최석천) 장로님은 부인과 헬렌, 조셉(입양), 케이, 재인, 벤자민(입양) 다섯 자녀와 행복하게 살고 있다.

그녀의 아버지는 일용직 근로자셨고 어머니는 행상을 하시면서 어렵게 살았다. 빚이 많이 있었다. 그래서 고등학교에 갈 형편이 못됐다 가까운 친지께서 낮에는 공장에서 일을 하고 밤에 야간고등학교를 다닐 수 있도록 배려하는 섬유공장에 취직을 시켜 주셨다. 낮에는 공장에서 일을 하고 야간에는 학교에서 공부를 하는데 몸이 약해서 견뎌내지 못했다. 1학년 1학기를 마치고 그만 두게 되었다. 집으로 돌아갔는데 아버지의 술주정과 폭력으로 인해 견딜 수 없었다. 집을 나와 친구 자취방에서 친구와 함께 살게 되었다. 집을 나왔으나 마땅히 할 일도 없었다. 친구에게 오래 기대 살 수 있는 형편도 못 되었다. 그래서 어쩌다 알게 된 남자와 결혼하게 되었다. 결혼하고 보니 남편은 조폭이었다. 남편의 폭력은 아버지의 폭력보다 더 심했다. 그렇다고 친정으로 갈 수도 없고 참고 견디며 살았다. 아이가 세 살 무렵 그날은 산속으로 그녀를 끌고 가서 나뭇가지를 꺾어 그녀를 두들겨 패기 시작했다. 맞아 죽을 것만 같았다. 그 일이 있은 후 남편 몰래 집을 나왔다. 아이를 데려 가고 싶었지만 갈 곳도 정하지 못한 터라 나중에 데려 가기로 하고 집을 나왔다. 집에서 먼 곳으로 가서 일자리도 구했다. 낮에는 그런대로 일을 하면서 지낼 수 있었다. 밤이 되면 떼어 놓고 온 아이에게 미안하고 너무 보고 싶어서 잠을 잘 수 없었다. 술을 입에 대기 시작했다. 술을 마셔야 살 것 같았다. 그러다가 남편이 아이를 키울 수 없다고 친정으로 아이를 돌려 보냈다. 어머니의 연락을 받고 친정으로 돌아 왔다. 그리고 남편과 이혼을 하게 되었다. 그리던 아이와 만나게 되었고 친정집 근처에 셋방을 얻어 살게 되었다. 그 후 지금 남편과 재혼을 했다. 목이 아파서 가까운 병원에서 치료도 받고 약도 먹고 있는데 몸은 점점 나빠졌다. 큰 병원에 가서 검사를 받았다. 갑상선 암이라는 진단이 내려졌다. 임파선까지 전이가 됐다고 했다. 그녀는 중학교를 기독교 계열 학교를 다녔다. 교회도 다녔다. 그렇지만 하나님을 인격적으로 만나지 못했다. 교회를 다니는 둥 마는 둥 그렇게 신앙생활을 했다. 그러던 어느 날 자신이 죄인이라는 생각이 들었다고 했다. 생각해보니 지은 죄가 많았다. 죄인은 죽는다는 것을 중학교 성경 시간에 배운 것 같았다. 그녀는 회개하면 죄를 용서받게 되고 구원을 받게 된다는 말씀을 알지 못했다. "너희에게 이르노니 아니라 너희도 만일 회개하지 아니하면 다 이와 같이 망하리라, 만일 우리가 우리 죄를 자백하면 그는 미쁘시고 의로우사 우리 죄를 사하시며 우리를 모든 불의에서 깨끗하게 하실 것이요, 여호와께서 말씀하시되 오라 우리가 서로 변론하자 너희의 죄가 주홍 같을지라도 눈과 같이 희어질 것이요 진홍같이 붉을지라도 양털같이 희게 되리라 (눅13:5, 요일1:9, 사:1:18) 이런 말씀만 알았더라도 도움이 되었을 텐데. 주변에 목사님이나 전도사님께 도움을 구했으면 좋았을 텐데 인터넷에서 이단들이 올린 동영상에서 잘못 된 정보를 보게 되었다. 분별력이 없는 신앙인들은 인터넷에서 그런 정보를 검색하지 않는 것이 바람직하다. 잘못된 정보는 물론 이단들이 쳐 놓은 덫에 걸릴 수 있기 때문이다. 그녀는 인터넷 동영상에서 "너는 죄인이기 때문에 죽을 수밖에 없다"는 이단들이 쳐 놓은 덫에 걸리게 되었다. 그래서 그녀는 그 죽음을 쫓아가기 시작했다. 사탄의 속삭임에 귀를 기울이게 되었다. "여호와의 영이 사울에게서 떠나고 여호와께서 부리시는 악령이 그를 번뇌하게 한지라, 여호와께서 사탄에게 이르시되 내가 그의 소유물을 다 네 손에 맡기노라 다만 그의 몸에는 네 손을 대지 말지니라"(삼상16:14, 욥1:12) 그녀는 다리에서 뛰어내려 죽을 결심을 하고 집에서 가까운 다리로 갔다. 수면제를 먹고 다리 초입에 잠시 걸터 앉아 있었다. 그때 눈앞에 두 남자의 발이 보였다. 위를 올려다보았다. 흰 눈같이 깨끗한 옷을 입었고 얼굴에 온화한 미소를 띠고 있었다. 그들이 자신들의 손을 잡으라고 했다. 손을 잡는 순간 정신을 잃었다. 온몸이 쑤시고 아팠다. 정신이 들어 눈을 떠보니 앉아 있던 곳에서 멀리 떨어진 다리 밑에 모래 더미에 떨어져 있었다. 자신도 모르게 다리 위에서 뛰어내린 것이다. "그가 너희를 위하여 그의 천사들을 명령하사 네 모든 길에서 너를 지키게 하심이라"(시91:11) 하나님께서 천사들을 보내셔서 나를 살리셨구나 하는 생각은 들었지만 믿음이 작은 그녀는 하나님께 감사할 줄 몰랐다. 얼마간 시간이 흘렀을까? 알지 못하는 어떤 분이 그녀를 발견하고 119에 신고해 주셨다. 119로 병원에 실려갔다. 검사결과는 참혹했다. 몸이 만신창이가 되었다. 머리는 찢어지고 척추가 부러졌다. 응급치료를 받고 머리에 상처를 사십여 바늘을 꿰맸다고 했다. 하반신 마비가 왔다. 온몸이 너무나 아팠다 진통제를 투여하게 되었다. 통증이 조금 가라앉는 듯 했지만 여전히 아팠다 병원에서 어느날 밤에 꿈을 꾸게 되었다. 꿈에 사다리를 보았다. "꿈에 본즉 사닥다리가 땅 위에 서 있는데 그 꼭대기가 하늘에 닿았고 또 본즉 하나님의 사자들이 그 위에서 오르락 내리락하고, 또 이르시되 진실로 진실로 너희에게 이르노니 하늘이 열리고 하나님의 사자들이 인자 위에 오르락 내리락하는 것을 보리라 하시니라"(창28:12, 요1:51) 그녀가 꿈에 본 사다리에는 첫 계단이 없었다고 한다. 사다리 옆에는 한 천사가 서 있었다. 천사에게 물었다. 왜 사다리에 첫 계단이 없느냐고 물어봤다. 그것은 예수님으로 말미암지 않고는 천국에 들어갈 수가 없는 것을 의미한다고 했다. 예수님을 믿지 않고는 누구라도 천국에 들어갈 수 없다고 했다. "예수께서 이르시되 내가 곧 길이요 진리요 생명이니 나로 말미암지 않고는 아버지께로 올 자가 없느니라"(요14:6) 가정 형편상 병원에 오래 입원하고 있을 처지가 못 되었다. 병원에서 주는 약과 처방전을 받고 퇴원하게 되었다. 때마다 소변을 빼내야 했다. 몸을 제대로 움직일 수 없다. 거기에 피부에 가려움증이 와서 그 괴로움은 이루 말할 수 없이 컸다. 진통제로 그런대로 견딜 수 있었지만 불편하기 짝이 없었다.

그러던 어느 날 밤에 잠을 자고 있었다. "딸아 두려워하지 말라 내가 너와 늘 함께하느니라" 하나님의 음성을 듣게 되었다. 하나님의 음성임을 확신하게 되었다. 그로부터 소망이 생겼다 그 후 서서히 몸이 회복되기 시작했다. 소변 감각이 돌아왔다. 앉아서 엉금엉금 기어다녔는데 하반신 마비가 풀리기 시작했다. 일어나 걸을 수가 있었다. 절망의 대지에서 움이 돋아나고 꽃이 피는 그런 것들이 내 삶에서 일어나고 있는 듯했다. 그녀를 핍박하던 남편이 예수님을 구주로 영접하고 교회에 나가게 되었다. 그보다 놀라운 변화는 남편이 남들보다 퇴근 시간이 늦는데도 집에 돌아와서 성경 말씀 필사를 하고 기도로 하루를 마감하는 것이다. 어느 주일에 주일 예배를 드릴 때에 찬양 중에 성령께서 찾아오셨다. 갑자기 알 수 없는 눈물이 쏟아졌고 자신이 죄인임이 깨달아졌다. 눈물이 통곡으로 이어졌다. 스카프로 얼굴을 감싸고 통곡하기 시작했다. 죄를 자백하게 되고 예수님의 보혈로 죄 씻음을 받은 느낌이 들었다. 몸이 깃털처럼 가볍게 느껴졌다. 하나님을 알아가게 해달라고 기도할 때에 돌아오지 않는 영혼들을 바라보시면서 안타까워 하시는 하나님의 모습을 보여 주셨다. "내가 종일 손을 펴서 자기 생각을 따라 옳지 않은 길을 걸어가는 패역한 백성들을 불렀나니" (사65:2) 교회에 아직도 성경 말씀을 읽지 않고 말씀 따라 살지 않으며 자기 생각대로 신앙생활을 하는 성도들이 너무나 많다는 것을 말씀을 통해 깨닫게 하셨다. 성도마다 각기 자기 하나님이 따로 있다는 것이다. 그녀는 알콜 중독자였다. 어느 날 간증 영상을 보고 있었다. 간증자가 이 말씀을 듣고 술을 끊었다고 했다. "포도주는 붉고 잔에서 번쩍이며 순하게 내려가나니 너는 그것을 보지도 말지어다" (잠23:31) 그녀는 이 말씀을 보는 순간 두려워서 손에 들고 있던 술잔을 떨어뜨리게 되면서 술을 끊게 되었다. "너는 술을 보지도 말지어다"라고 말씀하시는데 자신은 술잔을 들고 있었다. 그런 자신이 하나님 앞에 너무나 큰 죄를 짓고 있구나 자신을 돌아보게 되고 술을 끊게 되었다고 한다. 말씀의 능력을 체험하는 순간이었다. "하나님의 말씀은 살아있고 활력이 있어 좌우에 날 선 어떤 검보다도 예리하여 혼과 영과 및 관절과 골수를 찔러 쪼개기까지 하며 또 마음의 생각과 뜻을 판단하나니" (히12:4) 그로부터 그녀는 다시는 술을 입에 대지 않았다. 어느 날 하나님께 어머니 생일에도 찾아오지 않는 아들이 야속하다고 기도를 드렸다. 하나님께서 "엄마 없이 외로움과 싸우며 주위의 따가운 시선을 견디어 낸 네 아이의 아픈 상처를 너는 알기는 하니? 그 아픈 상처를 보듬어 준 적이 있니?" 하나님께서 그녀를 나무라셨다. "그때는 엄마가 너무 어렸고 하나님도 몰랐고 그렇게 살 수밖에 없었단다. 그런 엄마를 용서해 줄 수 있겠니? 엄마가 아들에게 용서를 빈다." 아들에게 문자를 보냈다. 아들한테서 답변 문자가 왔다. "엄마 나 어디 군대가?" 너무나 짧지만 명확한 답변을 보냈다. 지금은 엄마와 아들이 자주 소식도 주고 받게 되었다. 집안에 생일이나 무슨 일이 있으면 아들과 엄마와 가족들이 만나 즐거운 시간을 보내게 되었다. 하나님의 은혜다. 지금 이 시간에도 삶의 기로에서 삶의 낭떠러지 앞에서 삶을 포기하려는 분들은 이 말씀에 주목하시면 도움이 되리라 믿는다 "내가 네 곁으로 지나갈 때에 네가 피투성이가 되어 발짓하는 것을 보고 네게 이르기를 너는 피투성이라도 살아있으라 다시 이르기를 너는 피투성이라도 살아있으라 하고" (겔16:6) 그녀는 신학대학을 졸업하고 전도자로 찬양사역자로 활동하고 있다.

○○○은 음악 프로듀서, 작곡가이며 브레이브 엔터테인먼트 대표다 그는 400여 곡을 작곡하였다. 내가 음악을 할 수 있었고 작곡을 할 수 있었던 것은 "하나님의 은혜다"라고 간증한다. 그는 초등학생 때 신문에서 아역배우 모집 광고를 보게 되었다. 배우를 해보고 싶다는 생각이

들었다. 어머니께 말씀을 드렸다. 어머니께서 좋은 옷을 사서 입히시고 고속터미날에 있는 연기학원으로 데리고 가서 등록을 하고 연기수업을 받게 하셨다. 그 후 아역배우로 캐스팅 되어 30여 편의 영화에 출연하게 되었다. 중학교 때 그가 출연한 '장미빛 깡통'이라는 영화를 아버지께서 보시게 되었다. 불량소년 역할을 천연덕스럽게 연기하는 그를 보시고 다시는 배우를 하지 말라고 하셨다. 그것을 계기로 그의 연기 생활은 끝나게 되었다. 그는 사춘기 시절에 아버지께서 장남만 편애하시고 그는 잘 돌보지 않으시는 것 같았다. 그래서 그는 상대적인 박탈감을 많이 느끼게 되었다. 여러 환경적인 요인과 자신의 반항심으로 인해 방탕한 생활을 하게 되었다. 아버지의 눈 밖에 나서 집을 들락거리며 그렇게 방탕한 생활을 했다. 그의 부모님들은 신앙인이셨다. 어머니께서는 그를 위해 매일 눈물로 기도하셨다. 그를 달래보기도 하시고 꾸짖기도 하시며 아들을 바른길로 인도하시기 위해 온갖 힘을 쓰셨지만 허사였다. 어릴 때 교회에서 운영하는 유치원을 다녔다. 그렇지만 그는 가끔씩 교회를 다니는 정도였다. 하나님을 인격적으로 만나지 못했다. 그가 방탕한 생활을 하고 있던 어느 날 꿈에 하나님께서 눈부신 빛으로 그를 찾아오셨다. 하나님께서 "네 이름이 뭐냐? 강동철 하고 크게 대답했다고 한다. 그는 그날 밤 꿈에 하나님이 찾아오셨지만 그 속에 말씀이 없고 믿음이 없었기 때문에 그 일을 잊고 지냈다. 그는 그런데도 그 자신은 신앙이 있었다고 여기고 있다.

맥주홀 스테이지에서 우연히 이 노래를 듣게 되었다. 전에 몇 번 들은 적이 있어 귀에 익숙한 노래다 "싸이프러스 힐의 노래"를 듣게 되었는데 엄청난 충격으로 다가왔다. 나도 이 음악을 하고 싶다. 내가 이 음악을 하면 잘할 것 같은데 하는 생각이 들었다. 살아온 환경이 그 작곡가와 비슷하다고 생각했다. 갑자기 작곡을 하고 싶은 생각이 들었다. 그때 누나가 직장 생활을 하고 있었다. 누나에게 작곡에 대해 공부를 하고 싶다고 했다. 카드를 빌려 달라고 누나를 졸랐다. 누나가 지갑에서 카드를 꺼내 주었다. 그는 서라벌예술 고등학교를 다니다가 2학년 2학기 말에 학교를 그만 두었다. 그는 음악에 대한 어느 정도의 지식이 있다고 생각했다. 작곡을 좀 더 공부하면 작곡가가 될 수 있다고 생각했다. 그때부터 그의 방탕한 생활은 종지부를 찍게 되었다. 낙원상가를 찾아갔다. 전문가에게 자문을 받아 작곡 프로그램과 키보드와 컴퓨터를 샀다. 남들은 형편에 맞게 중고 프로그램을 사고 좋은 악기를 구입하는데 잘 알지 못해 그는 새것으로 구입했다. 컴퓨터 자판을 하나하나 눌러보고 그의 표현으로 미친 듯이 공부했다고 한다. 매일같이 컴퓨터가 고장이 났다. 전문가가 볼 때는 오작동으로 인한 고장이라 간단히 고칠 수 있는 고장이었다. 고장이 나면 낙원상가를 가서 고치고 그러기를 반복했다. 프로그램 판매한 사장님이 제발 그만 오면 좋겠다고 했다. 그 당시 컴퓨터의 무게가 30kg 정도였다. 그 무거운 것을 들고 버스 타고 고치러 다녔다. 왜 내가 이 음악을 이제야 만나게 되었지? 이제야 내 생의 목표가 생겼다. 힘들고 고생이 됐지만 무척 재미있고 행복했다고 한다. 그렇게 해서 2년 여가 흐른 뒤에 싱어송라이터로 음악계에 첫발을 드러놓게 되었다. 처음 작곡한 노래가 용감한 형제(어느 형제)를 1번으로 하여 8곡이었다. YG와 계약을 맺게 되었다. 폐공장을 얻어 그곳에서 곡을 수정하고 또 수정하면서 3년이라는 세월이 지나서야 "눈물 씻고 화장하고"를 첫 신곡으로 발표하게 되었다. 그야말로 뚜렷한 목표 의식과 목표에 대한 확신과 뚝심으로 이루어낸 결과물이었다. 그렇지만 이 일들이 신기하기도 하고 두려움으로 다가왔다고 했다. 이 노래를 계기로 싱어송라이터를 그만두고 프로듀서 일만 전념하게 되었다. 신앙이 약한 것 같았지만 그의 삶 가운데 하나님께서 늘 함께 하시고 인도하심을 그는 늘 믿고 있었다. 그 후 빅뱅을 시작으로 수많은 히트곡을 내게 되었다. 그 노래 한 곡 한 곡을 만든 것은 자기 지식으로 된 것이 아니라 하나님께서 그때그때 영감을 주셔서 생각하게 하시고 떠오르게 하셔서 만들어진 것이라고 그는 말한다. 노래 한 곡을 만드는 데 5분 정도 걸렸다고 한다. 그것은 그로서는 상상도 못할 일이라고 한다. 그 자신의 실력으로는 한 곡을 만드는데 5, 6시간이 걸려도 만들 수 없다고 했다. 한창 잘될 때는 히트 상위 10위 안에 5곡까지 올려지기도 했다고 한다. 2008년 YG와 맺은 계약을 해지하고 독립하여 작은 사무실을 얻었다. 히트곡을 내지 못했다. 지금까지 YG 그늘이었나 불안하고 초조하고 두려웠다. 어느 날 불을 끄고 소파에 잠깐 누웠는데 성령께서 임하셨다. 온몸에 전율이 흘렀다. 바닥으로 떨어지는 느낌이 들었다. 그때 성령께서 그를 잡아 주셨다. "부와 명예를 네게 다 주겠노라 네가 힘들었던 시간들을 내가 다 알고 있노라" 그 음성이 너무 커서 귀가 먹먹했다. 눈물이 펑펑 쏟아졌다. 너무 무서웠다. 그간 신앙생활을 제대로 못했기 때문이다. YG 그늘에서 이곳으로 옮겨주신 분도 하나님이셨고 작곡 일을 하게 하신 분도 하나님이셨구나. 나를 여기까지 이르게 하신 분은 하나님이셨구나를 깨닫게 되었다. 그로부터 히트곡이 터져 나오기 시작했다. '어쩌다'가 일등하고, '미쳤어'가 일등하고 명예도 얻고 부도 누렸다. 그러나 그의 신앙은 여전히 자라지 못했다. 회사가 몹시 어려워졌다. 하나님이 몹시 두려웠다.

그제야 집 앞에 있는 현대교회를 찾았다. 자리에 앉으면서 눈물이 쏟아졌다. 내가 왜 여기 울려고 왔나? 이건 내가 울고 싶어 우는 것이 아니라 무슨 알지 못하는 힘이 나를 울게 하고 죄를 자복하게 하였다. 예배 시간 내내 울고 불고 죄를 토설하기 시작했다. 이제 다시는 하나님을 떠나지 않겠습니다. 모든 것이 하나님께서 하셨음을 알게 하시고 믿게 하셨다. 모든 죄를 하나님 앞에 자복하고 회개하기에 이르렀다. "내가 종일 손을 펴서 자기 생각을 따라 옳지 않은 길을 걸어가는 패역한 백성들을 불렀나니, 내가 일어나 아버지께 가서 이르기를 아버지 내가 하늘과 아버지께 죄를 지었사오니 지금부터는 아버지의 아들이라 일컬음을 감당하지 못하겠나이다 나를 품꾼의 하나로 보소서 하리라 하고 이에 일어나서 아버지께로 돌아가니라 아직도 거리가 먼데 아버지가 그를 보고 측은히 여겨 달려가 목을 안고 입을 맞추니 아들이 이르되 아버지 내가 하늘과 아버지께 죄를 지었사오니 지금부터는 아버지의 아들이라 일컬음을 감당하지 못하겠나이다 하니 아버지는 종들에게 이르되 제일 좋은 옷을 내어다가 입히고 손에 가락지를 끼우고 발에 신을 신기라 그리고 살진 송아지를 끌어다가 잡으라 우리가 먹고 즐기자 이내 아들은 죽었다가 다시 살아났으며 내가 잃었다가 다시 얻었노라 하니 그들이 즐거워하더라" (사65:2, 눅15:18~24) 그 후 회사에 어려운 일이 일어날 때마다 하나님께서 지혜를 주시고 어려움을 헤쳐나갈 수 있도록 도와주셨다. 2019년부터는 기도일기를 쓰기 시작했다. 일기 내용은 회개와 감사가 주를 이루고 있었다. 그때부터 하나님께 받은 은혜가 얼마나 큰지 깨닫게 되었다. 받은 은혜를 나누는 일을 하기 시작했다. "그러나 내가 나 된 것은 하나님의 은혜로 된 것이니 내게 주신 그의 은혜가 헛되지 아니하여 내가 모든 사도보다 더 많이 수고하였으나 내가 한 것이 아니요 오직 나와 함께하신 하나님의 은혜로라"(고전15:10) 그는 이렇게 말한다. "교회는 하나님의 부르심을 받은 하나님의 자녀들이, 함께 모여 하나님의 말씀을 듣고 말씀을 따라 하나님께 예배하고, 찬양하며 영광을 그분께 돌리는 거룩한 공동체다"라고 한다. 그리고 마지막 부탁 한마디 "이르시되 주 예수를 믿으라 그리하면 너와 네 집이 구원을 받으리라 하고"(행16:31)

그는 4대째 기독교 집안에서 자라났다. 중학교 다닐 때 아침에 잠에서 깨어나서 기도하고 성경 말씀을 열심히 읽었다고 했다. 그런데 고등학교에 들어가면서 홍해가 갈라지게 되고 죽은 사람이 살아나는 일들이 믿고 싶은데 믿어지지 않았다고 했다. "모세가 바다 위로 손을 내밀매 여호와께서 큰 동풍이 밤새도록 바닷물을 물러가게 하시니 물이 갈라져 바다가 마른 땅이 된지라 이스라엘 자손이 바다 가운데를 육지로 걸어가고 물은 그들의 좌우에 벽이되니, 이에 예수께서 밝히 이르시되 나사로가 죽었느니라, 이 말씀을 하시고 큰 소리로 나사로야 나오라 부르시니 죽은 자가 수족을 베로 동인 채로 나오는데 그 얼굴은 수

건에 싸였더라 예수께서 이르시되 풀어놓아 다니게 하라 하시니라 (출 14:21~22, 요11:14, 43~44) 대학 2학년 때 "성경 말씀에 있는 많은 기적들이 믿어질 때 다시 돌아오겠습니다"라고 하나님께 기도를 드리고 신앙에서 멀어져 가게 되었다. 그러다가 의과 대학을 졸업하고 병원 레지던트 시절에 B형 간염환자 피부조직을 검사하는 과정에서 실수로 주사 바늘에 찔려 급성 B형 간염에 걸리게 되었다. 밥도 먹지 못하고 물도 마실 수 없었다. 생사의 기로에서 자신의 삶을 되돌아보게 되었다. 그러면서 신약 성경 말씀을 읽기 시작했다. 한달이 지나 간 수치가 4천이던 것이 4십으로 떨어져 정상 수치로 돌아오게 되었다. 그의 몸에 기적이 일어났다. 그렇지만 이해되지 않던 성경 말씀 속의 기적들은 그때까지도 이해되지 않았다. 병원에서 퇴원했다. 신약 말씀 읽기를 마치고 구약 말씀을 읽기 시작했다. "태초에 하나님이 천지를 창조하시니라 땅이 혼돈하고 공허하며 흑암이 깊음 위에 있고 하나님의 영은 수면 위에 운행하시니라" (창1:1~2) 하나님은 창조주시구나 그러므로 홍해도 가르시고 죽은 자도 살리시는구나 이 말씀을 읽으면서 홍해를 가르시고 죽은 자를 살리신 그 기적들이 이해되고 믿어지게 되었다. 하나님 앞에 무릎을 꿇고 통회자복하며 회개하게 되었다. 창세기 말씀을 읽을 때에 한 번은 가슴이 뜨거워지기 시작했다. 그럴 때마다 죄를 자백하며 회개하기에 이르렀다. 그렇게 하기를 열 번씩이나 반복하게 되었다. 그것은 성령께서 임하셔서 회개에 이르도록 인도하신 것이다. 그런 가운데 간이 있는 부위가 몹시 뜨거워지면서 간염이 치유되는 느낌을 받게 되었다. "내 이름을 경외하는 너희에게는 공의로운 해가 떠올라서 치료하는 광선을 비추리니 너희가 나가서 외양간에서 나온 송아지같이 뛰리라" (말4:2) 먹고 있던 간염약을 다 끊고 구약 말씀을 열심히 읽었다. 간염이 하나님의 은혜로 치유함을 받고 병원에 복귀하여 인턴생활을 이어갔다. 인턴을 마치고 전문의가 되었다.

그는 자기가 기억하지 못하는 어린 때에 폐렴에 걸리게 되었다. 심한 기침을 하게 되고 숨쉬기가 힘들고 온몸에 열이 나서 견디기 힘든 지경에 이르렀다. 어머니께서 그를 업고 이십리나 멀리 떨어진 병원에 가서 치료를 받고 약을 받아 집으로 돌아왔다. 집에 와서 기침이 잦아들기 시작했다. 열도 떨어지게 되면서 차츰 병이 낫게 되었다고 한다. 설상가상으로 그는 고등학교 2학년 때 폐결핵을 앓게되어 일 년 반을 휴학계를 내고 쉬게 되었다. 몸이 회복되었다. 이제 대학시험이 코앞으로 다가왔다. 다른 과목은 그런대로 약간은 자신이 있었다. 그런데 문제는 수학이었다. 수학에 천재라는 별명이 붙은 친구가 있었다. 그 친구가 예상문제 20문제를 적어 주면서 그것에 대해 문제 푸는 공식과 방법을 꼼꼼하게 알려주었다. 그 문제만 붙들고 열심히 공부를 했다. 다행히 혼자서 다 풀 수 있게 되었다. 의과대학에 응시 원서를 제출했다. 수학시험에 기적이 일어났다. 친구가 적어 준 20문제에 들어있던 그 문제들이 시험지에 다 있었다. 친구 덕분에 수학시험을 만점을 받게 되어 그 대학에 들어가게 되었다. 대학을 졸업하고 인턴을 거쳐 전문의가 되었다. 하나님께 좋은 곳으로 보내 달라고 기도를 드렸다. 기도 중에 간염에 걸렸을 때 너 간염을 낫게 해주시면 "한센인을 위해 헌신하겠다고 하지 않았니?" 하고 간염으로 어려울 때 하나님께 서원기도를 드렸던 것을 생각나게 하셨다. "네 하나님 여호와께 서원하거든 갚기를 더디 하지 말라 네 하나님 여호와께서 반드시 그것을 네게 요구하시리니 더디면 그것이 네게 죄가 될 것이라"(신23:21) 하나님께 서원한 것을 갚기 위해 한국한센복지협회로 갔다. 첫 번째 한센병자를 치료하게 되었다. 팔에 진물이 나고 붉게 부어 있었다. 병의 상태를 알기 위해서는 상처 부위를 만져봐야 한다. 그런데 망설여졌다. 만져 볼까 말까 하다가 용기를 내어 만져 보았다. 일 년이 지나도록 병이 그에게 옮겨지지 않았다. 요즈음은 한센병이 잘 옮겨지지 않는다는 것을 알게 되었다. 그 후로는 그들과 악수도 하고 음식을 같이 나누어 먹게 되었다. 말씀 묵상 중에 천국 소망을 떠올리게 되었다. 나는 이 믿음으로 천국에 갈 수 있을까? 의문이 생기기 시작했다. 죄인임을 자백하고 회개하면서 천국에 대한 소망을 달라고 하나님께 기도하게 되었다. 기도 중에 하나님께서 이 말씀이 생각나게 하셨다. "그러나 우리의 시민권은 하늘에 있는지라 거기로부터 구원하는 자 곧 주 예수 그리스도를 기다리노니 그는 만물을 자기에게 복종하게 하실 수 있는 자의 역사로 우리의 낮은 몸을 자기 영광의 몸의 형체와 같이 변하게 하시리라"(발3:20~21) 이 말씀을 통하여 내게 하늘의 시민권이 있다고 그럼 나 천국 가는 거 맞지 구원에 확신을 갖게 되었다.

그 협회 사역을 마치고 선교사 훈련을 받고 아프리카 말라위로 파송되었다. 말라위에 도착하여 선교지로 갔다. 산부인과 의사를 파송해 달라고 했는데 피부과 의사가 오면 어떻게 하느냐고 했다. 서로의 입장이 난처하게 되었다. 파송센타에 연락했더니 되돌릴 수 없다는 답변만 들게 되었다. 거기서 할 일도 없이 나날이 가시방석에 앉아 있는 것 같아 힘들었다. 견디다 못해 4개월 만에 돌아오게 되었다. 행정 실수로 잘못된 것을 책임지는 사람은 아무도 없었다. 한 번은 94세 피부암에 걸려 투병 중이신 할머니가 목사인 며느리와 그의 병원을 찾아왔다. 할머니 병은 암 전문 병원으로 가서서 치료받아야 해요 하고 말씀을 드렸다. 할머니께서 알고 있다면서 암병원을 다 돌아 이 병원에 오게 되었다고 했다. 하나님께서 이 병원에 가라고 해서 왔다고 했다. 할머니의 믿음이 이해되지 않았지만 상처부위를 긁어내고 소독해 드렸다. 6개월 뒤에 할머니께서 병원에 다시 찾아오셨다. 할머니 왜 또 오셨어요 피부암이 다 나아서 감사인사차 왔다고 했다. 순간 혈루병 여인이 떠올랐다. "이에 열두 해를 혈루증으로 앓는 중에 아무에게도 고침을 받지 못하던 여자가 예수의 뒤로 와서 그의 옷 가에 손을 대니 혈루증이 즉시 그쳤더라, 예수께서 이르시되 딸아 내 믿음이 너를 구원하였으니 평안히 가라 하시더라"(눅8:43~44, 48) 이 할머니에게서 혈루병 여인의 믿음을 나타내 보이시려고 하나님께서 보내셨구나 믿게 되었다. "믿음으로 아브라함은 부르심을 받았을 때에 순종하여 장래의 유업으로 받을 땅에 나아갈새 갈 바를 알지 못하고 나아갔으며 믿음으로 그가 이방의 땅에 있는 것같이 약속의 땅에 거류하여 동일한 약속을 유업으로 함께 받은 이삭 및 야곱과 더불어 장막에 거하였으니 이는 그가 하나님이 계획하시고 지으실 터가 있는 성을 바랐음이라, 성안에서 내가 성전을 보지 못하였으니 이는 주 하나님 곧 전능하신 이와 및 어린 양이 그 성전이심이라"(히11:8~10, 계21:22) 이 말씀은 누구나 천국을 바라고 예수님을 믿으면 천국에 들어갈 수 있다는 말씀이다.

그녀의 아버지께서는 불도저 운전을 하셨고 어머니께서는 청진 조선소에서 기중기 운전을 하셨다. 두 부모님께서 사고로 한쪽 다리를 각각 잃게 되었다. 두 분께서 의족을 착용하게 되었다. 정부에서 상도 받고 보조금과 배급을 받으면서 살게 되었다. 1990년도 북한 경제가 극도로 악화하면서 보조금과 배급이 끊어지게 되었다. 그녀가 살던 곳은 산골이라 조그만 감자밭이 있어 감자를 심었으나 일년 식량으로는 늘 부족하기 짝이 없었다고 한다. 그녀는 이삭 줍기를 하고 두 남동생은 물고기를 잡았지만 그것으로 생계를 이어갈 수 없었다. 그녀는 가족들의 생계를 위해 중국 땅에 가서 돈을 벌어 오기로 결심했다. 집에서 두 시간을 걸어서 압록강 근처 산에 숨어 들었다. 2월 말 매우 추운 겨울이었다. 강물은 얼음으로 꽁꽁 얼어 있었다. 밤 12시경에 경비가 소홀한 틈을 타서 무사히 강을 건너 새벽녘에 중국 연길에 도착했다. 중국 사람들은 인심이 좋다는 소문을 들은 터라 이집 저집 대문을 두들겼다. 한 집에서 할머니께서 나오셨다. 할머니께서 그녀의 행색을 보시고 배고파서 왔구나 하시면서 그녀를 집 안으로 데리고 가셨다. 그 할머니 아들이 돌아왔다. 아들이 그녀를 도와주려고 여기저기 알아봤지만 일자리를 구할 수 없었다. 북한에서 우리돈 1백만 원 포상금을 내걸고 탈북자를 잡아들이던 때였다. 그 집에도 오래 머물러 있을 수 없었다. 궁여지책으로 할머니의 먼 친척 청년과 결혼하게 되었다. 연길보다 북한 땅에서 먼 곳이었다. 딸이 세 살 무렵에 탈북자 특별 단속기간에 걸려 북송되었다. 온성 보위부로 이송되었다. 수용시설에 비해 잡혀 온 사람이 너무 많아 서서 지냈다. 잠도 서서 자고 음식을 먹을 때도 서서 먹었다. 음식이라야 씨레기 끓인 국물이었다. 그것도 아침과 저녁에 두 모금씩만 주었다. 간신히 목숨만 이어갈 만큼만 주었던 것이다. 거기서 취조가 끝나고 노동단련대로 이송되었다. 그 곳에서는 새벽 5시부터 밤 10시까지 고된 노동에 시달렸다. 제대로 먹지도 못하고 하루종일 노동에 시달렸다. 뼈만 앙상하게 남게 되었다. 더 이상 두었다가는 죽을 것 같으므로 친척들이 보증을 서게 해서 병보석으로 풀려나게 되었다. 집으로 돌아가게 되었다. 아버지는 두 달 전에 장티푸스에 걸려 돌아가셨고 어머니는 할머니가 되어 있었다. 두 동생도 살아 있었다. 집 떠난 지 5년만에 집에 돌아오게 되었다. 집에 돌아왔지만 그간 이웃 사람들을 감시자로 만들어 놓았다. 그래서 집이 가정이 아니라 정신적인 감옥으로 변해 있었다. 여러 명목으로 끌려다녀야 했다. 잠시 중국에서 자유를 맛보았던 그녀로서는 견디기 힘든 생활이었다. 탈북을 결심하고 압록강을 무사히 건넜다. 가도 가도 마을이 보이지 않았다. 먼저 갔던 길을 찾지 못하고 인삼재배 지역으로 가게 되었다. 인삼 농장에 이르러 북한에서 왔으니 도와 달라고 했다. 그들은 그녀를 도와주지 않고 북한 공안부에 신고를 했다. 공안부 군인들에게 붙잡혀 탈북 이틀 만에 북송되었다. 보위부에서 놀라운 일이 일어났다.

 그녀가 노동단련대에서 풀려난 지 보름 만에 보위부에 잡혀 온 것이다. 몸이 회복되지 않은 채로 무리한 탈북을 시도했기 때문에 그녀의 얼굴은 새까맣고 원인은 알 수 없지만 배가 부풀어 올랐다. 그녀가 보위부 직원에게 거짓말을 했다. 간암에 걸려 얼굴이 새까맣고 복수가 차서 배가 부풀어 오른 것이라고 했다. 보위부 직원의 눈에는 곧 죽을 것 같이 보였다. 죽기 전에 어서 데리고 가라고 연락을 해서 동생들이 와서 그녀를 데리고 가게 되었다. 집에서 어느 정도 몸이 회복되었다. 전에 다니던 기차역에서 1년 정도 근무했다. 그리고 3차 탈북을 감행했다. 또 실패하게 되었다.

네 번째 탈북을 시도하여 성공하게 되었다. 네 번 탈북으로 인한 트라우마로 불면증이 왔다. 잠을 잘 수 없었다. 그런 가운데 설상가상 시집에서 쫓겨났다. 막상 쫓겨나고 보니 갈 곳이 없었다. 시집에 있을 때 어떤 교인의 전도로 교회에 몇 번 따라간 적이 있었다. 교회에 갔다. 그 교회는 언제 북한 공안 직원들이 들이닥칠지 모르는 위험 지역이므로 멀리 하얼빈에 있는 교회로 옮겨 주었다.

그녀는 그 교회 목사님의 배려로 거기서 살게 되었다. 교회에서 아무 할 일도 없었다. 주일 예배와 수요예배 때는 성도들과 함께 예배를 드렸다. 평일에는 거의 성도들을 볼 수 없었다. 성경책을 펴서 읽어 보게 되었다. 뭐가 뭔지 도대체 알 수 없었다. 그렇지만 읽고 또 읽었다. 그러던 어느 날 기도문을 보게 되었다. 기도도 할 줄 모르던 때라 읽고 또 읽었다. 기도문을 따라 기도를 시작했다. 성경 말씀을 알 수 없었지만 읽고 또 읽기 시작했다. 불면증으로 잠을 잘 수 없었던 그녀가 잠을 잘 수 있게 되었다. 차츰 마음이 평안해지는 것을 느낄 수 있었다. 말씀을 계속해서 읽게 되었다. 한국 목사님이 매월 한 번씩 오셔서 집회를 했다. 그때부터 한국 목사님의 설교를 듣게 되었다. 메모도 했다. 말씀을 읽고 들으면서 자신에게 믿음이 있음을 알게 되었다. "그러므로 믿음은 들음에서 나며 들음은 그리스도의 말씀으로 말미암았느니라" (롬10:17)

어느 순간 그녀가 기도를 하고 있었고 언제나 성경 말씀을 읽고 있는 자신을 발견하게 되었다. "복 있는 사람은 악인들의 꾀를 따르지 아니하며 오만한 자들의 자리에 앉지 아니하고 오직 여호와의 율법을 즐거워하여 그의 율법을 주야로 묵상하는도다" (시1:1~2) 그녀는 세례를 받게 되었다. "믿고 세례를 받는 사람은 구원을 얻을 것이요 믿지 않는 사람은 정죄를 받으리라" (막16:16) 세례를 받으면서 "당신은 구원을 받았습니까?" 하는 질문에 대답을 할 수 없었다. 이게 무슨 소린가?

그녀는 구원에 대해 알지 못했다. "네가 만일 입으로 예수를 주로 시인하며 또 하나님께서 그를 죽은 자 가운데서 살리신 것을 네 마음에 믿으면 구원을 받으리라 사람이 마음으로 믿어 의에 이르고 입으로 시인하여 구원에 이르느니라, 너희는 그 은혜에 의하여 믿음으로 말미암아 구원을 받았으니 이것은 너희에게서 난 것이 아니요 하나님의 선물이라" (롬10:9~10, 엡2:8) 차츰 몸이 회복되고 삶이 회복되었다. 교회에서 청소 일을 열심히 하면서 교인들과 관계도 좋아지게 되었다. 그녀는 구원을 받는 것이 이런 거였구나 생각하게 되었다.

어느 날 목사님께서 "예수님 이름으로 선포하라"라는 제목으로 설교하셨다. "또 무엇을 하든지 말에나 일에나 다 주 예수의 이름으로 하고 그를 힘입어 하나님 아버지께 감사하라, 칠십 인이 기뻐하며 돌아와 이르되 주여 주의 이름이면 귀신들도 우리에게 항복하더이다. 지금까지는 너희가 내 이름으로 아무것도 구하지 아니하였으나 구하라 그리하면 받으리니 너희 기쁨이 충만하리라, 너희가 내 이름으로 무엇을 구하든지 내가 행하리니 이는 아버지로 하여금 아들로 말미암아 영광을 받으시게 하려 함이라 내 이름으로 무엇이든지 내게 구하면 내가 행하리라" (골3:17, 눅10:17, 요16:24, 요14:13~14)

신학을 공부하고 복음을 전하기 시작했다. 예수 이름으로 복음을 선포하고 전했다. "내게 능력 주시는 자 안에서 내가 모든 것을 할 수 있느니라" (빌4:13) 한번은 복음을 전할 때에 폐암 환자에게 복음을 전하게 되었다. "성령께서 내게 임하셔서 예수님을 믿게 해 주세요. 믿음으로 구원을 받게 해 주세요. 믿음으로 병이 낫게 해 주세요. 예수 이름으로 명하노니 내 폐암이 나을 지어다" 이 기도문으로 반복해서 기도하면 병이 나을 수 있다고 기도문을 써 주고 그들을 떠났다.

"이는 자기에게 열두 살이 된 딸이 있어 죽어감이러라 예수께서 가실 때에 무리가 밀려들더라, 예수께서 들으시고 이르시되 두려워하지 말고 믿기만 하라 그리하면 딸이 구원을 얻으리라 하시고" (눅8:42, 50)

그 후 6개월이 지난 뒤 폐암환자한테서 전화가 걸려 왔다. 시키는 대로 했더니 폐암이 다 나아서 고맙다고 했다. 그리고 예수님을 영접하고 가족이 다 교회를 다닌다고 했다. "내가 너희에게 이르노니 이와 같이 죄인 한 사람이 회개하면 하늘에서 회개할 것 없는 의인 아흔아홉으로 말미암아 기뻐하는 것보다 더하리라" (눅15:7)

한번은 중국인 교회 집회에 참여하게 되었다. 그녀와 같이 가서 설교하시기로 예정된 목사님께서 사정이 있어 집회에 오시지 못했다. 그 교회 목사님께서 나에게 간증을 하라고 부탁을 했다. 난처하게 되었다.

그녀는 중국말을 하지 못했기 때문이다. 성령께서 교인들 앞에 나가 간증하라고 하셨다. 한국말로 간증을 하기 시작하면서 방언이 터졌다. 내가 중국말로 간증을 하고 있었던 것이다. "그들이 다 성령의 충만함을 받고 성령이 말하게 하심을 따라 다른 언어들로 말하기를 시작하니라" (행2:4) 많은 성도들이 눈물을 흘리고 있었다. 그곳에 성령이 임하셨던 것이다. 그로부터 그 전도사는 중국인들에게 복음을 전하게 되었다. "믿는 자들에게는 이런 표적이 따르리니 곧 그들이 내 이름으로 귀신을 쫓아내며 새 방언을 말하며 뱀을 집어올리며 무슨 독을 마실지라도 해를 받지 아니하며 병든 사람에게 손을 얹은즉 나으리라 하시더라, 보라 이제 나는 성령에 매여 예루살렘으로 가는데 거기서 무슨 일을 당할는지 알지 못하노라 오직 성령이 각 성에서 내게 증언하여 핍박과 환난이 나를 기다린다 하시나 내가 달려갈 길과 주 예수께 받은 사명 곧 하나님의 은혜의 복음을 증언하는 일을 마치려 함에는 나의 생명조차 조금도 귀한 것으로 여기지 아니하노라, 오직 성령이 너희에게 임하시면 너희가 권능을 받고 예루살렘과 온 유대와 사마리아와 땅끝까지 이르러 내 증인이 되리라 하시니라"(막16:17~18, 행20:22~24, 1:8, 막16:17~18) 이 말씀을 좇아 복음을 전하고 있다고 그 전도사는 말한다. 주여 복음으로 남한과 북한이 하나 되게 하여 주시옵소서

"오직 여분네의 아들 갈렙은 온전히 여호와께 순종하였은즉 그는 그것을 볼 것이요 그가 밟은 땅을 내가 그와 그의 자손에게 주리라 하시고, 나와 함께 올라 갔던 내 형제들은 백성의 간담을 녹게 하였으나 나는 내 하나님 여호와께 충성하였으므로 그날에 모세가 맹세하여 이르

되 네가 내 하나님 여호와께 충성하였은즉 네 발로 밟는 땅은 영원히 너와 네 자손의 기업이 되리라 하였나이다. 헤브론이 그니스 사람 여분네의 아들 갈렙의 기업이 되어 오늘까지 이르렀으니 이는 그가 이스라엘의 하나님 여호와를 온전히 좇았음이라" (신1:36, 수14:8~9, 14) 여기서 우리는 중요한 것을 발견할 수 있다. "순종하였은즉, 충성하였은즉, 좇았음이라"는 같은 말이라는 것을 우리는 알 수 있을 것이다.

우리가 하나님의 말씀을 듣고 믿으므로 따르는 것이 우리의 신앙이 되어야 한다.

"하나님이 그들에게 복을 주시며 하나님이 그들에게 이르시되 생육하고 번성하여 땅에 충만하라, 땅을 정복하라, 바다의 물고기와 하늘의 새와 땅에 움직이는 모든 생물을 다스리라 하시니라, 보라 자식들은 여호와의 기업이요 태의 열매는 그의 상급이로다" (창1:28, 시127:3) 이 말씀을 믿음으로 따르는 ○○○ 목사님의 신앙 안으로 들어가 보자 ○○○ 목사님과 ○○○ 사모님 사이에는 5남 8녀 13명의 자녀를 두고 있다. 성경 속의 야곱의 12자녀보다 한 자녀가 더 많다 자녀의 이름은 첫째부터 빛나, 다솜, 다드림, 모아 들, 이든, 라온, 뜨레, 소다미, 나은, 가온, 온새미, 순한글 이름이다. 목사님은 오 하나님 제가 이 아이들을 정녕 다 낳았습니까라고 하나님 앞에 감사하다고 감사기도를 드렸다. 사모님은 우리나라 출산율이 0.82%라면서 "두 사람이 만나 한 명도 낳지 않으면 어떻게 하자는 겁니까"라고 항변하고 있다. 이 가정에서는 하루에 세탁기를 네 번 돌린 적도 있었다. 업소용 밥솥에 밥을 짓는 데 하루에 45인분 밥을 지은 적도 있었다. 13명 자녀 가운데 12자녀는 자연분만으로 낳았고 13번째 막내만 제왕절개 수술로 낳았다고 한다. 사모님은 결혼 전에 딱 한 명을 낳던지 쌍둥이를 낳을 계획이었다고 했다. 그런데 한 아이를 낳고 그만 낳을까 생각을 했는데 또 한 아이가 생기고 셋째 아이를 낳고 보니 아이를 낳고 돌보는 일이 쉬워졌다고 한다. 그래서 넷째와 다섯째는 같은 해에 낳게 되어 쌍둥이가 아닌데 나이가 같다고 한다. 그러면서 주님께서 "주신다면 낳겠습니다. 이 아이들을 주님께서 책임을 져 주십시오"라고 하나님께 기도를 드렸다고 한다. 한번은 첫째 딸 빛나가 등록금이 부족할 때 다드림이가 벌어서 한나 언니의 부족한 등록금을 채워준 일이 있었다. 그때 빛나는 다드림 동생을 통해서 하나님께서 채워주셨다는 생각이 들었다고 했다. 가족들 한 사람 한 사람이 부족함이 생길 때마다 필요를 따라 하나님께서 그때그때 채워주셨다고 한다. "그러므로 우리는 긍휼하심을 받고 때를 따라 돕는 은혜를 얻기 위하여 은혜의 보좌 앞에 담대히 나아갈 것이니라"(히4:16)

목사님께서 자녀들을 신앙 안에서 바른 인성을 갖도록 도와 주는 것이 자녀 양육의 목표였다고 한다. 사모님께서는 아이들이 음악을 통해 보다 즐거운 삶을 살아가도록 하기 위해 피아노를 가르치게 되었다고 한다. 매일 아침 식사하기 전에 자녀들이 말씀을 알아가도록 하기 위해 QT시간을 갖고 있다. 그리고 식사를 마치고 학교에 가는 것을 생활화하고 있다고 한다. 그리고 밤 11시경에 1년에 성경 1독을 하기 위해 성경을 같은 장을 펼쳐 놓고 한 사람이 5절씩 순번대로 읽는다 집에 있는 자녀들은 한자리에서 그리고 집을 떠나 있는 자녀들은 있는 그 자리에서 스피커폰을 켜놓고 순번이 오면 스피커폰에 대고 읽는다. 단 예외를 두고 있다. 결혼을 해서 분가를 했거나 출가한 자녀는 예외로 한다. 고등학교 2학년 막내는 집에 돌아오면 저녁 열시 반이 된다고 한다. 씻고 저녁 먹고 나면 피곤하고 졸리기 때문에 힘들다 그래서 하교하는 동안 버스 안에서 쪽잠을 잔다고 했다. 말씀을 읽고 말씀을 알아가는 것은 좋은 것 같다고 한다. 일곱째 자녀 김이든이는 최근 3년 동안 3독을 하게 되었다고 한다. 최근에 ○○○ 목사님이 간암에 걸리게 되어 간암 부위를 완전히 도려내는 수술을 받게 되었다. 지금은 건강이 거의 회복된 상태라고 한다. 그리고 대동맥박리 수술도 받았다고 한다. 그 병들이 왔을 때는 힘들고 어려웠지만 지나고 보니 고난이 축복이라는 말이 생각나게 되었다고 한다. "고난당한 것이 내게 유익이라 이로 말미암아 내가 주의 율례들을 배우게 되었나이다. 의인은 고난이 많으나 여호와께서 그의 모든 고난에서 건지시는도다" (시119:71, 34:21) "보라 자식들은 여호와의 기업이요 태의 열매는 그의 상급이로다 젊은 자의 자식은 장사의 수중의 화살같으니 이것이 그의 화살통에 가득한 자는 복되도다 그들이 성문에서 그들의 원수와 담판할 때에 수치를 당하지 아니하리로다, 사람이 마음으로 자기의 길을 계획할지라도 그의 걸음을 인도하시는 이는 여호와시니라" (시127:3~5, 잠16:9) 아이들이 많아 기쁘고 행복하다는 ○○○ 목사님 부부 키울 때는 힘들고 어려움이 있겠지만 그보다 아이들만이 부모에게 주는 기쁨이 크다고 한다.

어느 날 그는 어린 딸과 함께 바닷가에 여행을 갔다. 텐트를 치고 저녁을 먹고 잠시 쉬고 있었다. 그새 딸아이가 잠이 들었다. 옆에 있던 젊은 청년들이 그를 알아 보고 문학에 대해 얘기를 나눴으면 좋겠다고 찾아왔다. 그들의 텐트로 갔다. 한참 그들과 이런저런 이야기를 나누다가 딸아이가 자고 있는 텐트로 돌아왔다. 어린 딸아이가 잠에서 깨어나 텐트 앞에 서서 울고 있었다. 바닷바람이 몹시 차갑게 부는 밤이었다.

어린 딸이 얼마나 무서웠을까 딸아이에게 미안하기 짝이 없었다. 그 딸아이가 커서 목사가 되었다. 그의 딸은 2012년 갑상선암으로 먼저 하늘나라로 가게 되었다. 바닷가 어둠 속에서 두려워 떨고 있을 때, 암으로 죽어갈 때 그는 그 딸과 함께 있지 못하고 지켜 보호하지 못했지만 하나님 아버지께서 그 딸이 힘들 때마다 지키시고 보호하시고 위로하시고 함께 하셨음을 그는 깨달아 알게 되었다고 한다. 그 딸은 천국에 가기 1년 전에 아버지께서 예수님 믿으시는 것이 소원입니다.

아버지 없는 천국에서 나 혼자 쓸쓸하게 어떻게 살 수 있겠습니까? 아버지, 제발 예수님 믿고 우리 함께 천국 가요. 딸의 그 소원을 들어주기 위해 그는 교회를 나가게 되었다. 그는 교회에서 예배 시간에 세례를 받게 되었다. 눈물이 주르륵 흘러 내렸다. 머리를 적신 물도 눈물과 함께 흘러 내렸다. 그는 그 눈물의 의미를 알지 못했다. 그 눈물에 아무런 느낌도 없었다고 한다. 연기자들이 눈물 연기를 할 때 눈에 약을 넣어서 눈물이 나게 하는 것이 이런 느낌일까 자신의 감정과 아무 상관 없이 흐르는 눈물이라고 했다. 물세례를 베풀면서 세례를 베푸시는 목사님께서 머리에 물을 적시고 안수기도를 하셨다. 성령께서 그의 마음속에 들어오신 것이다. 그래서 자신도 모르게 눈물이 주르륵 흘러

내린 것이다. "물은 예수 그리스도께서 부활하심으로 말미암아 이제 너희를 구원하는 표니 곧 세례라 이는 육체의 더러운 것을 제하여 버림이 아니요 하나님을 향한 선한 양심의 간구니라, 예수께서 세례를 받으시고 곧 물에서 올라오실새 하늘이 열리고 하나님의 성령이 비둘기같이 내려 자기 위에 임하심을 보시더니" (벧전3:21, 마3:16) 예수님께서 세례를 받으실 때 성령이 임하신 것과 마찬가지로 그도 세례를 받을 때에 성령께서 그에게 임하신 것이었다.

그는 하용조 목사님과 그의 목사인 딸의 죽음을 보고 죽음 넘어에 있는 뭔가를 알아보기 위해 열심히 성경 말씀을 읽고 또 읽었다. 예수님을 믿는 것이 이 땅의 복을 위해 믿는 것이 아니라 이 땅의 복과 비교할 수 없는 신령한 복, 곧 영생의 복을 바라고 예수님을 믿는 것임을 알게 되었다. "찬송하리로다 하나님 곧 우리 주 예수 그리스도의 아버지께서 그리스도 안에서 하늘에 속한 모든 신령한 복을 우리에게 주시되, 천사가 내게 말하기를 기록하라 어린 양의 혼인 잔치에 청함을 받은 자들은 복이 있도다 하고 또 내게 말하되 이것은 하나님의 참되신 말씀이라 하기로" (엡1:3, 계19:9) 이 땅에서 누릴 것 다 누려 본 전도자 솔로몬은 전도서에 이렇게 기록하고 있다. "전도자가 이르되 헛되고 헛되며 헛되고 헛되니 모든 것이 헛되도다" (전1:2) "여호와 하나님이 땅의 흙으로 사람을 지으시고 생기를 그 코에 불어넣으시니 사람이 생령이 되니라, 흙은 여전히 땅으로 돌아가고 영은 그것을 주신 하나님께로 돌아가기 전에 기억하라 전도자가 이르되 헛되고 헛되도다 모든 것이 헛되도다, 일의 결국을 다 들었으니 하나님을 경외하고 그의 명령들을 지킬지어다 이것이 모든 사람의 본분이니라, 우리가 살아도 주를 위하여 살고 죽어도 주를 위하여 죽나니 그러므로 사나 죽으나 우리가 주의 것이로다" (창2:7, 전12:7~8, 13, 롬14:8) 그는 아래 말씀을 듣고 하나님께서 살아계심을 믿게 되었다고 한다. "제구 시쯤에 예수께서 크게 소리 질러 이르시되 엘리 엘리 라마 사박다니 하시니 이는 곧 나의 하나님, 나의 하나님, 어찌하여 나를 버리셨나이까 하는 뜻이라" (마27:46)

그는 예수님을 믿고 말씀 따라 산다는 것은 좁은 길을 가는 것임을 알게 되었다. "좁은 문으로 들어가라 멸망으로 인도하는 문은 크고 그 길이 넓어 그리로 들어가는 자가 많고 생명으로 인도하는 문은 좁고 길이 협착하여 찾는 자가 적음이라" (마7:13~14) "네 하나님 여호와께서 사십 년 동안에 네게 광야 길을 걷게 하신 것을 기억하라 이는 너를 낮추시며 너를 시험하사 네 마음이 어떠한지 그 명령을 지키는지 지키지 않는지 알려 하심이라 너를 낮추시며 너를 주리게 하시며 또 너도 알지 못하며 네 조상들도 알지 못하던 만나를 네게 먹이신 것은 사람이 떡으로만 사는 것이 아니요 여호와의 입에서 나오는 모든 말씀으로 사는 줄을 네가 알게 하려 하심이라, 네 하나님 여호와의 명령을 지켜 그의 길을 따라가며 그를 경외할지니라" (신8:2~3,6)

"진실로 진실로 너희에게 이르노니 믿는 자는 영생을 가졌나니 내가 곧 생명의 떡이니라 너희 조상들은 광야에서 만나를 먹었어도 죽었거니와 이는 하늘에서 내려오는 떡이니 사람으로 하여금 먹고 죽지 아니하게 하는 것이니라 나는 하늘에서 내려온 살아있는 떡이니 사람이 이 떡을 먹으면 영생하리라 내가 줄 떡은 곧 세상의 생명을 위한 내 살이니라 하시니라, 말씀이 육신이 되어 우리 가운데 거하시매 우리가 그의 영광을 보니 아버지의 독생자의 영광이요 은혜와 진리가 충만하더라, 예수께서 대답하여 이르시되 기록되었으되 사람이 떡으로만 살 것이 아니요 하나님의 입으로부터 나오는 모든 말씀으로 살 것이라 하였느니라 하시니, 만군의 하나님 여호와시여 나는 주의 이름으로 일컬음을 받는 자라 내가 주의 말씀을 얻어 먹었사오니 주의 말씀은 내게 기쁨과 내 마음의 즐거움이오나, 또 그가 내게 이르시되 인자야 너는 발견한 것을 먹으라 너는 이 두루마리를 먹고 가서 이스라엘 족속에게 말하라 하시기로, 오직 성령이 너희에게 임하시면 너희가 권능을 받고 예루살렘과 온 유대와 사마리아와 땅끝까지 이르러 내 증인이 되리라 하시니라"(요6:47~51, 요1:14, 마4:4, 렘15:16, 겔3:1, 행1:8)

"겸손과 여호와를 경외함의 보상은 재물과 영광과 생명이니라, 모든 사람과 더불어 화평함과 거룩함을 따르라 이것이 없이는 아무도 주를 보지 못하리라"(잠22:4, 히12:14) 그는 27살 청년 때 하나님을 인격적으로 만나게 되었다. 그는 누나가 오천 원을 내보이면서 이 돈 네게 줄께 교회 따라 갈래 그 돈을 얻는 재미로 한두 번 누나를 따라 교회에 간 적이 있었다. 그 날밤에 그는 혼자 그 교회를 찾아 가게 되었다. 술이 잔뜩 취한 채로 예배당 문을 열고 들어갔다. 눈앞에 십자가가 삐딱하게 보였다. 반듯하게 걸려 있는 십자가가 그의 눈에는 삐딱한 것처럼 보였던 것이다. 십자가를 바로 잡을려고 십자가에 그의 손이 닿자마자 몸에 갑자기 전기가 흐르는 듯했다. 강단에서 내려와서 마룻바닥에 꼬꾸라졌다. 눈물이 펑펑 쏟아져 나왔다. 자신이 왜 우는지도 모르게 그렇게 통곡하며 울고 있었다. 누군가 그의 어깨에 손을 댔다 돌아보니 그 교회 권사님이셨다. 새벽기도 하러 오신 것이다. 권사님께서 자네에게 성령께서 임하신 것 같다고 말씀하셨다. 그 말이 무슨 뜻인지 알지 못했고 부끄럽고 창피해서 얼른 교회를 나왔다. 갑자기 마음이 평안해졌다. 기쁨이 용솟음쳐 올랐다. 날아갈 듯이 기뻤다. 누나한테 가서 그 저녁에 일어난 일을 말했다. 누나가 축하한다. 하나님께서 드디어 너를 만나 주셨구나 성령께서 네 마음에 오셨구나 주일에 교회에 가서 하나님께 감사 예배를 드리자 그래서 그는 예수님을 믿게 되었고 교회에 다니기 시작했다.

"내 말과 내 전도함이 설득력 있는 지혜의 말로 하지 아니하고 다만 성령의 나타나심과 능력으로 하여 너희 믿음이 사람의 지혜에 있지 아니하고 다만 하나님의 능력에 있게 하려 하였노라" (고전2:4~5) 그는 매일 아침에 일어나 새벽기도를 드린다. 그는 택시 영업을 하고 있다. 하루 일과를 시작하기 전에 반드시 하나님 앞에 기도를 드린다. 오늘도 안전하게 운행할 수 있도록 지키시고 특별히 전도할 때 내 말과 지혜로 하지 않게 하시고 주님 은혜로만 되도록 해달라고 기도한다. 그런데 그는 복음 전도가 주업이고 택시영업은 부업이라 생각하고 있다. 한번은 신촌세브란스 암병동 앞에서 손님을 태웠다. 그 손님이 암환자라고 착각하여 암환자에게 전도하는 것처럼 열심히 복음을 전하게 되었다. 그도 시한부 말기 신부전으로 죽을 고비를 넘긴 적이 있었다. 겉으로 보기에 암환자같이 보였다. 손님이 CBS 기독교 방송국에서 내리면서 나

중에 연락할 일이 생기면 연락하겠다고 명함을 달라고 했다. 여느 손님에게 하던 대로 그 손님에게 명함을 드렸다. 그가 영업하는 택시는 콜택시였다. 그 후 CBS 방송국에서 "내가 매일 기쁘게" 시간에 간증자로 출연해 달라는 섭외 전화가 왔다. 그 손님은 그 프로그램 재작팀장이었던 것이다. 그는 신앙생활 하면서 간증거리가 많다. 그렇지만 망설이게 되었다. 택시 영업을 하는 중에 본의 아니게 다툼이 일어나는 일이 가끔 있다. 그분들이 이 프로를 보게 되면 하나님의 영광을 가리는 일이 될 것 같아 망설이게 되었다. 그래서 하나님 앞에 기도를 드리고 이 간증 프로에 나오게 되었다.

그는 사한부 말기 신부전에 걸렸다. 낮에 물을 마시는데 물을 마실 수가 없었다고 한다. 저녁에 아들 셋을 불러 앉혀 놓고 내가 오늘 저녁에 죽을지 몰라서 너희들에게 당부한다. 너희 형제는 예수님을 굳게 믿고 성경책을 열심히 읽고 말씀 따라 살기를 힘써야 한다. 형제 간에 우애있게 살아라 하고 유언을 했다. 그리고 아침에 일어나 119에 신고를 하고 병원으로 후송되었다. 병원 검사 결과는 놀라웠다. 시한부 말기 신부전 판정을 받았다. 3년 정도 살 수 있다고 한다. 신장 기능이 정상인의 10%만 남아 있는 위급한 상태라고 한다. 살아 있는 것이 기적이라 했다. 의사 선생이 그에게 예수 믿느냐고 물었다. 그는 예수 믿는다고 대답했다. 당신 하나님께서 살리신 것 같다고 했다. 그때부터 그는 복막투석을 받게 되었다. 사지의 저린 통증이 그가 견디기에는 너무 힘들었다. 한번은 그는 집으로 돌아오고 그의 아내는 집을 나서는데 집 앞에서 서로 스치듯이 지나가는데 의식 저하가 와서 아내를 알아보지 못하고 집 안으로 들어가는 그를 보고 아내는 무척 울었다고 했다. 어떤 때는 호흡 곤란으로 숨쉬기가 힘들어 고통스러운 투병생활을 하게 되었다. 하루 4시간씩 투석을 하고 나면 몰려드는 피로에 너무 힘든 고통의 시간이었다고 한다. 투병생활이 5년이 지난 어느날 갑자기 혈압이 상승하여 119로 병원에 실려 갔다. 병원에서 혈압강하 주사를 놓았다. 견디기 힘든 고통이 왔다. 그러다가 기절을 하고 말았다. 어느 정도 시간이 흘렀는지 알 수 없지만 의식이 돌아왔다. 의사 선생님이 아들에게 몇 시 몇 분부로 부친께서 사망하셨습니다 하고 사망선고를 내리는 소리를 듣게 되었다. 의식은 있어 귀로 소리는 들을 수 있었지만 몸을 움직일 수 없었다. 목소리도 나오지 않았다. 얼마간 시간이 지났을까 눈을 뜨고 일어날 수 있었다. 병원은 난리가 났다. 죽은 사람이 살아났다는 것이다. 그는 죽지 않았다. 의식도 있었고 단지 몸을 움직일 수 없었고 말을 할 수 없었을 뿐이었던 것이다. 그렇게 병마와 싸우다가 위기의 순간이 다가왔다. 신장이식 수술을 받지 않으면 버틸 수 있는 시간이 없다는 것이다. 주변부터 신장 이식이 가능한 사람을 찾아보았다. 여러 검사를 거처 그에게 맞는 장기를 찾게 되었다. 작은 아들의 신장이 그에게 맞는다는 검사결과가 나왔다. 그 아들이 고민하게 되었다. 어머니의 반대도 있었다. 지금 아버지께서 돌아가시면 신앙생활을 잘 한 것도 아닌데 천국에 갈 수 있을까 의문이 들기 시작했다. 아버지께서 몸도 회복하시고 신앙도 회복하시는 것이 최우선 과제라고 생각하게 되었다. 자신의 신장을 아버지께 드리면 건강상 약간의 문제가 생길 수 있다. 그렇지만 아버지께서 천국에 못 가시는 것과 비교가 되지 않는다는 사실을 깨닫게 되었다. 두려웠지만 자신의 신장을 아버지께 이식하여 드리기로 결심을 했다. 수술하고 나서 아들이 무척 아팠다고 한다. 이렇게 아플 줄 알았더라면 수술을 하지 않았을 텐데 하는 생각이 들기도 했다. 그렇지만 통증이 사라지고 나서 아버지께 신장을 이식하는 수술하기를 잘했다고 생각하게 되었다. 마음이 흡족했다. "여호와 내 하나님이여 내가 주께 부르짖으매 나를 고치셨나이다 여호와여 주께서 내 영혼을 스올에서 끌어내어 나를 살리사 무덤으로 내려가지 아니하게 하셨나이다"(시30:2~3) 그의 아들은 신학대학원에 재학 중이다. 전도사 사역을 하고 있다. 아버지의 신앙 멘토가 되어 아버지의 신앙생활에 많은 도움이 되고 있다. 그는 하나님께서 기뻐하시는 일이 전도라고 생각한다. 그래서 온몸과 힘을 다하여 지금보다 더 열심히 전도할 것이라고 다짐한다. 전도를 하다가 전에 알지 못하던 일을 알게 되었다. 전에는 교회를 열심히 다녔었는데, 예수님을 잘 믿었었는데 지금은 교회에서 믿음에서 멀어져 있는 사람들이 너무나 많다는 사실을 보고 들어서 알게 되었다. 자신의 경험을 통해 그들을 교회로 인도하는 일에 최선을 다 하리라고 말하고 있다. "하나님의 지혜에 있어서는 이 세상이 자기 지혜로 하나님을 알지 못하므로 하나님께서 전도의 미련한 것으로 믿는 자들을 구원하시기를 기뻐하셨도다"(고전1:21)

그는 어릴 때 한번은 새벽마다 집을 나서는 어머니가 어디에 가시는지 궁금해서 어머니의 뒤를 따라간 적이 있다고 한다. 어머니가 도착한 곳은 교회였다. 맨 앞자리에 앉아서 예배시간 내내 울기만 하셨다고 한다. 그의 어머니께서는 부유한 가정에서 태어나고 자랐다고 한다. 어머니는 어릴 때부터 교회를 다니셨다고 한다. 바른 신앙인이셨다. 아버지와 결혼하고 나서 아버지께 손찌검을 당하셨다. 그럴 때마다 어머니는 아무 대꾸도 하지 않고 당하고 계셨다. 어머니께서는 아침에 남들보다 일찍 일어나 집안일을 다 해놓으시고 교회에 가서 새벽기도를 드렸던 것을 그는 알게 되었다. 그는 어머니께 물어보았다. 어머니께서는 왜 이 힘든 고난을 견디어 내느냐고 물어보았다. 너희 아버지는 하나님의 잃어버린 한 영혼이기 때문에 그 영혼을 구원하는 데 쓰임받는 것이라고 말씀하신다. 그는 신앙에 대해 아는 것이 없었지만 참고 견디시는 어머니가 대단하시다는 생각이 들었다고 한다. "너희 중에 한 사람이 양 백 마리가 있는데 그 중의 하나를 잃으면 아흔아홉 마리를 들에 두고 그 잃은 것을 찾아내기까지 찾아다니지 아니하겠느냐, 내가 너희에게 이르노니 이와 같이 죄인 한 사람이 회개하면 하늘에서 회개할 것 없는 의인 아흔아홉으로 말미암아 기뻐하는 것보다 더하리라 (눅15:4, 7) 그는 어릴 때부터 어머니를 따라 교회를 다녔다. 그는 고교시절에 필리핀에 단기 선교를 가게 되었다. 그곳에서 여자 선교사님께서 그에게 신학대학을 가라고 강하게 추천했다. 미국에 있는 신학대학이었다. 그는 가고 싶지 않았지만 겉으로는 가겠다고 약속했다. 그 선교사님께서 추천한 대학에 입학시험을 치르면 떨어질 것을 마음속으로 정해 놓고 시험에 응시하게 되었다. 입학시험 시간이 다가왔다. 아무렇게나 시험을 치렀다. 당연히 떨어질 것이라 생각했다. 그런데 합격통지서가 집에 배달되었다. 왠 일인가 알아보았더니 시험응시자가 정원에 미달되어 응사자 전원이 합격 처리되었다는 것이다. 그는 군입대를 핑계로 대학 2학년 2학기를 마치고 휴학했다. 군에 입대하게 되었다. 신병 훈련을 마치고 헌병대에 배속 되었다. 주일날 군인교회를 가게 되었다. 그 군인교회는 선임병들이 순번을 정해 놓고 순서대로 돌아가면서 고등부 예배 설교를 맡아 하고 있었다. 다음다음 주에 그에게 설교 시간이 배정되었다. 그는 한 번도 설교를 해보지 않았다. 군에서는 "못하겠습니다"라는 말이 없다 "예 실시하겠습니다"만 있을 뿐이다. 여러 목사님들의 설교를 달달외워서 복제 설교를 하기로 생각했다. "형제 중 다수가 나의 매임으로 말미암아 주 안에서 신뢰함으로 겁 없이 하나님의 말씀을 더욱 담대히 전하게 되었느니라 어떤 이들은 투기와 분쟁으로, 어떤 이들은 착한 뜻으로 그리스도를 전파하나니 이들은 내가 복음을 변증하기 위하여 세우심을 받은 줄 알고 사랑으로 하나 그들은 나의 매임에 괴로움을 더하게 할 줄로 생각하여 순수하지 못하게 다툼으로 그리스도를 전파하느니라 그러면 무엇이냐 겉치레로 하나 참으로 하나 무슨 방도로 하든지 전파되는 것은 그리스도니 이로써 나는 기뻐하고 또한 기뻐하리라" (빌1:14~18)

○○○목사님의 설교 내용을 달달 외웠다. 그가 설교할 시간이 되었다. 그는 연습한 대로 유창하게 설교를 하게 되었다. 설교 시간이 55분이나 되었다. 선임들은 5분밖에 설교하지 못했다고 했다. 그로부터 그는 전역할 때까지 고등부 전임 설교자가 되었다. 군인들에게는 매일 2시간씩 자유시간이 주어진다 그는 매일 그에게 주어지는 "자유시간 두 시간을 하나님께 드리겠습니다"라고 서원기도를 드렸다. 두 시간 가운

데 한 시간은 하나님께 기도를 드리고 남은 한시간은 하나님 말씀을 읽는데 쓰도록 하겠습니다. "네 하나님 여호와께 서원하거든 갚기를 더디 하지 말라 네 하나님 여호와께서 반드시 그것을 네게 요구하시리니 더디면 그것이 네게 죄가 될 것이라 네가 서원하지 아니하였으면 무죄하리라 그러나 네 입으로 말한 것은 그대로 실행하도록 유의하라 무릇 자원한 예물은 네 하나님 여호와께 네가 서원하여 입으로 언약한 대로 행할지니라"(신23:21~23) 그는 매일 자유 시간에 창고에 들어가서 불을 끈 채로 한 시간씩 하나님께 기도를 드렸다. 그는 그때마다 성령의 임재를 느꼈다고 한다. 성령께서 임하셔서 그를 바른 신앙인으로 만들어 가신 것이다. 그가 기도할 때에 예수님께서 하나님께 성령을 받아 그에게 성령세례를 베푸신 것이다. "하나님이 오른손으로 예수를 높이시매 그가 약속하신 성령을 아버지께 받아서 너희가 보고 듣는 이것을 부어 주셨느니라"(행2:33) 그리고 밖으로 나와 한 시간씩 성경책을 읽기 시작했다. 서원기도를 드린 후에 하나님께서 은혜를 넘치도록 부어주셨다. 헌병대 부대원 가운데 누구든지 원하는 병사는 수요 저녁 예배와 금요 철야 예배를 드릴 수 있도록 부대장이 명령을 내린 것이다. 그는 고등부 예배 설교에 이어 여름 수련회 강사까지 맡아 하게 되었다. 중고등부 교사 선생님이 세 명이던 것이 6명으로 늘어나게 되었다. 그는 군생활에서 모든 것이 자유로웠다. 제대 무렵에 제대동기로부터 그가 부대 내에서 관심병사였다는 사실을 알게 되었다. 관심병사란, 군 생활 적응이 힘들거나 심리적으로 문제가 있어 특별히 관리하는 병사를 말한다. 그는 그가 기도할 때에 그가 어떤 형편에 처해 있든 또 그곳이 어떤 장소이든 항상 하나님의 임재를 경험할 수 있었다고 한다. 그가 가정 형편이 어려워 방 한 구석에 쪼그려 앉아 기도할 때나 수요 예배 기도할 때나 군시절 창고에서 불을 끄고 기도할 때에 하나님의 임재를 경험할 수 있었다고 한다. 당신은 이분처럼 기도한 적이 있습니까? 이분처럼 말씀을 읽은 적이 있습니까? 이분처럼 전심으로 기도할 때에 하나님께서는 그분의 영이신 성령을 보내서서 성령으로 만나주십니다. 그는 예수님을 모르는 여자와 결혼을 했다. 수중에 있던 돈으로 전세 원룸을 얻었다. 거의 밥을 굶다시피 신혼 한달을 보냈다. 한 달 후 취직을 하게 되었다. 사장님께 형편을 말씀드렸더니 흔쾌히 첫 월급을 가불해 주셨다. 그 첫 월급을 받고 하나님 감사합니다 하고 기도를 드리는데 하나님께서 "첫 열매다"라고 말씀하셨다. 밥을 굶고 있는 아내한테 첫 열매, 즉 첫 월급은 하나님께 바쳐야 한다는 얘기를 했다. 반드시 그렇게 해야하는 것이라면 그러라고 했다. 수요 저녁예배를 드리러 예배당에 들어갔다. 예배당 문 안에 있는 헌금함에 첫 월급 봉투를 넣을까 말까 망설이다가 결국 넣지 못했다. 예배를 마치고 나오면서 헌금함에 첫 열매를 넣고 나왔다. 하나님께서 기쁘게 받으신 것 같았다. 그 달에 그가 태어나서 제일 잘 먹었다고 했다. 그날 후로 한 달간은 오늘은 장로님이 밥을 사 주시고, 다음 날은 권사님이 사 주시고, 친구가 와서 사주고 그렇게 매일매일 주변 사람들을 쓰셔서 굶지 않고 지내도록 하나님께서 은혜를 내려주셨다. 믿음이 없는 아내도 함께 예배를 드리게 되었다.

그는 초등학교도 들어가기 전에 어린 나이에 부모님께서 이혼하셨다. 아버지 어머니 두 분 중 아무도 그를 돌봐 줄 수 없다고 했다. 그래서 그는 친척 집을 전전하면서 힘들게 살았다. 경상남도 어느 산골 친척집에 살고 있을 때 사촌형이 찾아와서 아버지 집으로 데려다 주었다. 그때 그는 초등학교 5학년이었다. 새어머니가 그를 몹시 괴롭혔다. 새어머니한테 죽을만큼 얻어 맞았다고 한다. 그렇지만 어린 나이에 마땅히 기댈곳이 없었다. 그렇게 중학교를 졸업하고 집을 나왔다. 장학 혜택으로 숙식이 제공되는 고등학교에 들어갈 수 있었다. 살 수 있는 길은 공부밖에 없다는 생각이 들어 열심히 공부했다. 고등학교를 졸업하고 S전자회사에 기능직 사원으로 입사하게 되었다. 죽을 둥 말 둥 열심히 일을 했다. 기능직에서 사무직으로 보직 변경과 동시에 주임으로 승진하게 되었다. 경력이 쌓이면서 과장으로 승진하게 되었다. 지금까지 그는 자신의 승진을 위해 부하 직원들을 나름대로 철저하게 관리해왔다. 그 시절에는 토요일, 일요일이 있으나 마나 한 휴일이었다. 직장 상사가 내일 나와서 근무해 그러면 아무 소리 못하고 근무하던 때였다. 특히 교회 다니는 직원들이 일요일 예배 때문에 일요일 근무를 거부하면 살아남지 못하던 때였다. 그의 부하 직원 가운데 교인이 다섯 명이나 있었다. 그들을 괴롭혔던 일을 지금은 생각만 해도 눈시울이 붉어진다 그는 S전자회사에 다니면서 주식투자를 해서 많은 돈을 벌게 되었다. 그 때는 주식이 바닥을 치고 반등할 때라 우량주식을 사기만 하면 큰돈을 벌 수 있었다. 그는 다니던 회사를 그만 두고 주식투자에 전념하게 되었다. 주시투자가 호황을 맞아 작전주가 5일씩, 열흘씩 상한

가를 치던 때였다. 특정회사 주식을 주가가 바닥일 때 사 모았다가 코로나 신약개발을 했다든지 주가에 크게 영향을 미칠 만한 허위정보를 유포하고 주식을 조금씩 더 사 모으면서 주가를 끌어 올린 뒤에 되파는 식이다. 개미 투자자들이 모이기 시작하면서 주가가 어느 정도 오르면 되파는 것을 작전주라 한다. 그는 이 작전주에 투자했다가 한방에 전재산을 잃게 되었다. 주가가 계속하여 하한가를 치다가 상장 폐지되는 회사주식을 샀던 것이다. 한마디로 알거지가 되었다.

이게 뭐야 바닥에서 여기까지 어떻게 올라왔는데 나름대로 열심히 살았는데 죽고 싶은 생각밖에 없었다. 손목 동맥을 끊고 자살하는 것을 본 기억이 떠올랐다. 손목 동맥을 칼로 그어 보았다. 손목 동맥이 잘려지지 않는다. 나는 내 마음대로 죽을 수도 없단 말인가? 나는 누구인가? 누가 내 생명줄을 붙들고 있는가? 내 생명은 내 것이 아닌가? 그럼 나는 뭐야? 아버지 어머니로부터 버림 받고, 새어머니한테 죽도록 얻어맞았고, 이제 겨우 살만하다고 생각했는데, 무엇이 나를 다시 일어설 수 없는 바닥으로 떨어지게 했단 말인가? 그럼 내 힘으로 할 수 있는 것이 무엇이란 말인가? 나를 이 세상에 태어나게 하시고 나를 고아 아닌 고아로 살게 하시고 살만하니까 끌어 내리시고 그분은 도대체 누구시란 말인가? 왜 나를 그토록 힘들게 하시는가? 나하고 무슨 원수를 졌기에 이렇게 힘들게 하시는가? 그분을 알고 싶다. 만나고 싶다. 어떻게 하면 그분을 만날 수 있을까? 그분이 나를 만나 주실까? 그분이 나를 만나면 나를 도와 주실까? 그분이 나를 어떻게 도와 주실까? 만나보고 싶다. 어떻게 하면 그분을 만날 수 있을까? 누구한테 물어볼까? 스님한테 물어 볼까? 에라 모르겠다 옆집에 사는 목사님한테 먼저 물어보자. 옆집 목사님을 찾아갔다. 내일이 주일인데 교회로 나오라고 했다. 그렇게 일 년을 교회에 다녔다 교회에서 침례를 받는 날이다. 침례실에 들어가서 침례복으로 갈아 입었다. 목사님과 같이 침례탕 안으로 들어섰다 "○○○은 예수님을 구주로 믿습니까?" 아멘 함과 동시에 나의 상체를 굽혀 온몸을 물에 잠기게 하였다. 그가 물에 잠긴 나의 상체를 들어 올리면서 몸을 바로 세우게 되었다. 목사님께서 신앙고백을 따라 하라고 했다.

"하나님께서 나 ○○○을 사랑하셔서 그의 독생자 예수 그리스도를 이땅에 보내셔서 나를 대신해서 십자가에 못 박혀 돌아가셨고 장사한지 3일 만에 부활하셨다. 주는 그리스도시요 살아계신 하나님의 아들이시라" 이 신앙고백이 나의 고백이 되었고 내 마음 깊이 들어 왔다. 그 말씀이 믿어지게 되었다. 침례를 받을 때에 성령이 그에게 임하셨다. 눈물을 흘리게 하셨고 울게 하셨고 마음에 평안을 주셨다. 그리고 그 순간부터 그의 삶이 완전히 변하게 하셨다. 성경 말씀을 즐겨 읽게 하셨고 찬양을 부를 때에 찬양 안으로 그의 삶이 녹아나는 듯했다. 무척 평안하고 기뻤다. 세상이 온통 다르게 보였다. 예배를 드릴 때마다 눈물이 쏟아졌다. 찬양을 할 때마다 눈물이 났다. 말씀에 갈급함을 느껴 열심히 간절함으로 성경 말씀을 읽게 되었다. 그가 회사에 다닐 때 교인이었든 다섯 명의 부하 직원들을 주일에 쓸데없이 붙들어 놓고 너무나 힘들게 했었구나. 그들의 얼굴이 떠오를 때마다 너무나 미안했고 내가 하나님 앞에 큰 죄인이었구나 그 생각이 떠오를 때마다 하나님 앞에 눈물로 회개 기도를 드리게 되었다. "주의 약속은 어떤 이들이 더디다고 생각하는 것같이 더딘 것이 아니라 오직 주께서는 너희를 대하여 오래 참으사 아무도 멸망하지 아니하고 다 회개하기에 이르기를 원하시느니라"(벧후3:9) 내가 그들에게 너무나 모질게 했구나. 그들 앞에 무릎 꿇고 용서를 빌고 싶다고 했다. 주일 예배 후에 자리를 뜰 수 없었다고 한다. 그에게 하나님께서 그의 죄를 생각나게 하시고 떠오르게 하시고 나타내 보이시면서 회개에 이르도록 인도하셨다. 그럴 때마다 그는 죄를 자백하고 뜨겁게 회개 기도를 드렸다. 그로부터 술을 끊게 되었다. 예수님 믿기 전에 한창 어려울 때 그는 술에 취해서 신호대기 중인 앞차를 달리던 속도 그대로 들이받은 적이 있었다. 어린 딸이 조수석에 타고 있었다. 딸아이는 아무데도 다치지 않았다. 앞에 차에 타신 분들도 다치지 않았다. 그리고 그도 다치지 않았다. 그 교통사고가 날 때도 하나님께서 함께 하시고 지켜주셨음을 이제야 깨달아 알게 되었다. 부모님이 이혼하시고 올데갈데없을 때도 새엄마한테 얻어맞을 때도 전재산을 잃을 그때도 하나님께서 지키시고 보호하셨음을 알게 되었다. 오늘 그를 하나님의 자녀로 다시 태어나게 하시기 위한 내 인생의 긴 여정이었구나 생각하게 되어 하나님께 감사 기도를 드렸다.

"두려워하지 말라 내가 너와 함께함이라 놀라지 말라 나는 네 하나님이 됨이라 내가 너를 굳세게 하리라 참으로 너를 도와 주리라 참으로 나의 의로운 오른손으로 너를 붙들리라"(사41:10) 그는 신앙생활을 하면서도 너무나 많은 어려움을 겪게 되었다. 그는 핸드폰 가게를 하면서 또 한 번 전재산을 잃는 아픔을 겪었다. 믿었던 직원들이 가게 안에 있는 물건을 다 훔쳐 갔다. 가계약으로 핸드폰을 팔면서 고객 50명에 대하여 한 고객당 3백 만원씩 빚을 남겼다. 그는 전세집을 빼서 그가 다 갚아 주었다. 야전침대를 사서 가게에서 어린 딸과 함께 생활하게 되었다. 캐나다에서 공부하던 아내가 돌아왔다. 그의 비참한 현실을 보고 그와 이혼을 하고 딸을 데리고 캐나다로 갔다. 그는 어린시절 부모님 이혼으로 힘들었다. 그의 아픔이 딸을 보내는 아픔으로 돌아왔다. 그는 그때마다 말씀 붙들고 버틸 수 있었다고 한다. 세상에서 가장 가깝다고 생각했던 부모님과 아내의 이기심 앞에 하나님 말씀으로 견디어 낼 수 있다고 한다. "누가 우리를 그리스도의 사랑에서 끊으리요 환난이나 곤고나 박해나 기근이나 적신이나 위험이나 칼이랴, 내가 궁핍하므로 말하는 것이 아니니라 어떠한 형편에든지 나는 자족하기를 배웠노니 나는 비천에 처할 줄도 알고 풍부에 처할 줄도 알아 모든 일 곧 배부름과 배고픔과 풍부와 궁핍에도 처할 줄 아는 일체의 비결을 배웠노라" (롬 8:35, 빌4:11~12)

　그는 지금 삶이 예배가 되는 삶을 살고 있다고 한다. 주일 예배가 기다려지고 교회만 가면 그렇게 즐겁고 행복하다고 한다. 그렇다면 핸드폰 가게를 교회로 생각하고 삶으로 예배를 드리면 되겠네 핸드폰이 꼭 필요한데 돈이 없어 가게에 와서 가격만 물어보고 가는 이웃교회 찬양 사역자에게 고가의 핸드폰을 무료로 나눠주는 행사가 있으니 그때에 오라고 해서 고가의 핸드폰을 공짜로 주기도 하고 핸드폰 사용이 어려우신 어르신들에게 핸드폰 사용법을 자세히 가르쳐 드렸다. 돈을 희생을 시키니까 삶이 예배가 되고 예배가 하나님께 영광이 되고 그에게 기쁨이 되고 행복이 되었다고 한다. "그러므로 형제들아 내가 하나님의 모든 자비하심으로 너희를 권하노니 너희 몸을 하나님이 기뻐하시는 거룩한 산 제물로 드리라 이는 너희가 드릴 영적 예배니라"(롬12:1) 그는 십자가를 떠올릴 때 눈물을 흘렸고 예배를 말할 때 눈물을 흘렸고 찬양을 떠올릴 때 눈물을 흘렸고 딸을 말할 때 눈물을 흘렸다. 주님 안에서 그는 울보였다. 그는 마지막 예배라고 생각하며 예배를 드린다 그의 삶은 고달프지만 예배로 드려지는 삶은 기쁘고 행복하다 "이것들을 증언하신 이가 이르시되 내가 진실로 속히 오리라 하시거늘 아멘 주 예수여 오시옵소서"(계22:20)

그녀는 어릴 때 천주교 성당을 다녔다고 한다. 영세도 받았다고 한다. 영세란 개신교에서 세례를 뜻한다. 성경 말씀도 읽고 찬양도 하면서 늘 성당에서 놀았다고 한다. 그러다가 나이가 들어 결혼을 했다. 하루는 남편과 함께 집에 있는데 이웃 아주머니께서 외국인 목사님을 모시고 와서 기도를 받아 보라고 했다. 웬지 모르게 기도를 받아 보고 싶었다. 그 목사님께서 그녀의 머리에 손을 얹고 안수기도를 하셨다. 그런데 눈물이 쏟아졌다. 남편이 눈물 흘리며 우는 그녀를 보고 슬픈 일도 없는데 왜 우느냐고 했다. 그 후 그들 부부는 서울로 이사를 갔다. 어릴 때 성당을 다녔지만 교회에 가고 싶었다. 집 근처 상가 4층에 있는 작은 교회에 갔다. 계단을 올라가는데 눈물이 났다. 예배 중에도 내내 울다가 집으로 돌아왔다. 그런데 그 교회 목사님께서 성전 건축을 할 계획을 발표하자 몇십명 되던 교인들이 다 빠져나가고 10명만 남았다.

집사님께서 건축헌금을 한 적이 있느냐고 물었다. 그녀는 그게 무슨 말인지 모르겠다고 했다. 집사님이 자세히 가르쳐 주었다. 빈봉투에 일년에 낼 금액을 쓰고 그 금액을 일 년 안에 내면 된다고 했다. 그는 작은 이불 가게를 하고 있었다. 형편에 맞게 빈 봉투에 작정 금액을 써서 냈다. 그러던 어느날 집사님이 목사님한테 기도를 받으러 가자고 했다. 그 집사님과 함께 목사님한테 기도 받으러 갔다. 목사님이 그녀의 머리에 손을 얹고 기도해 주셨다. 몸이 감전된 것 같아 죽는 줄 알았다고 한다. 눈에는 보일 듯 말 듯한 것이 돌아가고 있었다. 눈물이 났다. 기도 받기를 마치고 사모님이 교회에 가서 기도를 더 드리자고 했다. 그녀는 기도할 줄을 몰랐다. 주기도문만 겨우 알고 있었다. 사모님 집사님 그녀 세 사람이 교회에 가서 기도를 드리기 시작했다. 그녀는 기도를 할 줄 모르기 때문에 주기도만 반복했다. 갑자기 손이 뜨거워지면서 손으로 가슴을 치기 시작했다. 눈물이 쏟아져 흘렀다. 입술이 또르르 말리면서 그녀의 입에서 이상한 말이 터져 나왔다. 눈물 콧물을 흘리면서 부르짖어 방언기도를 했다. 사모님이 그녀에게 방언기도를 받은 것이라고 했다. "하나님이 교회 중에 몇을 세우셨으니 첫째는 사도요 둘째는 선지자요 셋째는 교사요 그 다음은 능력을 행하는 자요 그다음은 병 고치는 은사와 서로 돕는 것과 다스리는 것과 각종 방언을 말하는 것이라, 내가 만일 방언으로 기도하면 나의 영이 기도하거니와 나의 마음은 열매를 맺지 못하리라 그러면 어떻게 할까 내가 영으로 기도하고 또 마음으로 기도하며 내가 영으로 찬송하고 또 마음으로 찬송하리라, 사랑하는 자들아 너희는 너희의 지극히 거룩한 믿음 위에 자신을 세우며 성령으로 기도하며, 믿는 자들에게는 이런 표적이 따르리니 곧 그들이 내 이름으로 귀신을 쫓아내며 새 방언을 말하며 뱀을 집어올리며 무슨 독을 마실지라도 해를 받지 아니하며 병든 사람에게 손을 얹은즉 나으리라 하시더라"(고전12:28, 14:14~15, 유1:20, 막16:17~18). 기도를 끝내고 집으로 가면서 의미도 모르면서 방언 기도를 계속하게 되었다. 어느 날 기도 중에 몸이 불덩이 같이 뜨거워지면서 하나님의 음성을 듣게 되었다. "야곱아 너를 창조하신 여호와께서 지금 말씀하시느니라 이스라엘아 너를 지으신 이가 말씀하시느니라 너는 두려워하지 말라 내가 너를 구속하였고 내가 너를 지명하여 불렀나니 너는 내 것이라"(사43:1) 이 말씀을 들려 주시면서 "사랑하는 내 딸아 내가 네게 내리는 사명을 잘 감당해야 할 것이다. 내 증인이 되어야 할 것이니라"라고 말씀하셨다. 그 음성을 듣고 나서 세상이 주는 기쁨이 아니라 말로 형언할 수 없는 가쁨이 용솟음쳐 올라왔다. 세상에서 처음 느껴보는 기쁨이었다. 그러나 그 기쁨은 오래가지 못 했다.

이제부터 기록되는 내용은 필자가 체험하지 못한 내용이라 조심스럽다 그렇지만 사복음서에 많이 기록된 내용이다. 신비주의니 어쩌니 비난하려 들지 말고 성경 말씀에서 답을 찾아보기 바란다. 아무것도 모르면서 비난부터 하려는 태도는 매우 위험한 일이다. "형제들아 서로 비방하지 말라 형제를 비방하는 자나 형제를 판단하는 자는 곧 율법을 비방하고 율법을 판단하는 것이라 네가 만일 율법을 판단하면 율법의 준행자가 아니요 재판관이로다 입법자와 재판관은 오직 한 분이시니 능히 구원하기도 하시며 멸하기도 하시느니라 너는 누구이기에 이웃을 판단하느냐" (약4:11~12) 우리 신앙인은 그러한 태도를 버려야 한다. 우리들은 서로가 말씀을 아는 분량이 다르고 믿음의 분량도 다르고 받은 은사도 다르고 받은 은혜도 각각 다르기 때문이다. "믿음이 연약한 자를 너희가 받되 그의 의견을 비판하지 말라 어떤 사람은 모든 것을 먹을 만한 믿음이 있고 연약한 자는 채소만 먹느니라 먹는 자는 먹지 않는 자를 업신여기지 말고 먹지 않는 자는 먹는 자를 비판하지 말라 이는 하나님이 그를 받으셨음이라, 네가 어찌하여 네 형제를 비판하느냐 어찌하여 네 형제를 업신여기느냐 우리가 다 하나님의 심판대 앞에 서리라" (롬14:1~3, 10) 그녀는 한얼산 기도원으로 기도하러 올라갔다. 기도원 뒷산으로 올라갔다. 기도를 하려는데 갑자기 마귀들이 머리 위를 맴돌면서 그녀의 기도를 방해하기 시작했다. "용을 잡으니 곧 옛 뱀이요 마귀요 사탄이라 잡아서 천 년 동안 결박하여" (계20:2) 두려워서 기도를 할 수 없었다. 그러다가 갑자기 마음이 담대해지기 시작했다. "그런즉 너희는 하나님께 복종할지어다 마귀를 대적하라 그리하면 너희를 피하리라" (약4:7) 주여 이 마귀들을 주님의 권능의 말씀으로 물리쳐 주시옵소서 내가 나사렛 예수 그리스도의 이름으로 명하노니 사탄은 내게서 떠나갈지어다. 예수 그리스도의 이름을 선포하는 순간 마귀들이 사라졌다. 마귀가 사라지면서 자신도 모르게 방언으로 찬양하기 시작했다. 그가 들어보지도 못한 찬양이었다. 찬양이 끝나면서 손끝이 뜨거워졌다. 손끝에서 이상한 기운이 빠져나가는 느낌이 들었다. 다리가 몹시 아팠었는데 자신도 모르게 그녀의 손이 다리를 더듬고 있었다. 손이 그녀 자신도 모르게 자기 다리를 안수하기 시작했다. 갑자기 "하나님 내게 병 고치는 은사를 주셔서 감사합니다" 입에서 감사기도가 터져 나왔다. "다른 사람에게는 같은 성령으로 믿음을, 어떤 사람에게는 한 성령으로 병 고치는 은사를, 이 모든 일을 같은 한 성령이 행하사 그의 뜻대로 각 사람에게 나누어 주시는 것이니라" (고전12:9, 11)

그다음 날은 산에 올라가지 않고 예배실에서 서서 기도를 드렸다. 기도를 하는 중에 귀에 찬양 소리가 들리면서 몸이 좌우 앞뒤로 흔들리기 시작했다. 몹시 흔들리다가 급기야 넘어지고 말았다. 부흥강사 목사님의 기도를 받고 예배실 밖으로 나왔다. 돌 위에 앉아 있는데 갑자기 찬양 소리가 들리면서 그녀의 손이 그녀의 몸의 아픈 부위를 안수하기 시작했다. 이게 무슨 일인가? 내 손이 내 몸을 안수해. 내가 미쳤나. 갑자기 그녀의 몸의 아픈 부위가 깨끗하게 치유함을 받은 것을 알게 되었다. "너는 돌아가서 내 백성의 주권자 히스기야에게 이르기를 왕의 조상 다윗의 하나님 여호와의 말씀이 내가 네 기도를 들었고 네 눈물을 보았노라 내가 너를 낫게 하리니 내가 삼 일 만에 여호와의 성전에 올라가겠고" (왕하20:5) 병을 낫게 하시는 이는 하나님이시니 병 고치는 은사를 받은 사람은 병든자를 위해 기도할 뿐이다. 병을 낫게 하시는 이는 하나님이심을 명심해야 할 것이다. 기도를 마치고 한얼산 기도원에서 집으로 돌아왔다. 둘째 아이가 콜록콜록 기침을 하면서 온몸이 펄펄 끓고 있었다. 받은 은사대로 아이의 병을 고쳐달라고 하나님께 기도를 드렸다. 아이의 열이 내리고 기침이 멎었다. 그녀에게 병 고치는 은사를 주셨음을 확신시키기 위해 아이를 도구로 쓰셨구나 하는 생각이 들었다. 그녀는 집에서 가까운 중흥교회를 섬기고 있었다. 금요 은사집회에 참여하게 되었다. 은사를 받기 위해 성도들이 많이 모였다. 기도를 하는 중에 옆에 앉아 기도하는 성도가 무당귀신이 들려 자기에게 있는 귀신을 쫓아 달라고 하나님께 기도하고 있었다. 하나님께서 그 무당귀신 들린 집사님에게서 "네가 그 무당귀신을 쫓아내 주어라" 하는 음성이 마음에 감동으로 들려왔다. "내 옆에 기도하고 있는 성도 안에 있는 더러운 무당귀신아 내가 나사렛 예수 그리스도의 이름으로 네게 명하노니 그 성도에게서 나오고 다시 들어가지 말라" 하니 귀신이 그 성도에게 게거품을 물게 하고 넘어뜨리고 나가니라 그 성도에게 붙어 있던 무당귀신은 그녀에게 들어온 지 얼마 되지 않은 것이었다 "이에 예수께서 꾸짖으시니 귀신이 나가고 아이가 그때부터 나으니라, 칠십인이 기뻐하며 돌아와 이르되 주여 주의 이름이면 귀신들도 우리에게 항복하더이다, 예수께서 무리가 달려와 모이는 것을 보시고 그 더러운 귀신을 꾸짖어 이르시되 말 못 하고 못 듣는 귀신아 내가 네게 명하노니 그 아이에게서 나오고 다시 들어가지 말라 하시매 귀신이 소리 지르며 아이로 심히 경련을 일으키게 하고 나가니 그 아이가 죽은 것같이 되어 많은 사람이 말하기를 죽었다 하나 예수께서 그 손을 잡아 일으키시니 이에 일어서니라"((마17:18, 눅10:17, 막9:25~27)) 또 한 집사님은 3년 전에 귀신이 들렸다고 한다. 하나님께서 일주일 동안 금식하면서 그 집사에게서 귀신을 쫓아내 주라고 하셨다. 일주일간 금식하면서 그 집사님을 위해 축사기도를 하기 시작했다. 주일 예배후 예배실에서 집사님을 옆에 앉혀놓고 축사기도를 하는데 귀신이 "나 안 나갈 거야 못 나가 갈 데가 없어" 하면서 발버둥치는 것이었다. 가슴을 쥐어 뜯고 난리를 쳤다. "○○○집사님에게 있는 더러운 귀신아 내가 나사렛 예수 그리스도의 이름으로 네게 명하노니 그 집사님에게서 나오고 다시 들어가지 말라" 귀신이 소리 지르며 집사님으로 경련을 일으키게 하고 나가니라 "마귀들과 싸울지라 죄악 벗은 형제여" (찬송가348장) 이 찬송과 축사 기도를 반복하면서 그 귀신을 쫓아내게 되었다. 축사(귀신을 내어쫓다) 기도는 은사가 있거나 성령으로 충만하지 않으면 따라 하면 위험할 수 있다. "악귀가 대답하여 이르되 내가 예수도 알고 바울도 알거니와 너희는 누구냐 하며 악귀 들린 사람이 그들에게 뛰어올라 눌러 이기니 그들이 상하여 벗은 몸으로 그 집에서 도망하는지라" (행19:15~16)

그의 신앙의 뿌리는 할머니셨다. 이화여고를 나오셨고 어릴 때부터 정동제일교회를 다니셨다. 아버지께서는 일 년 365일 중 300일은 새벽기도를 다니신다. "새벽 아직도 밝기 전에 예수께서 일어나 한적한 곳으로 가사 거기서 기도하시더니" (막1:35) 그런 신앙 집안에서 모태 신앙인으로 자랐다. 그는 철저하게 주일성수를 지켜왔다. 해외 출장도 예외일 수 없다 해외 출장 일정이 세워지면 그 지역에 있는 교회를 검색해서 예배 참여 시간을 정해 놓고 나머지 일정을 조율한다. 우리나라 대형교회 지교회들이 해외에 많이 있다. 주로 그런 지교회에서 예배를 드린다. 그는 예전에는 배우자 기도를 했다고 한다. "너희는 믿지 않는 자와 멍에를 함께 메지 말라 의와 불법이 어찌 함께하며 빛과 어둠이 어찌 사귀며 그리스도와 벨리알이 어찌 조화되며 믿는 자와 믿지 않는 자가 어찌 상관하며 하나님의 성전과 우상이 어찌 일치가 되리요 우리는 살아계신 하나님의 성전이라 이와 같이 하나님께서 이르시되 내가 그들 가운데 거하며 두루 행하여 나는 그들의 하나님이 되고 그들은 나의 백성이 되리라 (고후6:14~16) 그런데 지금은 그 기도를 하지 않고 있다고 한다. 하나님께서 그에게 "너만 준비되면 돼"라는 음성을 듣고부터 그 기도를 하지 않고 있다고 한다. 하나님 말씀을 오해한 것 같다 하나님께서 기도하지 말라 하는 말씀은 성경 말씀 어디에도 없다 "쉬지 말고 기도하라" (살전5:17) 너만 준비되면 돼 그 말씀은 준비하면서 기도하라는 말이다. 그리하면 네게 걸맞은 짝으로 채워주시겠다는 하나님의 약속으로 봐야 한다. 이제부터 다시 배우자 기도를 하기 바란다. 그는 기도하는 배우자를 원한다고 한다. "여호와여 주께서 나를 살펴 보셨으므로 나를 아시나이다 주께서 내가 앉고 일어섬을 아시고 멀리서도 나의 생각을 밝히 아시오며 나의 모든 길과 내가 눕는 것을 살펴 보셨으므로 나의 모든 행위를 익히 아시오니 여호와여 내 혀의 말을 알지 못하시는 것이 하나도 없으시니이다, 사람이 마음으로 자기의 길을 계획할지라도 그의 걸음을 인도하시는 이는 여호와시니라" (시149:1~4, 잠16:9)

 그는 새벽기도를 아버지의 신앙 유산으로 받았다. 그는 지금도 매일 아버지와 함께 새벽기도를 드린다. 변한 것이 있다면 전에는 어버지 옆자리에 앉았었는데 지금은 아버지와 조금 떨어져 아버지의 뒷모습을 보는 것이 좋다고 한다. 그가 아버지로부터 새벽기도를 신앙 유산으로 받은 것처럼 자녀들에게도 새벽기도를 자신의 신앙 유산으로 대대로 이어졌으면 하는 것이 그의 기도제목이라고 한다. 그는 고교시절에 길거리 캐스팅으로 영화배우가 되었다. 한번은 중국 현지 촬영이 있었다. 낮에 촬영을 마치고 숙소에서 매니저와 같이 방에 앉아 있었다. 갑자기 몸이 뜨거워지면서 뒤로 비스듬히 넘어진 상태로 있는 느낌이 들었다. 눈 앞이 캄캄해졌다. 많은 음성이 들려왔다. 하나님께서 "너로 하여금 능치 못할 일을 이룰 것이니라"라고 마음에 감동으로 들려왔다. 그때 몸이 확 풀렸다. 아버지께 국제 전화로 그 일을 말씀드렸다. 아버지께서 하나님께서 후에 너를 들어 쓰실 일이 있을 것임을 미리 너에게 알린 것일 테니 그 말씀을 마음에 간직하고 바른 신앙생활을 하도록 힘쓰라고 하셨다. 그 후 그는 그 일을 까맣게 잊고 있었다. 최근에 그 일이 기억나게 하는 인터뷰가 있었다. 그 일을 떠올리면서 인터뷰를 하는데 인터뷰하는 중 내내 눈물을 흘리게 되었다. 하나님께서 인터뷰를 통해 그 일이 떠오르게 하시고 생각나게 하시고 기억되게 하셨다. 아직 그 일을 나타내 주신 것은 아니다. 그는 SBS에서 방영하고 있는 미운오리새끼 예능프로에 출연하고 있다. 그가 하는 리액션은 연습을 하거나 그의 감정으로부터 나오는 것이 아니라 저절로 되는 것이라고 한다. 그것은 하나님의 은혜다. 그는 군시절에 취침점호가 끝나고 예배를 드렸다고 한다. 처음에는 몇 명으로 시작했지만 나중에는 예배인원이 점차 늘어나면서 30명이 함께 저녁예배를 드렸다. 말씀을 봉독하고 '생명의 삶' 책을 펴놓고 QT도 하면서 그렇게 예배를 드렸다고 한다. 그곳이 남들에게는 예배를 드릴 수 있는 시간도 공간도 아닐 수 있지만 그런 곳에서 그 시간에 드리는 예배를 하나님께서 기쁘게 받으실 줄 믿고 예배를 드렸다고 한다. 예배를 드리는 시간에 아무 방해를 받지 않았다고 한다. 그는 비행기를 타면 반드시 기도를 드린다고 한다. 그곳이 하나님과 가장 가까운 위치라고 생각하기 때문이라고 한다. 하나님을 잘못 알고 있지만 어디서나 기도하는 습관은 칭찬받아 마땅하다 할 수 있다. "여호와의 말씀이니라 나는 가까운 데에 있는 하나님이요 먼 데에 있는 하나님은 아니냐 여호와의 말씀이니라 사람이 내게 보이지 아니하려고 누가 자신을 은밀한 곳에 숨길 수 있겠느냐 여호와가 말하노라 나는 천지에 충만하지 아니하냐"(렘23:23~24) 그는 군에서 첫 휴가를 나와 아버지와 기도원에 올라갔다. 남들이 하지 않는 그것을 하면 하나님께서 기뻐하실 것이라 생각해서였다. 그는 유튜브에 말씀 낭독을 내보내고 있다. 듣는 이들의 반응이 좋다고 한다. 그 말씀 낭독은 기간을 정해서 하고 있다. 그가 제일 좋아하는 말씀은 시편 27장 4, 5절 말씀이라고 한다. "내가 여호와께 바라는 한 가지 일 그것을 구하리니 곧 내가 내 평생에 여호와의 집에 살면서 여호와의 아름다움을 바라보며 그의 성전에서 사모하는 그것이라 여호와께서 환난날에 나를 그의 초막 속에 비밀히 지키시고 그의 장막 은밀한 곳에 나를 숨기시며 높은 바위 위에 두시리로다"(사27:4~5) 그는 교회 안에 있을 때가 가장 평안하고 행복하다고 한다. 하나님의 임재를 경험하기 위에 예배를 사모하게 되고 예배드리길 힘쓰고 있다. 그는 유니세프 한국위원회의 특별대표로 활동하고 있다. 고통받는 지구촌 어린이들의 현황을 알리고 전세계 어린이의 권리를 보호하는 일을 맡아 하고 있다. 그는 하나님께 기쁨이 되고 하나님께 합한 자로 살기를 소망한다.

그는 중학교 1학년 때 아버지께서 하시던 사업이 부도를 맞게 되어 아버지가 가출하게 되었다. 가정 형편이 갑자기 어려워졌다. 어렵게 중학교를 졸업하고 경복고등학교에 들어갔다. 지인의 소개로 초등학생 입주과외를 할 수 있었다. 그 집 할아버지께서 초등학생 손자를 제대로 가르치고 있는지 항상 감시가 심했다. 그는 늦은 밤에 자기 공부를 할 수 있었다. S대에 시험응시서를 제출하고 시험을 치렀다. 결과는 뻔했다. 재수를 하기로 결심하고 공부를 시작했다. 영어성경을 가르치는 모임을 알게 되었다. 영어를 배우면 대학입시에 도움이 되겠구나 생각이 되어 참가하게 되었다. 성경 암송 숙제를 해야만 그 모임에 참가할 수 있다. 열심히 성경구절을 암송하면서 그 모임에 참가했다. 외국 선교사로부터 영문판 천로역정을 선물로 받았다. 아는 단어보다 모르는 단어가 더 많았다. 영어사전을 옆에 놓고 열심히 찾아가면서 5개월 만에 힘겹게 그 책을 다 읽을 수 있었다. 기독교 신앙이란 것이 이런 것이구나 크리스찬이 십자가 언덕에 도착했을 때 세 천사가 등장하고 십자가를 바라보는 순간 등에 짊어지고 있던 죄 짐이 벗겨져 굴러떨어졌다. 네 죄를 사함 받았느니라 잘 이해가 되지는 않았지만 그 줄거리는 기억에 남게 되었다. 십자가는 무엇을 의미하고 죄사함을 받는다는 것이 무엇일까 궁금했다. 알고 싶어지기 시작했다. 율법이냐 은혜냐 이 책을 읽고 기독교 신앙을 이해하게 되었다. "내가 하나님의 은혜를 폐하지 아니하노니 만일 의롭게 되는 것이 율법으로 말미암으면 그리스도께서 헛되이 죽으셨느니라 그가 빛 가운데 계신 것같이 우리도 빛 가운데 행하면 우리가 서로 사귐이 있고 그 아들 예수의 피가 우리를 모든 죄에서 깨끗하게 하실 것이요"(갈2:21, 요일1:7) 율법과 십자가에 대해 어렴풋이 이해되면서 교회를 다니게 되었다. 교회를 다니기 시작하면서 성경 말씀을 공부하고 싶어졌다. 그러면 신학대학을 가야 한다. 진로가 바뀌게 되었다.

그는 주변 분들과 선교단체의 도움으로 미국에 있는 신학대학에 들어가게 되었다. 그때까지만 해도 그는 목회할 생각이 없었다고 한다. 신학을 공부해서 젊은이들에게 전도할 생각이었다. 신학대학에서 "에베소서와 골로세서를 비교하여 보라"는 숙제를 하다가 하나님께서 쓰시는 그리스도의 몸인 교회가 영광스럽게 느껴졌다. "하나님이 원하시면 제가 목회자가 되겠습니다"라고 서원기도를 드리게 되었다. 그는 신학교 졸업 때에 졸업설교를 하게 되어 있었다. 부족했지만 한글로 설교문을 작성하여 영어로 번역해서 열심히 외우고 연습을 했다. 연습한 대로 설교를 해서 그해의 설교자로 선정되었다. 신학대학원을 졸업하고 목사안수를 받았다. 그가 미국에서 한인교회 목회를 할 때 교회 집사님이 수술을 받게 되었다. 수술 중 피가 멎지를 않아 수술을 할 수 없다는 전화를 받고 교회 성도들에게 그 수술환자가 피가 멎게하여 수술을 잘 받게 해 달라고 기도를 부탁하게 되었다. 기도를 시작하고 얼마 시간이 지나서 수술환자가 피가 멎게 되어 수술을 받을 수 있게 되었다는 전화를 받게 되었다. 그때 그는 합심하여 기도할 때 하나님께서 들으시고 이루어 주심을 경험하게 되었다고 한다. "진실로 다시 너희에게 이르노니 너희 중의 두 사람이 땅에서 합심하여 무엇이든지 구하면 하늘에 계신 내 아버지께서 그들을 위하여 이루게 하시리라"((마18:19) 그 후 국내에 돌아와서 개척교회를 시작하게 되었다. 미국에서 목회할 때 합심하여 중보기도할 때 이루어 주시는 기도의 응답을 경험했다. 그래서 국내에서 교회 개척 초창기 때부터 중보기도 사역세미나를 개최하게 되어 오늘에 이르게 되었다고 한다. 또한 2002년 교회내 목장 모임 활성화를 위한 셀 컨퍼런스를 시작하게 되었다. 목자를 목장의 리더로 세워 좋은 성과를 거두게 되었다. 그는 1986년 미국유학생수양회를 처음으로 갖게 되었다. 그것은 한 유학생이 한국에서는 여름수련회가 학생들 신앙생활에 크게 도움이 되는데 미국에 있는 한국인 교회에서 그런 수련회를 가졌으면 좋겠다는 어느 유학생의 말을 듣고 그가 시무하는 교회가 주최가 되어 그 수양회를 갖게 되었다고 한다.

그는 아들로부터 대장암 투병 전화를 받고 하나님께 아들을 고쳐달라고 살려달라고 힘쓰고 애써 기도했다고 한다. 중보기도 사역자들도 함께 마음을 다하여 뜨겁게 기도 했다고 한다. 하지만 하나님께서 그를 데려가셨다. "이는 내 생각이 너희의 생각과 다르며 내 길은 너희의 길과 다름이니라 여호와의 말씀이니라 이는 하늘이 땅보다 높음같이 내 길은 너희의 길보다 높으며 내 생각은 너희의 생각보다 높으니라"(사 55:8~9) 그는 둘째 아들이 대장암 말기 판정을 받고 몇 달간 투병 생활을 하다가 그 아들을 천국으로 떠나보내게 되었다. 환송예배를 3일 앞두고 슬픔에 잠겨 있는 그에게 하나님께서 "항상 기뻐하라 쉬지 말고 기도하라 범사에 감사하라"(살전5:16~18) 이 성경 말씀을 보게 하시면서 감사하라고 그에게 마음에 감동으로 말씀하셨다. 이런 슬픔 가운데 감사하라니 처음에는 잘 이해되지 않았다. 순간 손양원 목사님이 두 아들을 잃고 장례식장에서 감사하던 것을 생각나게 하시고 감사의 기도제목들이 하나하나 떠오르게 하셨다. 다음은 아들을 떠나 보내면서 하나님께 감사기도를 드린 10가지 감사 기도 내용이다 1. 아들이 그 지독한 통증에서 해방되게 하시니 감사합니다. 2. 아들이 영광의 나라 천국에 입성하게 하시니 감사합니다. 3. 그동안 유머가 많았던 아들을 인해 누린 기쁨을 감사합니다. 4. 단 한 번도 불평 없이 자랑만 하던 아내와 애교덩어리 손자를 남겨주시니 감사합니다. 5. 어려서 게임을 좋아하더니 게임변호사가 되게 하신 것을 감사합니다. 6. 아들의 고통을 통해 예수님을 내어주신 하늘 아버지의 고통을 알게 하시니 감사합니다. 7. 아들의 고통을 통해 수많은 암환자의 고통을 공감할 수 있게 하시니 감사합니다. 8. 또한 자식을 먼저 떠나보낸 수많은 부모들의 고통을 공감하게 하시니 감사합니다. 9. 아들의 치유를 위해 수많은 중보 기도자들을 보내주셔서 함께 기도하게 하시니 감사합니다. 10. 아들이 간 천국을 더 가까이 소망하게 하시니 감사합니다. 그러나 그는 아들의 죽음 앞에서 하나님께 많은 원망을 쏟아내게 되었다고 한다. 하나님을 원망했다고 한다. 그는 목사님이다. 또한 그럴 때 원망하라고 가르치고 있다. 그것은 자기 생각이다. 신앙인이 자기 생각으로 무엇을 결정하는 것은 매우 위험하다. 하나님께 기도로 물어보고 결정해야 한다. 성경 말씀은 원망하지 말라고 가르치고 있다. 우리 신앙인들은 무엇이든지 말씀과 성령 안에서 답을 찾으려고 노력해야 한다. 하나님께서 원망하는 자를 벌하신다.

"모든 일을 원망과 시비가 없이 하라, 그들 가운데 어떤 사람들이 원망을 하다가 멸망시키는 자에게 멸망을 하였나니 너희는 그들과 같이 원망하지 말라 그들에게 일어난 이런 일은 본보기가 되고 또한 말세를 만난 우리를 깨우기 위하여 기록되었느니라, 〈여호와께서 원망하는 백성을 벌하시다〉 여호와께서 모세와 아론에게 말씀하여 이르시되 나를 원망하는 이 악한 회중에게 내가 어느 때까지 참으랴 이스라엘 자손이 나를 향하여 원망하는 바 그 원망하는 말을 내가 들었노라 그들에게 이르기를 여호와의 말씀에 내 삶을 두고 맹세하노라 너희 말이 내 귀에 들린 대로 내가 너희에게 행하리니 너희 시체가 이 광야에 엎드러질 것이라 너희 중에서 이십 세 이상으로서 계수된 자 곧 나를 원망한 자 전부가 여분네의 아들 갈렙과 눈의 아들 여호수아 외에는 내가 맹세하여 너희에게 살게 하리라 한 땅에 결단코 들어가지 못하리라" (빌2:14, 고전10:10~11, 민14:26~30)

그는 어릴 때 아버지 따라 절에 가서 새벽 불공을 드렸다고 한다. 학창시절에 불교동아리 회장을 맡아 하기도 했다. 그는 독실한 불교가정에서 나고 자랐다. 우리 따끈따끈한 시루떡 얻어먹으러 절에 놀러가자 하면서 또래 친구들을 절에 데리고 가기도 했다. 교회 전도활동처럼 포교활동을 한 것이다. 그의 아내는 미션스쿨을 다녔다. 교회를 가고 싶었지만 언제나 남편의 반대에 부딪쳤다. 그의 가족은 단독주택 지하에 세 들어 살고 있었다. 집주인 아주머니는 신실한 신앙인이었다. 주인 아주머니께서 그의 아내의 사정을 듣게 되었다. 주일이 아닌 날에도 예배를 드리는 방법이 있다. 남편이 출근하고 집에 없을 때 수요 낮에

배와 구역예배를 드릴 수 있음을 알게 되면서 그들과 함께 예배를 드리게 되었다. 그렇게 믿음이 자라면서 남편의 영혼 구원을 위해 목장예배 때 구역식구들과 함께 기도하기 시작했다. 그러던 어느날 그녀의 남편이 전에 없던 성경책이 집에 있는 것을 발견하게 되었다. 그런데 볼 때마다 성경책의 위치가 바뀌는 것을 알게 되었다. 그는 아내가 집에 없는 틈을 타서 성경책을 불에 태우려고 성경책을 찢어 보았으나 쉽게 찢어지지 않았다. 순간 이거 불에 태웠다가 벌을 받게 되는 것 아닌가? 두려운 생각이 들어 성경책을 있던 자리에 갖다 놓았다. 어느 날 식사를 하려고 하는데 어린 딸이 두 손을 모으고 "우리 아빠 교회 나오게 해주세요." 어린 딸이 원하는 건데 한번 교회에 따라가줘야지, 온 가족이 주일날 교회에 갔다. 아내와 아이들이 예배당 안으로 들어가는 것을 보고 집으로 돌아가려고 마음을 먹었다. 그의 차 뒤로 줄이어 주차되면서 차가 빠져나올 수 없게 되었다. 할 수 없이 안내하시는 분을 따라 예배당 안으로 들어가게 되었다. 공교롭게도 아내 옆자리에 앉게 되었다. 아내가 무척 좋아했다. 그날따라 목사님께서 헌금에 대한 설교를 하셨다. 역시 교회는 돈 가지고 오라는 곳이라고 오해를 하게 되었다.

그러다가 한번은 주일날 아내를 속이고 예배를 드리러 교회에 가는 척하면서 고속도로를 타고 강원도 인제 고개에 이르렀다. 가는 도중에 아내와 많은 다툼이 있었다. 특히 그가 한 말 중에 교회가 밥 먹여 주나 하나님 있으면 나와 보시라고 해. 그때 고개를 넘어오던 까만 승용차가 중앙선을 넘어 그의 차와 충돌하게 되었다. 정신을 차려 보니 뒷좌석에 앉아 있던 큰아이는 앞 유리를 뚫고 밖에 떨어져 있었다. 아내는 왼쪽 팔이 붙어져 의자 밑에 처박혀 있고 뒷좌석 유아 안전 시트에 앉아 있는 두 살짜리 딸은 입에서 피를 뚝뚝 흘리고 있었다. 그 상황에서 그가 할 수 있는 일은 아무것도 없었다. 앞서 자기 입으로 하나님께 욕한 것이 생각나서 하나님 잘못했습니다. 저희 가족들을 살려주세요. 아내를 살려주세요. 큰아이를 살려주세요. 자기도 모르게 기도가 터져 나왔다. 119구급차로 가까운 속초에 있는 병원으로 가게 되었다. 워낙 크게 다쳐 속초병원에서 치료할 수가 없어 서울에 있는 대학병원으로 이송되었다. 아내와 아이들이 응급처치실로 들어가 응급처치를 받고 있었다. 담당 의사선생님이 보호자를 찾았다. 가족 세 명 모두 생명에는 지장이 없습니다. 그 말을 듣고 하나님 감사합니다 소리치면서 그는 의식을 잃었다. 정신이 들고 보니 아내와 아이들이 눈앞에 있었다. 중환자실에 누워 있어야 할 아내와 딸들이 눈앞에 있으니 꿈 같았다. 아내가 그에게 말했다. 당신만 살면 다 살아 눈물이 주르륵 흘러 양볼을 타고 귓가로 흘러내렸다. 나 같은 죄인의 기도도 들으시고 응답하시니 감사합니다. 저희 가족들을 살려주시니 감사합니다. 감사기도가 저절로 나왔다. 교회 집사님이 병문안을 와서 성경책을 주고 갔다. 첫 장부터 읽기 시작했다. 무슨 말인지 이해가 되지 않았다. 아내가 신약을 읽어보면 좀 더 쉬울 것이라 했다. 마태복음 1장을 읽는데 낳고 낳고 많이도 나왔구나 하면서 그 자신도 모르게 "나도 나아야지" 하는 생각이 들었다고 한다. 신약을 읽어 내려가다가 로마서 5장 8절에 시선이 고정되었다. "우리가 아직 죄인 되었을 때에 그리스도께서 우리를 위하여 죽으심으로 하나님께서 우리에 대한 자기의 사랑을 확증하셨느니라" 이 말씀을 보고 내가 죄인 되었을 때 "교회가 밥 먹여주나 하나님 있으면 나와 보라고 해" 하나님 앞에 못된 짓을 하고 아내를 핍박했던 일이 너무나 부끄럽게 생각되었다. 내가 죄인이구나 깨닫게 되었다. 그러면서 나 같은 죄인들에게 복음을 전해야겠다는 생각이 들었다. 갓 중학교에 들어간 딸에게 너 괜찮느냐고 물어보았다. 거울로 내 얼굴을 보면 하나님 살아계심을 알게 돼요. 109바늘을 꿰멘 그 아이의 얼굴이 반듯할 리가 없지만 그것이 그의 자랑이라고 한다. 그 상처로 말미암아 아빠가 구원을 얻었고 가정이 구원을 얻게 된 것이다. 이것이 그 아이의 믿음이다. "이후로는 누구든지 나를 괴롭게 하지 말라 내가 내 몸에 예수의 흔적을 지니고 있노라"(갈6:17) 그런데 딸이 대학에 들어갔을 때 아내가 그에게 딸에게 왜 사과하지 않느냐고 핀잔을 주었다. 아차 싶었다. 딸이 입고 있을 상처를 잊고 있었던 것이다. 딸이 학교에서 돌아왔다. 아빠가 네가 입었을 상처를 만져주지 못한 것이 미안하구나 했다. 아빠 이제 됐어요 했다. 딸이 눈물을 펑펑 쏟았다. 딸에게 미안하다 하지 않았으면 그것이 그대로 상처로 남아 있을 법했구나 싶어 딸에게 미안하기도 하고 다행이라고 생각됐다

 그의 가족 모두가 병원에서 퇴원을 하게 되었다. 그의 생애 두번 째로 하나님 앞에 예배를 드리는 날이었다. 알지 못하는 힘에 끌려 예배당 맨 앞자리에 앉았다. "주님의 높고 위대하심을 내 영혼이 찬양하네"(찬송가79장 후렴) 그 가사가 마음에 감동으로 다가왔다. 스크린을 보며 찬양을 하는데 도저히 자리에 앉아 있을 수 없었다. 그렇다고 서서 찬양할 수도 없는 노릇이다. 둘러보니 아무도 서서 찬양을 하는 사람이

없었다. 기쁨과 감동이 밀려오는데 도저히 참을 수가 없었다. 무엇이라도 해야 할 것 같았다. 두 손을 번쩍 들었다. 순간 눈물이 주르륵 흘러내렸다. 뒤에서 수군대는 소리가 들렸다. 그런 거 신경 쓸 겨를이 없다. 눈물 콧물을 흘리면서 그렇게 예배를 마쳤다. 예배당 문을 나서는데 날아갈 것 같고 온 세계가 자신을 위해 있는 것 같았다. 들어올 때는 수양버들 가지가 차를 긁을까 봐 걱정을 했는데 그 버들가지가 바람에 휘날리면서 하나님을 찬양하는 것 같았다. 교회가 이렇게 좋은 곳인 줄 난 왜 진작 몰랐을까? 예배가 축복인 것을 난 왜 진작 몰랐을까? 난 왜 아내가 교회 가는 것을 그렇게 막았을까? 로마서 5장 8절 "죄인 되었을 때" 무서운 말씀이구나. 난 죄인 된 그들에게 복음을 전하리라 결심하게 되었다. 그가 생애 처음으로 하나님께 전심으로 드리는 예배였다. 그에게 성령께서 임하셔서 그를 만지시고 돌이키셨다. "사울이 길을 가다가 다메섹에 가까이 이르더니 홀연히 하늘로부터 빛이 그를 둘러 비추는지라 땅에 엎드러져 들으매 소리가 있어 이르시되 사울아 사울아 네가 어찌하여 나를 박해하느냐 하시거늘 대답하되 주여 누구시니이까 이르시되 나는 네가 박해하는 예수라, 주께서 이르시되 가라 이 사람은 내 이름을 이방인과 임금들과 이스라엘 자손들에게 전하기 위하여 택한 나의 그릇이라, 아나니아가 떠나 그 집에 들어가서 그에게 안수하여 이르되 형제 사울아 주 곧 네가 오는 길에서 나타나셨던 예수께서 나를 보내어 너로 다시 보게 하시고 성령으로 충만하게 하신다 하니" (행 9:3~5, 15, 17)

그 후 몇 주일 지난 뒤에 예배 후에 목사님께서 그를 찾으셨다. 목사님께서 매주 토요일 오후 세 시에 시간을 좀 내달라고 하셨다. 사업상 일이 바빴지만 그렇게 하겠다고 약속을 했다. 목사님께서 매주 토요일에 새 신자 전도훈련을 하고 있었던 것이다. 토요일 오후 세 시에 대공원 분수대 앞에서 전도훈련이 시작되었다. 목사님께서 자신이 전도하는 것을 그냥 눈여겨 보라고 하셨다. 안녕하세요. ○○교회에서 나왔는데요. 예수님 믿으세요. 쉽게 보였다. 그도 할 수 있을 것 같았다. 옆에 서 있는 분에게 다가가서 안녕하세요. 예수님 믿으세요. 버럭 화를 냈다. 너나 잘 믿어 사람 귀찮게 하지 말고 목사님이 전도할 때는 그런 일이 없었다. 훈련이 부족해서 그런가 그렇다고 멈출 수는 없었다. 안녕하세요. ○○교회에서 나왔는데요. 예수님 믿으세요. 대여섯 사람에게 전하고 술이 취한 듯한 한 사람을 마주하게 되었다. 안녕하세요. ○○교회에서 나왔는데요. 예수님 믿으세요. 하는데 저 같은 사람도 예수님 믿어도 됩니까? 반응이 왔다. 사연이 있는 것 같아 보였다. 사실 저는 교통사고가 나서 네 가족이 모두 죽다가 살아났다. 예수님 믿고 가정이 회복되었다고 했다. 갑자기 그 사람이 눈물을 흘리면서 말하기 시작했다. 사연인즉 그도 오래 전에 술이 취해 교통사고를 낸 적이 있었다. 그 사고로 딸이 불구가 되어 함께 살고 있다고 했다. 그가 복음을 듣고 예수님을 믿게 되고 가족들도 구원을 받게 되었다. "내 말과 내 전도함이 설득력 있는 지혜의 말로 하지 아니하고 다만 성령의 나타나심과 능력으로 하여 너희 믿음이 사람의 지혜에 있지 아니하고 다만 하나님의 능력에 있게 하려 하였노라, 이르시되 주 예수를 믿으라 그리하면 너와 네 집이 구원을 받으리라 하고"(고전2:4, 행16:31) 그로부터 그의 복음

전도 활동은 시작되었다. "이방인들이 기뻐하여 하나님의 말씀을 찬송하며 영생을 주시기로 작정된 자는 다 믿더라" (행13:48)

금요철야 기도를 하는데 두 주에 걸쳐 이 말씀과 고구마를 환상으로 보여주셨다. 이 말씀과 고구마가 무슨 연관성이 있을까? 영생을 주시기로 작정된 자와 익은 고구마? 영생을 주시기로 자정된 자는 다 믿더라. 익은 고구마는 다 먹을 수 있더라. 말이 되는 것 같았다. 작정된 자를 익은 고구마를 찾는 방식으로 찾아보라고 말씀과 환상으로 보여주셨음을 깨닫게 되었다. 처음으로 대공원 분수대 앞에서 전도할 때 화를 낸 사람과 반응이 없었던 사람들은 영생을 주시기로 작정된 자가 아니었고 예수님 믿으세요. 그 말에 저 같은 사람도 예수님 믿어도 돼요? 이분이 영생을 주시기로 작정된 자였구나 깨달아 알게 되었다. 그로부터 고구마 전도법으로 복음을 전하게 되었다. 이것은 복음 전도할 때 그분이 사용하는 방식이지 택함을 받은 자와 택함을 받지 않은 자를 우리들은 알 수 없다 "곧 창세 전에 그리스도 안에서 우리를 택하사 우리로 사랑 안에서 그 앞에 거룩하고 흠이 없게 하시려고, 청함을 받은 자는 많되 택함을 받은 자는 적으니라" (엡1:4. 마22:14) 성경 말씀 안에 영생을 주시기로 작정된 자, 바꾸어 말하면 택함을 받은 자와 택함을 받지 않은 자를 우리가 알 수 있도록 나타낸 성경 말씀은 없는 것으로 알면 될 것 같다. 전도할 때에 "교회 다니세요. 신앙생활 하세요"보다 예수님 믿으세요. 예수님 이름을 선포하는 것이 가장 중요하다고 한다. "또 무엇을 하든지 말에나 일에나 다 주 예수의 이름으로 하고 그를 힘입어 하나님 아버지께 감사하라, 내 이름으로 무엇이든지 내게 구하면 내가 행하리라, 그날에는 너희가 아무것도 내게 묻지 아니하리라 내가 진실로 진실로 너희에게 이르노니 너희가 무엇이든지 아버지께 구하는 것을 내 이름으로 주시리라, 칠십인이 기뻐하며 돌아와 이르되 주여 주의 이름이면 귀신들도 우리에게 항복하더이다, 배드로가 이르되 은과 금은 내게 없거니와 내게 있는 이것을 네게 주노니 나사렛 예수 그리스도의 이름으로 일어나 걸으라 하고" (골3:17, 요14:14, 요16:23, 눅10:17, 행3:6) 위, 그의 고구마 전도법에는 한 번 찔러보고 판단하는 것은 절대 금물이다. 그도 작두도사 무속인을 전도할 때 일곱 번을 찔러보고 여덟 번째 기도원으로 데리고 가서 작두도사가 성령 체험을 하고 그 가정이 구원을 받았기 때문이다.

그녀는 자라면서 늘 부모님께서 온 가족이 함께 저녁 9시에 하나님께 예배를 드렸다고 한다. 그때 부모님께서 이 말씀을 암송하여 지켜 행하라고 하셨다. "이스라엘아 들으라 우리 하나님 여호와는 오직 유일한 여호와이시니 너는 마음을 다하고 뜻을 다하고 힘을 다하여 네 하나님 여호와를 사랑하라 오늘 내가 네게 명하는 이 말씀을 너는 마음에 새기고 네 자녀에게 부지런히 가르치며 집에 앉았을 때에든지 길을 갈 때에든지 누워있을 때에든지 일어날 때에든지 이 말씀을 강론할 것이며 너는 또 그것을 네 손목에 매어 기호를 삼으며 네 미간에 붙여 표로 삼고 또 네 집 문설주와 바깥 문에 기록할지니라" (신6:4~9) 그녀는 2006년 미스코리아 진에 선정되었다. 어머니와 하용조 목사님께서도 권하셨지만 하나님께서 이 말씀을 선명하게 나타내 보이시면서 주님을 나타내 보이라고 말씀하셨다고 한다. "그를 높이라 그리하면 그가 너를 높이 들리라 만일 그를 품으면 그가 너를 영화롭게 하리라"(잠4:8) 그래서 미스코리아 선발대회에 출전하게 되었다고 한다. 그녀는 살벌한 선발대회 분위기 가운데서 합숙기간 동안 매일 참가자들 몇 사람과 함께 하나님께 예배를 드렸다고 한다. 많이 모일 때는 첨가자 삼분지 일이 모여 함께 예배를 드렸다고 한다. 마지막날에는 그녀와 또 다른 한 참가사를 붙여주셔서 끝까지 예배를 드릴 수 있었다고 한다. "아버지께 참되게 예배하는 자들은 영과 진리로 예배할 때가 오나니 곧 이때라 아버지께서는 자기에게 이렇게 예배하는 자들을 찾으시느니라"(요4:23) 그녀는 미스코리아 선정 과정이 하나님이 예비하신 길을 편하게 걸어가는 것 같았다고 했다. 그가 미스코리아 진에 선정된 것은 오로지 하나님의 은혜라고 한다.

그녀는 어느 때부터인가 하나님으로부터 멀어져 가고 있다는 생각이 들었다. 그때부터 열심히 성경 말씀을 통독하게 되었다. 시간이 날 때마다 성경책을 읽고 또 읽었다. 서 있을 때도 성경 말씀을 읽고 차를 타고 가면서도 읽고 의자에 앉아 쉴 때도 읽고 자다가도 읽고 촬영하다가도 읽고 그렇게 해야 정해 놓은 90일 안에 1독을 할 수 있기 때문이다. 그렇게 해서 6, 7년 동안 성경 말씀을 12번 통독할 수 있었다. 그런데 말씀 통독 횟수가 늘어감에 따라 교만이 늘어가기 시작했다. 말씀을 알아가기보다 말씀을 읽는 회수에 집착하게 되는 것 같았다. 아차 싶었다. 무엇인가 잘못되어가고 있구나. 말씀을 여러번 통독하는 것도 물론 중요하지만 말씀을 바로 알고 말씀 따라 살기를 힘쓰는 것이 더 중요하다고 생각하게 되었다. 그러므로 그녀는 다른 대안을 찾아보았다. 그 대안이 필사라고 생각되었다. 말씀을 여러번 읽는 것도 물론 중요하지만 그것이 교만이 될 때 통독을 많이 한 것이 오히려 독이 될 수도 있음을 깨닫게 되었다. 바른길을 가도록 인도하신 하나님께 감사기도를 드렸다. 그리고 교만하지 않도록 도와 달라고 기도하게 되었다. "또 그가 내게 이르시되 인자야 너는 발견한 것을 먹으라 너는 이 두루마리를 먹고 가서 이스라엘 족속에게 말하라 내가 입을 벌리니 그가 그 두루마리를 내게 먹이시며 내게 이르시되 내가 네게 주는 이 두루마리를 네 배에 넣으며 네 창자에 채우라 하시기에 내가 먹으니 그것이 내 입에서 달기가 꿀 같더라, 만군의 여호와시여 나는 주의 이름으로 일컬음을 받는 자라 내가 주의 말씀을 얻어 먹었사오니 주의 말씀은 내게 기쁨과 내 마음의 즐거움이오나, 복 있는 사람은 악인들의 꾀를 따르지 아니하며 죄인들의 길에 서지 아니하며 오만한 자들의 자리에 앉지 아니하고 오직 여호와의 율법을 즐거워하여 그의 율법을 주야로 묵상하는도다, 너 인자야 내가 네게 이르는 말을 듣고 그 패역한 족속같이 패역하지 말고 네 입을 벌리고 내가 네게 주는 것을 먹으라 하시기로 내가 보니 보라 한 손이 나를 향하여 펴지고 보라 그 안에 두루마리 책이 있더라, 살아계신 아버지께서 나를 보내시매 내가 아버지로 말미암아 사는 것같이 나를 먹는 그 사람도 나로 말미암아 살리라 이것은 하늘에서 내려온 떡이니 조상들이 먹고도 죽은 그것과 같지 아니하여 이 떡을 먹는 자는 영원히 살리라, 주의 말씀의 맛이 내게 어찌 그리 단지요 내 입에 꿀보다 더 다니이다" (겔3:1~3, 렘15:16, 시1:1~2, 겔2:8~9, 요6:57, 사119:103)

그녀가 여러번 성경 말씀을 통독하고 나서 하나님께서 그녀에게 들려준 말씀은 "하나님이 우리에게 주신 것은 두려워하는 마음이 아니요 오직 능력과 사랑과 절제하는 마음이니"라고 한다. 그녀에게 두려워하는 마음이 컸었나 보다 "이는 나 여호와 너의 하나님이 네 오른손을 붙들고 네게 이르기를 두려워하지 말라 내가 너를 도우리라 할 것임이니라"(사41:13) 그녀는 또 대언과 예언에 대하여 언급하였는데 그 의중을 잘 알지 못하여 아래 말씀으로 대신할까 한다. "또 내게 이르시되 너는 이 모든 뼈에게 대언하여 이르기를 너희 마른 뼈들아 여호와의 말씀을 들을 지어다 주 여호와께서 이 뼈들에게 이같이 말씀하시기를 내가 생기를 너희에게 들어가게 하리니 너희가 살아나리라, 이에 내가 그 명령대로 대언하였더니 생기가 그들에게 들어가매 그들이 곧 살아나서 일어나 서는데 극히 큰 군대더라, 어떤 사람에게는 능력 행함을 어떤 사람에게는 예언함을, 어떤 사람에게는 영들 분별함을, 다른 사람에게는 각종 방언 말함을, 어떤 사람에게는 방언들 통역함을 주시나니, 우리에게 주신 은혜대로 받은 은사가 각각 다르니 혹 예언이면 믿음의 분수대로"(겔37:4~5, 10, 고전12:10, 롬12:6) 그녀는 그가 행하는 모든 일이 자기 자신이 하는 줄 알았는데 되돌아보니 모든 것을 하나님께서 인도하시고 이루시고 계심을 그녀는 알게 되었다고 한다. "너희 안에 행하시는 이는 하나님이시니 자기의 기쁘신 뜻을 위하여 너희에게 소원을 두고 행하게 하시나니 모든 일을 원망과 시비가 없이 하라, 사람이 마음으로 자기의 길을 계획할지라도 그의 걸음을 인도하시는 이는 여호와시니라"(빌2:13~14, 잠16:9)

그녀는 한 방송프로에 출연하게 되었다. 하나님께서 신앙인들로 출연진을 채워 주셨다. 그래서 촬영을 하기 전에 늘 함께 기도하게 하셨다. "내가 이 말을 듣고 앉아서 울고 수일 동안 슬퍼하며 하늘의 하나님 앞에 금식하며 기도하여 이르되 하늘의 하나님 여호와 크고 두려우신 하나님이여 주를 사랑하고 주의 계명을 지키는 자에게 언약을 지키시며 긍휼을 베푸시는 주여 간구하나이다, 쉬지 말고 기도하라, 아무것도 염려하지 말고 다만 모든 일에 기도와 간구로, 너희 구할 것을 감사함으로 하나님께 아뢰라 주 앞에서 낮추라 그리하면 주께서 너희를 높이시리라"(느1:3~4, 살전5:17, 빌4:6, 약4:10) 그녀는 결혼하고 아이가 생기지 않자 시험관아기 시술을 계획하고 있었다. 그러던 어느 날 몸에 이상한 느낌이 들어 임신 여부를 검사해 보았다. 검사 결과는 임신으로 나타났다. 할렐루야 하나님 감사합니다. 하나님 앞에 감사기도를 드렸다. "주께서 나의 슬픔이 변하여 내게 춤이 되게 하시며 나의 베옷을 벗기고 기쁨으로 띠 띠우셨나이다"(시30:11) 그녀의 인생을 이 말씀으로 표현해도 무리가 되지 않을 듯싶다 이 말씀으로 마무리한다. "비록 무화과나무가 무성하지 못하며 포도나무에 열매가 없으며 감람나무에 소출이 없으며 밭에 먹을 것이 없으며 우리에 양이 없으며 외양간에 소가 없을지라도 나는 여호와로 말미암아 즐거워하며 나의 구원의 하나님으로 말미암아 기뻐하리로다"(합3:17~18)

"부름 받아 나선 이 몸 어디든지 가오리다 괴로우나 즐거우나 주만 따라가오리니 어느 누가 막으리까 죽음인들 막으리까 어느 누가 막으리까 죽음인들 막으리까"(찬송가 323장 1절) 어느 날 그녀의 옆에 같은 어깨가 같은 보폭으로 나란히 함께 걷고 있는 하나님의 모습을 환상으로 보게 되었다. 내가 기뻐할 때도 낙심하고 한숨 쉴 때도 여전히 함께 하신 주님 감사합니다. 눈물이 주르륵 쏟아졌다. "주님이 가라 하시면 어디든지 가겠습니다." 하고 서원기도를 드리게 되었다. 그녀는 지적장애인 보호시설 앞을 지나다니면서 철조망 너머로 장애인들을 보게 되었다. 처음에는 그들이 무섭게 다가왔다. 차츰 그들과 낯이 익어가기 시작했다. 그러던 어느날 여느 때와 마찬가지로 그 시설 앞을 지나면서 그들을 보게 되었다. 그들과 반갑게 눈인사를 나누는데 그들이 서 있는 뒤에 무지개가 보였다. 갑자기 그 시설에 들어가고 싶어졌다. 먼저 지적장애인과 함께 할 수 있는 교육을 받았다. 신실한 크리스찬인 엄마에게 허락을 받고 아버지께 편지를 써 놓고 그 시설로 갔다. 그 시설에는 남자 네 방과 여자 세 방이 있는데 여자 한 방에 엄마가 공석이었다. 그녀가 하는 일은 원생들의 엄마가 되어 그들과 함께 생활하면서 돌보는 일이다. 바로 일을 할 수 있게 되었다. 배정받은 방에 들어갔다. 그들 특유의 환영 인사는 괴성과 함께 폭발적이었다. 수용시설 면적에 비해 인원이 많기 때문에 머리를 맞대고 두 줄로 잠을 자게 되었다. 그 당시에는 시설이 매우 열악했다. 여름에는 덥고 겨울에는 추웠다. 그들과 같은 방에서 자고 같이 먹고 빨래하고 청소하고 여느 가정주부와 같은 생활이었다. 다른 것이 있다면 15명의 자녀가 있다는 것이다. 식사 시간에는 원생들을 먼저 먹인다. 밥을 떠먹여 주기도 하며 도와줘야 한다. 그들의 식사가 끝나면 그녀도 식사를 하게 된다. 몸은 힘이 들기도 했지만 원생들과 함께 생활하는 것이 너무나 행복했다고 한다. "주와 같이 길 가는 것 즐거운 일 아닌가 우리 주님 걸어가신 발자취를 밟겠네" (찬송가 430장 1절) 찬양이 저절로 나오고 항상 웃으면서 지냈다고 한다. 밤이 되면 원생들과 함께 둘러 앉아 매일 똑같은 찬양으로 찬양하고 말씀을 벽에 붙여 놓고 따라 하게 하며 그렇게 하나님 앞에 예배를 드렸다. 말씀을 따라 읽고 찬양하는 것이 너무 어렵고 힘이 들었지만 하나님께서 기쁘게 받으시는 예배라고 생각 되었다.

지적장애인 보호시설에 있을 때 ○○교회 청년들이 그녀가 있는 시설에 자원봉사하러 왔다. 그때 한 청년으로부터 청혼을 받고 그와 결혼하게 되었다. 두 아이를 낳고 제주도로 이사를 갔다. 거기서 독서치료사 자격증을 취득하고 보육원에 들어가게 되었다. 원생이 100여 명이 되는 보육원이었다. 그녀에게 4명의 원생들이 배정되었다. 특별히 사랑과 관심이 필요한 원생들이었다. 그래서 적은 인원을 배정받게 되었다. 독서치료는 다양한 문학작품을 매개로 하는 일종의 심리치료다. 그녀는 아이들에게 책을 읽어주고 그들과 마음을 나누는 일이었다. 그들이 마음에 쏙 들었다고 한다. 그들과 금방 친해졌다. 추석 명절이 내일로 다가왔다. 장애인 시설이나 보육원에는 명절에는 아무도 찾아주지 않는다. 추석 전날 보육원장님 허락을 받고 그 아이들을 데리고 시장에 갔다. 필요한 식품 재료를 이것저것 사가지고 집으로 돌아왔다. 아이들과 음식을 만들면서 즐거운 시간을 보냈다. 아이들이 음식 만드는 것을 좋아했다. 함께 떡볶이도 만들었다. 만든 음식을 가족들과 함께 맛있게 나누어 먹었다. 그녀 자녀들도 원생들과 잘 어울려 놀았다. 그들과 같이 그녀의 집에서 자고 아침에 식사를 하고 게임도 하면서 즐거운 시간을 보냈다. 아이들이 무척 좋아했다. 아이들이 밝아지기도 했다. 고맙다고 했다. 점심을 먹여서 보육원에 들여보냈다. 그렇게 보육원에서의 1년의 독서치료 계약 기간이 끝나게 되었다. 지금까지도 그들이 집으로 찾아오기도 하고 서로 연락하면서 지내고 있다.

그 부부는 결혼 20년 만에 30평 아파트를 장만하게 되었다. 도배하고 장판을 까는 일을 손수 하기로 했다. 왼쪽을 봐도 행복하고 오른쪽을 봐도 행복하고 장판이 조금 삐뚤어져도 행복하고 너무너무 행복했다. 갑자기 그 행복을 나누고 싶다는 생각이 들었다. 누구랑 이 행복을 나눌까 결혼 초에 그들 부부는 가난하게 살았다. 그때 막연하게 그 부부는 입양이라는 단어를 떠올린 적이 있었다. 그때는 먹고 살기가 힘든 때라 지금까지 잊고 지냈다. 그렇게 이 행복을 입양자녀와 나누자고 마음먹게 되었다.

그 무렵에 지역신문에 "사랑의 위탁부모가 되어 주세요"라는 글귀가 신문 하단에 작은 글씨로 되어 있었지만 그 부부에게 현수막 글씨처럼 크게 보였다. 그 글귀가 그들의 마음을 사로잡았다. 그 시절이 그들에게 경제적으로 가장 안정된 때였다. 가족회의를 거쳐 자녀를 한 명 위탁받기로 결정하고 필요한 절차를 밟게 되었다. 자격심사에서 기준에 합격하게 되었다. 위탁부모가 받아야 할 교육 과정도 이수했다. 드디어 기다리던 아기를 위탁받아 키우게 되었다. 부부와 아들 딸 4식구가 다섯 식구로 늘게 되었다. 아기의 엄마는 애띤 모습의 미혼모였다. 아기를 그들에게 넘겨주면서 훌쩍훌쩍 우는 아기 엄마의 모습에 너무나 가슴이 아팠다. 건강하게 신앙인으로 잘 키울게요, 마음으로 다짐하게 되었다. 11개월 된 여자 아기를 집으로 데려왔다. 낮에는 순둥이 같았다. 그런데 웬걸 밤이 되자 악을 쓰며 울기 시작했다. 안아 줘도 울고 업어도 울고 그렇게 울다가 지쳐 잠이 들었다. 그렇게 밤마다 그 아이는 울어댔다.

3일이 지나서야 무언가 두리번거리면서 찾는 듯했다. 엄마를 찾아 그렇게 울어댔구나. 아이 엄마도 밤마다 그렇게 울고 있었겠구나. 몹시 애처로운 마음이 들었다. 은지야, 은지는 아빠도 둘 엄마도 둘이란다. 은지야, 사랑하고 축복해. 15살짜리 딸이 쟤 보내면 안 되? 엄마의 관심이 온통 아이에게 빠져 있어서 그 딸이 불편해 했다. 교회에 갈 때도 기저귀 가방 챙기고 우유병에 분유 타서 보온병에 넣고 그렇게 교회에 갔다. 예배시간에도 대예배실이 아닌 자모실에서 아이를 안고 예배를 드려야 했다. 남들은 두 손 번쩍들고 기도하며 찬양하는데 그럴 수도 없는 형편이었다. 하나님 저도 저분들처럼 예배드리고 싶어요 했더니 그 순간 "하나님께서 이게 예배야 육아가 예배야 하나님 형상을 닮은 은지를 키우는 게 예배야 삶이 예배야"라고 말씀하시는 하나님의 음성을 마음의 감동으로 듣게 하셨다. 그로부터 예배 형식으로부터 자유롭게 되었다. "그러므로 형제들아 내가 하나님의 모든 자비하심으로 너희를 권하노니 너희 몸을 하나님이 기뻐하시는 거룩한 제물로 드리라 이는 너희가 드릴 영적 예배니라"(롬12:1) 엎드려 기어다니던 아이가 일어나 앉게되고 엄마! 아빠! 라고 말문이 열려지게 되고 그러면서 걷게 되고 울다가 금방 깔깔대고 웃는 아이의 모습에서 하나님 형상을 엿볼 수 있는 게 아닌가 싶었다. 아이의 삶이 이런 것이구나, 이것이 예배구나, 교회 대예배실에서 주일날 드리는 예배만이 예배가 아니구나, 삶이 곧 예배구나, 거룩하게 예배로 드려지는 삶을 위해 바른 신앙인의 삶을 살아야겠구나, 그렇다면 항상 말씀을 읽고 말씀 따라 살아가도록 힘써야겠구나, 그녀는 경건한 삶을 사는 것이 예배로 드려지는 삶이라는 결론에 도달하게 되었다.

그의 아버지께서는 학교도 제대로 다니지 못하고 어렵게 사셨다. 그렇게 살다가 그는 군에 갈 나이가 되어 군에 입대하게 되었다. 군 생활 중에 좋은 군대 목사님을 만나 한글을 배우게 되고 성경 말씀도 읽게 되었다. 글을 읽는 것이 좋아서 말씀이 좋아서 신약 성경 말씀을 30번이나 읽게 되었고 구약 성경 말씀을 15번이나 읽었다고 한다. 아버지께서는 군에 제대를 하고 꽤 먼 거리에 있는 교회에 새벽기도를 다녔다. 그는 어릴 때 아버지의 손을 잡고 늘 새벽기도를 따라다녔다 아버지께서는 일을 나가실 때마다 네 자녀의 머리에 손을 얹고 기도해 주셨다. 무슨 일이 있더라도 주일 예배는 반드시 드렸다. 그러던 아버지께서 자식들이 자라면서 생활비가 필요했다. 나이가 들면서 막노동은 힘이 부치고 수입도 일정치 않았다. 그때 다니는 교회 관리 집사로 일할 수 있게 되었다. 수양관을 맡아 청소도 하고 잔일도 하게 되었다. 어느 날 장로님들한테 하대를 받는 것을 보고 그것이 그에게 큰 충격으로 다가왔다. 청년들이 자라서 장로가 되었고 아버지께서는 교회에서 따지고 보면 원로셨다. 배움이 짧은 아버지는 권사 직분을 받았고 젊은 청년들은 장로 직분을 받았다. 그런데 장로들이 아버지를 하대한다. 하인 취급한다. 어른에게 이거 해라 저거 해라 부려먹고 있다. 아버지는 교회 내에서 소외계층이다. 관리 집사들은 수고에 비해 받는 급료도 빈약하다. 많은 교인들의 눈치도 봐야 하고 고용 불안에 시달리고 있다. 그 자녀들은 관리 집사인 아버지보다 더 눈치를 본다. 친구도 사귀기 힘들다. 그 아버지의 아들이 아닌 척 살아간다. 그는 아버지께 항변도 했다. 아버지 어떻게 이렇게 살아야 합니까? 그는 아버지가 싫었다고 했다. 그러나 그의 어버지께서는 이것이 어떤 힘에 굴복하거나 비굴한 것이 아니라 배우는 것이다. 세 살 되는 아이에게라도 배울 것이 있다면 그 아이는 내게 스승이 되는 것이 아니냐 이런 아버지의 모습이 보기 힘들거든 보지 않도록 하거라 그는 온종일 울었다. 이것이 오늘 한국교회의 슬픈 민낯이다. 한국교회 성도들이 성경 말씀을 읽고 말씀을 바로 알고 말씀 따라 신앙생활을 할 때도 이런 일이 생길까 우리가 왜 이렇게 되어 가고 있는지 되돌아봐야 할 때라고 생각한다.

교회란 무엇인가 "그는 몸인 교회의 머리시라 그가 근본이시요 죽은 자들 가운데서 먼저 나신이시니 이는 친히 만물의 으뜸이 되려 하심이요, 우리가 한 몸에 많은 지체를 가졌으나 모든 지체가 같은 기능을 가진 것이 아니니 이와 같이 우리 많은 사람이 그리스도 안에서 한 몸이 되어 서로 지체가 되었느니라, 우리가 유대인이나 헬라인이나 종이나 자유인이나 한 성령으로 세례를 받아 한 몸이 되었고 또 다 한 성령을 마시게 하셨느니라 몸은 한 지체뿐만 아니요 여럿이니, 만일 온몸이 눈이면 듣는 곳은 어디며 온몸이 듣는 곳이면 냄새 맡는 곳은 어디냐 그러나 이제 하나님이 그 원하시는 대로 지체를 각각 몸에 두셨으니 만일 다 한 지체뿐이면 몸은 어디냐 이제 지체는 많으나 몸은 하나라 눈이 손더러 내가 너를 쓸 데가 없다 하거나 또한 머리가 발더러 내가 너를 쓸 데가 없다 하지 못하리라 그뿐 아니라 더 약하게 보이는 몸의 지체가 도리어 요긴하고 우리가 몸의 덜 귀히 여기는 그것들을 더욱 귀한 것들로 입혀 주며 우리의 아름답지 못한 지체는 더욱 아름다운 것을 얻느니라 그런즉 우리의 아름다운 지체는 그럴 필요가 없느니라 오직 하나님이 몸을 고르게 하여 부족한 지체에게 귀중함을 더하사 몸 가운데서 분쟁이 없고 오직 여러 지체가 서로 같이 돌보게 하셨느니라 만일 한 지체가 고통을 받으면 모든 지체가 함께 고통을 받고 한 지체가 영광을 얻으면 모든 지체가 함께 즐거워하느니라 너희는 그리스도의 몸이요 지체의 각 부분이라 하나님이 교회 중에 몇을 세우셨으니 첫째는 사도요 둘째는 선지자요 셋째는 교사요 그다음은 능력을 행하는 자요 그 다음은 병 고치는 은사와 서로 돕는 것과 각종 방언을 말하는 것이라 (골1:18, 롬12:4~5, 고전12:13~14, 17~28)

그는 19살 나이에 가정불화로 가출을 했다. 친구의 도움으로 레스토랑에 취직을 했다. 낮에는 식당 영업을 하고 밤에는 술을 파는 곳이었다. 강남에서 유명한 연예인들이 출연하는 규모가 큰 술집이었다. 한번 종업원으로 발을 들여놓으면 빠져나올 수 없는 위험한 곳이었다. 그는 그런 곳인지도 모르고 들어간 것이다. 그는 하나님 앞에 기도를 하는 중에 전혀 알지 못하는 이의 도움으로 6개월 만에 그곳을 탈출할 수 있었다. "네가 말하기를 여호와는 나의 피난처시라 하고 지존자를 너의 거처로 삼았으므로 화가 네게 미치지 못하며 재앙이 네 장막에 가까이 오지 못하리니 그가 너를 위하여 그의 천사들을 명령하사 네 모든 길에서 너를 지키게 하심이라" (시91:9~11) 그리고 그는 22세에 군에 입대하게 되었다. 그는 허리 디스크로 모진 고통 속에 어렵게 군생활을 이어갈 수 있었다. 그런 가운데 하나님만 바라보면서 기도로 이겨낼 수 있었다. 그런데 그를 괴롭히던 군종병이 제대를 하면서 그를 군종병으로 추천하게 되어 그가 군종병으로 임명받게 되었다. 그 후 자유롭게 신앙생활을 할 수 있게 되었다. 그는 군에서 제대를 하고 몇 달 후에 결혼을 했다. 첫째 아이가 세 살 무렵에 아이가 몹시 아팠다. 집 근처 병원에서 치료를 받았지만 병명도 모른다고 했다. 서울 큰 병원으로 가서 여러 검사를 받았지만 병의 원인을 알 수 없는 병이라고 했다. 세상에는 고칠 수 있는 병보다 고칠 수 없는 병이 더 많다고 했다. 3개월 밖에 살 수 없다고 했다. 집에 가서 밥이나 잘 먹을 수 있는 약을 처방해 달라고 해서 약을 받아 집으로 돌아왔다. 약을 먹고 밥을 먹기 시작했다. 그런데 차츰 혈색이 돌아왔다. 1개월이 지나서 병원에 가서 검사를 받았다. 병이 다 나았다는 것이다. 아이에게 기적이 일어난 것이다. 너무 기쁜 나머지 "하나님 저 이제 신학공부 할게요" 하나님께 서원기도를 드렸다. 그리고 둘째 아이가 태어났다. 7개월이 지날 무렵 둘째 아이가 아프기 시작했다. "하나님 이 아이 고쳐주시면 진짜 신학공부 할게요" 첫 번째 서원도 이행하지 않으면서 하나님 앞에 또 서원기도를 드렸다. 서울 큰 병원에 가서 검사를 받았다. 선천적 백혈병이라고 했다. 큰아이와 증상이 비슷했다. 그는 이 아이도 큰아이처럼 나을 것이라고 생각했다. 그런데 7개월을 앓다가 하늘나라로 떠났다.

그는 그제야 자신이 죄인임을 깨닫게 되었다. 하나님을 의지하지 않고 자신의 생각대로 살아온 것을 알게 되었다. 자신이 애써 모은 돈이 자기의 것이 아님을 알게 되었다. 그 돈을 주신 이도 하나님이시요, 가져가신 이도 하나님이심을 알게 되었다. 그동안 입지 않고 먹지 않고 모은 돈이 하루아침에 아이 병원비로 다 들어갔다. 그리고 그는 먼저 큰아이 때 서원기도한 것을 잊고 있었던 것이다. 서원기도는 하나님 앞에 서원하였으면 깨뜨리지 말고 말한 대로 반드시 이행해야 한다. 서원기도는 성경 말씀 안에 자세히 기록되어 있다. 서원기도를 자세히 모르면 하나님 앞에 서원하지 말아야 한다. 우리가 성경 말씀을 읽고 또 읽고 바로 알고 말씀 따라 살기를 힘써야 한다. "영생은 곧 유일하신 참 하나님과 그가 보내신 자 예수 그리스도를 아는 것이니이다"(요17:3) 예수 그리스도를 아는 것이 영생이라고 한다. 말씀이 육신이 되어 오신 분이 예수 그리스도시다. 말씀을 아는 것이 영생이 된다. 영생을 얻으려면 우리는 반드시 말씀을 알아야 한다. 말씀을 알기 위해 우리는 성경 말씀을 읽고 또 읽어야 한다. "말씀이 육신이 되어 우리 가운데 거하시매 우리가 그의 영광을 보니 아버지의 독생자의 영광이요 은혜와 진리가 충만하더라, 오직 주의 말씀은 세세토록 있도다 하였으니 너희에게 전한 복음이 곧 이 말씀이니라"(요1:14, 벧전1:25) 말씀을 몰랐기 때문에 그는 서원기도를 이행하지 않았다. 아래 서원기도에 대한 말씀을 기록하고 있다. 더 자세히 알고 싶으면 성경 말씀 안에서 찾아보기 바란다 "사람이 여호와께 서원하였거나 결심하고 서약하였으면 깨뜨리지 말고 그가 입으로 말한 대로 다 이행할 것이니라, 네가 하나님께 서원하였거든 갚기를 더디 하게 하지 말라 하나님은 우매한 자들을 기뻐하지 아니하시나니 서원한 것을 갚으라, 네 하나님 여호와께 서원하였거든 갚기를 더디하지 말라 네 하나님 여호와께서 반드시 그것을 네게 요구하시리니 더디면 그것이 네게 죄가 될 것이라 네가 서원하지 아니하였으면 무죄하리라 그러나 네 입으로 말한 것은 그대로 실행하도록 유의하라 무릇 자원한 예물은 네 하나님 여호와께 네가 서원하여 입으로 언약한 대로 행할지니라, 그가 여호와께 서원하여 이르되 주께서 과연 암몬 자손을 내 손에 넘겨 주시면 내가 암몬 자손에게서 평안히 돌아올 때에 누구든지 내 집 문에서 나와서 나를 영접하는 그는 여호와께 돌릴 것이니 내가 그를 번제물로 드리겠나이다 하니라 이에 입다가 암몬 자손에게 이르러 그들과 싸우더니 여호와께서 그들을 그의 손에 넘겨주시매, 입다가 미스바에 있는 자기 집에 이를 때에 보라 그의 딸이 소고를 잡고 춤추며 나와서 영접하니 이는 그의 무남독녀라, 두 달 만에 그의 아버지에게로 돌아온지라 그는 자기가 서원한 대로 딸에게 행하니 딸이 남자를 알지 못하였더라 이것이 이스라엘 관습이 되어" (민 30:2, 전5:4, 신23:21~23, 삿11:30~32, 34, 39)

그 후 그는 숱한 고난과 역경을 겪게 되었다. 그의 삶의 고난과 역경을 여기에 다 쓰지는 않는다. 때로는 너무 비참하고 억울했기 때문이다. "너는 사람이 그 아들을 징계함같이 네 하나님 여호와께서 너를 징계하시는 줄 마음에 생각하고 네 하나님 여호와의 명령을 지켜 그의 길을 따라가며 그를 경외할지니라" (신8:5~6) 마침내 신학공부를 마치고 교회를 개척하게 되었다. 하필이면 아이 시신을 화장해서 빻은 뼛가루를 뿌린 산 근처에 교회를 개척했다. 그 아이가 그의 마음에 조심스럽지만 우상으로 남아 있는 게 아닌가 생각하게 된다. 25년 목회 사역을 하면서 신천지의 공격을 받기도 하고 가까이 있는 교회로부터 교회가 지고 있는 빚 때문에 성도들에게 그 목사를 쫓아내고 교회를 팔아넘기라는 회유를 받기도 했다. 교회건물이 화재로 소실되는 아픔도 겪게 되었다. 그는 모든 성도들에게 아래 말씀 따라 살도록 권면하고 있다. "너는 장차 받을 고난을 두려워하지 말라 볼지어다 마귀가 장차 너희 가운데에서 몇 사람을 옥에 던져 시험을 받게 하리니 너희가 십 일 동안 환난을 받으리라 네가 죽도록 충성하라 그리하면 내가 생명의 관을 네게 주리라, 나는 선한 싸움을 싸우고 나의 달려갈 길을 마치고 믿음을 지켰으니 이제 후로는 나를 위하여 의의 면류관이 예비되었으므로 주 곧 의로우신 재판장이 그날에 내게 주실 것이며 내게만 아니라 주의 나타나심을 사모하는 모든 자에게도니라" (계2:10, 딤후4:7~8)

그녀는 모태신앙인이다. 그녀는 31살에 하나님을 만나기까지는 종교생활을 했다. 그녀는 5살 때부터 피아노를 치기 시작하면서 20여년 동안 피아니스트의 길을 걸었다. 독일에서 석사, 박사 과정을 마치고 귀국했다. ○○교회 음악 감독이 되었다. 그녀는 교수가 되려면 인문학을 공부해서 이력에 한 줄 추가 하는 것이 좋겠다고 생각했다. 그래서 섬기는 교회 목사님의 추천을 받아 신학대학원을 들어갔다. 학문적 탐구와 신앙 성숙을 지향하는 신학대학원의 교육목표와는 달리 자기 프로필에 한 줄 이력을 더하기 위한 그녀에 태도에 제동이 걸리게 되었다. 3학년이 되면서 5월 달에 몸이 몹시 아파서 걸어다닐 수 없었다. 분당 서울대학병원에 가서 검사를 받았다. 수술을 해도 낫는다는 보장은 못한다고 했다. 어떻게 하든지 아프지 않게 해 달라고 했다. 대형 진통제 주사를 맞았다. 그렇지만 많이 아팠다. 독일행 비행기를 타고 치료받으러 갔다. 독일에서 유학할 때 알고 지내던 의사 선생님을 만났다. 그분은 절대로 수술하지 말고 운동을 하라고 권했다. 별 소득 없이 국내에 돌아와 허리통증을 잘 고친다는 병원 여러 곳을 다녀봤지만 병이 나아지지 않았다. "고통의 멍에 벗으려고 예수께로 나갑니다. 자유와 기쁨 베푸시는 주께로 갑니다. 병든 내 몸이 튼튼하고 빈궁한 삶이 부해지며 죄악을 벗어버리려고 주께로 갑니다."(찬송가 272장1절) 가족들의 권유로 매일 밤 9시부터 12시까지 3시간 동안 100일간 작정기도를 하기로 결심했다. 이제 말씀 붙잡고 하나님만 의지하리라 기도하기 시작했다. 3시간 동안 기도하는 것이 불가능했다. 그래서 말씀 읽고 찬양하고 기도를 했다. 30일째 되는 날 기도 중에 잠이 들면서 환상 중에 천국을 보게 되었다. 천사를 따라 천국에 들어갔다. 수정같이 맑고 너무 아름다웠다. 그런데 아무도 보이지 않았다. 천사에게 물어보았다. 왜 천국에 아무도 없어요 했더니 천사가 오늘 천국에 들어 온 사람이 아무도 없다고 했다. 그녀는 마음속으로 오늘 내가 천국에 오면 되겠네요 생각했다. 천사가 나를 지옥으로 안내했다. 천국과 지옥이 같이 붙어 있었다.

벽이 유리로 되어 있었고 밑바닥이 없는 듯했다. 오늘 지옥에는 한 사람이 왔다고 했다. 그 사람이 위에서부터 계속 시커먼 바닥으로 떨어지고 있었다. 그 다음은 하나님 심판대 앞에 서게 되었다. 심판대 담당 천사가 그녀에게 말했다. 너는 천국에 들여보내기도 애매하고 그렇다고 지옥에 들여보내기도 애매하다 다시 돌아가서 천국에 들어갈 수 있도록 예수님 잘 믿다가 다시 오라고 했다. 그러면서 나를 돌려보냈다.

남편이 기도시간 끝났다고 깨었다. 그때부터 그녀의 원망하던 기도가 "저는 죄인입니다. 천국가게 해주세요"로 바뀌게 되었다. 작정기도 50일째 그날도 기도 중에 무엇인가 몸에서 살며시 빠져나가는 느낌이 들었다. 누구세요? 물어 보았다. 그는 나는 할머니 악령이라고 하면서 네 몸에 성령이 들어와서 이제 내가 네 몸에 도저히 살 수가 없어 떠난다고 했다. "여호와의 영이 사울에게서 떠나고 여호와께서 부리시는 악령이 그를 번뇌하게 한지라, 하나님께서 부리시는 악령이 사울에게 이를 때에 다윗이 수금을 들고 와서 손으로 탄즉 사울이 상쾌하여 낫고 악령이 그에게서 떠나더라"(삼상16:14, 23) 그러면서 그의 입에서 아래 말씀이 고백으로 터져 나왔다. "우리가 살아도 주를 위하여 살고 죽어도 주를 위하여 죽나니 그러므로 사나 죽으나 우리가 주의 것이로다"(롬14:8) 아브라함의 하나님 이삭의 하나님 야곱의 하나님이 나의 하나님으로 마음속에 다가왔다. "나는 아브라함의 하나님이요 이삭의 하나님이요 야곱의 하나님이로라 하신 것을 읽어 보지 못하였느냐 하나님은 죽은 자의 하나님이 아니요 살아 있는 자의 하나님이시니라 하시니"(행22:32) 99일째 되는 주일날 새벽 5시에 승용차로 예배드리러 교회에 갔다. 부목사님과 전도사님이 그녀를 보고 깜짝 놀라면서 감독님 무슨 일이 있었어요 똑바로 걷고 있어요 그녀는 여느 때와 같이 지팡이를 짚고 걷고 있다고 생각했는데 지팡이 없이 걷고 있었던 것이다. 주일 예배를 마치고 다음날 병원에 갔다. MRI도 찍고 검사를 받았다. 의사 선생님이 많이 좋아졌다고 하면서 그녀에게 그동안 뭐했어요 물었다. 집에서 기도했는데요. 하나님이 공짜로 고쳐 주셨네요. 의사선생님도 예수님 믿으세요.

내가 주인 삼은 모든 것 내려놓고 내 주 되신 주 앞에 나가 내가 사랑했던 모든 것 내려놓고 주님만 사랑해.

"고난당하기 전에는 내가 그릇 행하였더니 이제는 주의 말씀을 지키나이다, 고난당한 것이 내게 유익이라 이로 말미암아 내가 주의 율례들을 배우게 되었나이다, 주의 손이 나를 만들고 세우셨사오니 내가 깨달아 주의 계명들을 배우게 하소서" (시119:67, 71, 73)

그녀는 대학원을 졸업할 때 목사고시 시험을 치러야 했다. 그녀는 이런저런 사정으로 공부를 제대로 하지 못했다. 그녀 자신도 문제지만 졸업예정자 한 사람이라도 그 시험에 떨어지게 되면 많은 혜택이 줄어들게 되어 합격한 학생들에게도 불이익이 돌아온다 그녀를 제외한 여섯 명이 두꺼운 참고서에서 예상문제를 요약하여 그 자료를 그녀에게 넘겨 주게 되었다. 그녀도 그 자료에 있는 문제를 중심으로 열심히 공부하게 되었다. 드디어 시험시간이 왔다. 시험 첫 시간에 시험지를 받았다. 출제 문제가 다섯 문제였다. 그중에 아는 문제는 두 문제밖에 없었다. 문제를 자세히 읽어 보았다. 다섯 문제 중 두 문제를 택하여 답하라 다섯 문제가 아니고 두 문제였던 것이다. 그리고 어렵기로 소문난 성경 시험 시간이 되었다. 그런데 그녀는 100일 기도하면서 말씀을 읽을 때 그녀 자신이 성경 속에 인물들이 되어 그 일들이 경험적으로 다가왔기 때문에 성경시험을 잘 치를 수 있었다. 그녀를 기다리고 있던 동기생 전도사들이 걱정스러운 얼굴로 그녀에게 물었다. 그녀는 울먹이면서 나 큰일 났어 합격할 것 같애 나 합격하면 안 되는데 목사 하기 싫은데 그 후 목사안수 받기 5일 전 혼자 머리도 식힐 겸 해서 평창에 내려가 한적한 별장에 들어갔다. 저녁을 먹고 늘 하던 대로 말씀을 읽고 찬양하고 기도를 하고 있었다. 그런데 갑자기 무서워지기 시작했다. 그녀를 향해 무엇인가 이상한 기운이 해코지를 하려고 몰려오는 듯했다. "하나님 뜻에 순종하여 목사가 되겠습니다." 부르짖어 기도하고 찬양하기 시작했다. "마귀들과 싸울지라 죄악 벗은 형제여 담대하게 싸울지라 저기 악한 적병과 심판 날과 멸망의 날 내가 섰는 눈앞에 곧 다가오리라, 십자가 군병들아 주 위해 일어나 기 들고 앞서 나가 담대히 싸우라 주께서 승전하고 영광을 얻도록 그 군대 거느리사 이기게 하시네" (찬송가 348장 1절, 352장 1절) 한참 동안 찬양을 하고 있는 중에 두려움이 사라지고 마음이 평안해졌다. 말씀의 능력 기도의 능력 찬양의 능력까지 경험하게 되었다.

그는 예수님을 믿지 않으면서 "예수님 믿습니다"라고 거짓말을 한 것이 그가 구원을 받는 계기가 되었다. 그는 그 말이 자신도 모르게 그의 입에서 튀어나왔다고 한다. 그는 27살에 마음에 드는 아가씨를 만나게 되었다. 예비 장인 장모님께 인사드리러 갔다. 그런데 그가 그 집 거실에서 한참을 기다려도 장인 장모님 되실 분들이 거실로 나오시지 않았다. 그는 오금이 저려왔다. 드디어 예비 장인 어르신께서 나오셨다. 그 분께서 "자네 예수님 믿나?" 자신도 모르게 예 믿습니다 거짓말을 했다. 그는 지금까지 한 번도 교회에 가본 적이 없었다. 그분들과 첫인사를 잘 마치고 그 집을 나왔다. 그는 그 집 딸과 결혼하고 싶었다. 그리하려면 예비 장인 장모님에게 잘 보여야 한다.

그것이 교회에 가는 첫째 이유다. 우선 그분들이 다닌다는 교회부터 현지답사를 시작했다. 차를 몰고 그분들이 다니는 소망교회에 갔다. 주차 공간도 확인하고 예배실도 확인했다. 1차 교회 답사를 마쳤다. 그리고 주일에 그분들을 모시고 아내 될 연인과 함께 예배드리러 교회에 갔다. 며칠 전에 사귀는 연인에게 예배드릴 때 어떻게 해야 하는지 예배 예절에 대해 가르쳐 달라고 했다. 그녀가 자세히 가르쳐 주었다. 예배실에 들어가 의자에 앉게 되면 두 손을 모으고 고개를 약간 숙여 하나님 아버지 저를 예배의 자리에 불러 주셔서 감사합니다. 그리고 회개기도를 드린다 저는 죄인입니다. 저의 죄를 주님 앞에 자백합니다. 저의 죄를 사하시고 저를 용서해주시옵소서. 저가 드리는 예배가 하나님께서 기쁘게 받으시는 예배가 되게 하옵소서. 그리고 찬양할 때 두 손을 높이 들고 기쁨으로 소리 높여 찬양을 한다. 다른 분들이 손을 들지 않았으면 손은 들지 않는다. 그리고 기도가 끝을 맺을 때 '아멘'하고 기도에 화답한다.

아멘은 "진실로, 참으로 그리 되게 하옵소서"라는 뜻을 담고 있다.

그렇게 그는 예배에 대한 기초 지식을 익혔다. 그는 예비 장인 옆자리에 앉게 되었다. 목사님 기도가 끝날 때 크게 아멘했다. 찬송가 책을 펴서 찬송가를 부르는데 창법이 그와는 완전히 달랐다. 그는 가수다. 찬송을 소리 높여 불렀다. 옆자리에 앉아 있는 예비 장인께서 흐뭇해 하시는 눈치였다. 그는 생전 처음으로 찬송가를 불러 보았다. 결혼 2차 관문도 그렇게 무사히 통과한 것 같았다. 그리하여 그는 사랑하는 연인과 결혼하게 되었다. 그런데 예배를 드리면서 차츰 말씀이 그의 귀에 들리기 시작했다. 이제 내가 하나님을 만나게 된 것인가? 그는 그렇게 생각했다. 설교 말씀이 "어 이거 내 얘기네 내가 죄인이네" 그 자신에게 하는 얘기로 들려왔다. 그러던 어느날 그는 지인의 권유를 받아 한국컴패션 예배에 참여하게 되었다. 예배 시작부터 눈물이 나기 시작했다. 눈물이 쏟아졌다. 그는 평소 잘 울지 않는다 그런데 내가 왜 이래 창피했다. 그들이 하고 있는 일에 대하여 들을 때에 아무 대가를 바라지 않고 헌신하는 그들의 모습에 자신이 너무 부끄러웠다. 북한 어린이들의 실상을 화면을 통해 보게 되었다. 땅에 떨어져 있는 아무 것이나 주워먹고 중국인들 사이에서 소매치기하고 헐벗고 굶주림에 내몰려 있는 북한 어린이들의 현실이 너무나 안타까웠다. 그것을 계기로 그도 그 일에 동참하게 되었다. 헐벗고 굶주리는 어린 생명들을 물질적으로 돕고 예수님 사랑을 전하고자 하는 것이다. 그는 컴패션밴드와 함께 하여 아이티에서 공연을 하게 되었고 미국 LA에서 공연을 하게 되었다. 아이티와 미국 공연에서 아이티에서의 초라한 식단과 미국에서의 풍성한 식단에 마음이 아팠다고 한다. "네가 네 감람나무를 떤 후에 그 가지를 다시 살피지 말고 그 남은 것은 객과 고아와 과부를 위하여 남겨두며 네가 네 포도원의 포도를 딴 후에 그 남은 것을 다시 따지 말고 객과 고아와 과부를 위하여 남겨두라 너는 애굽 땅에서 종 되었던 것을 기억하라 이러므로 내가 네게 이 일을 행하라 명령하노라"(신24:20~22)

"포도주는 붉고 잔에서 번쩍이며 순하게 내려가나니 너는 그것을 보지도 말지어다"(잠23:31) 그는 한때 어떤 유혹에 빠져 중국 상하이에서 장충체육관 만큼 큰 건물을 임대하여 댄스홀을 경영한 적이 있었다. 그도 모르는 사이에 댄스홀이 술과 마약으로 인하여 퇴폐업소로 전락하게 되었다. 조직폭력과도 연루되어 위험한 가운데 기지를 발휘하여 간신히 빠져나올 수 있었다. 그 후 그 일을 주도한 사람을 국내로 들어오는 비행기 안에서 만나게 되었다. 평소에 복수하려고 벼르고 있었다. 서울에 있는 동생들에게 원수를 비행기 안에서 만나 몇 시에 김포 비행장에 도착한다. 준비하고 나와 대기하라고 연락을 했다. 비행기에서 내리기 전에 하나님께 기도를 드렸다. 하나님께서 복수하지 말라고 하셨다. 고민에 빠졌다. 그토록 벼르고 있던 원수를 외나무 다리에서 만났는데 "내 사랑하는 자들아 너희가 친히 원수를 갚지 말고 하나님의 진노하심에 맡기라 기록되었으되 원수 갚는 것이 내게 있으니 내가 갚으리라고 주께서 말씀하시니라"(롬12:19)

비행기에서 내렸다. 나도 모르게 내 입에서 "형 내가 형을 죽일려고 했는데 내가 형을 용서할 께 다른 사람에게 절대 그렇게 하지마" 용서하는 말이 나왔다. 순간 속이 후련해졌다. 아 내가 하나님 말씀에 순종했구나 눈물이 날 만큼 기뻤다. "누가 누구에게 불만이 있거든 서로 용납하여 피차 용서하되 주께서 너희를 용서하신 것같이 너희도 그리하고 이 모든 것 위에 사랑을 더하라 이는 온전하게 매는 띠니라"(골3:13) 하나님께서 나를 찾아주셨구나 내가 어려움에 처해 있을 때마다 내 곁에 계셨구나 하나님 나와 함께하심을 감사합니다. 감사기도를 드렸다. 그는 NGO "세상 밖으로" 조직을 만들어 화상을 입고 제때 치료를 받지 못하는 어려운 형편에 처해있는 화상 환자들을 돕는 일을 하고 있다. 특히 소방관으로 일하다가 불의의 사고로 화상을 입고 세상 밖으로 나오지 못하고 집에 갇혀 살고 있는 화상 환자들의 치료와 수술을 위해 그 비용 모금 운동을 벌리면서 지원하는 일을 하고 있다.

그녀는 미숙아로 태어나서 미숙아 망막으로 세상을 한 번도 보지 못한 바이올리니스트다. "그러나 하나님께서 세상의 미련한 것들을 택하사 지혜 있는 자들을 부끄럽게 하려 하시고 세상의 약한 것들을 택하사 강한 것들을 부끄럽게 하려 하시며 하나님께서 세상의 천한 것들과 멸시받는 것들과 없는 것들을 택하사 있는 것들을 폐하려 하시나니 이는 아무 육체도 하나님 앞에서 자랑하지 못하게 하려 하심이라 너희는 하나님으로부터 나서 그리스도 예수 안에 있고 예수는 하나님으로부터 나와서 우리에게 지혜와 의로움과 거룩함과 구원함이 되셨으니 기록된 바 자랑하는 자는 주 안에서 자랑하라 함과 같게 하려 함이라"(고전1:27~29) 그녀는 악보도 지휘자도 보지 못한다. 한국예술종합학교를 졸업하고 뉴저지 심포니 악장님의 도움으로 맨해튼 음악 대학원 오디션을 보게 되었다. 그 악장님은 한국인이다. 그녀는 오디션을 보는 중에 하나님의 강력한 임재를 느끼게 되었다. 하나님께서 함께 하셨음을 믿게 되는 평가를 듣게 되었다. 다른 참가자들의 연주와 음악적 질감이 다르다고 했다. 그것은 하나님께서 그녀에게만 주신 능력이다. 할렐루야 하나님 감사합니다. 하나님께 감사기도를 드렸다. 그래서 그녀는 그 대학원에 입학하게 되었다. 그녀는 어린시절 눈으로 본다는 것이 뭔지 모르고 자랐다. 손으로 더듬어 보고 이건 이렇게 생겼네 저건 저렇게 생겼네 알고 지냈다. 피아노 학원에 다닐 때도 악보를 보고 공부한 것이 아니라 피아노 소리를 들으면서 공부를 했기 때문에 전혀 불편하지 않았다고 했다. 길을 걸을 때는 항상 어머니의 손을 잡고 걸었다. 도움이 필요할 때는 언제나 어머니께서 옆에 계셨기 때문에 불편하지 않았다. 다른 아이들도 다 그렇게 사는 줄 알았다. 초등학교 6학년 때 다른 아이들은 눈으로 책을 읽는데 그 아이는 손으로 책을 읽는 게 다르구나 알게 되었다. 그런데 그게 뭐가 어때 그렇게 생각했다. 그녀는 한 번도 나는 왜 남들과 다르게 이렇게 태어났지 하고 생각해 본 적이 없다고 했다. 원체 본다는 개념이 없었다고 한다. 그녀는 다섯 살 때 바이올린을 공부하게 되었다. 선생님이 다른 아이들보다 음정이 정확하다고 했다. 그래서 그녀에게 남다른 재능이 있다고 생각하게 되었다. 그녀는 점자 악보를 다 외우고 바이올린 소리도 외워서 악보와 소리를 접목해서 악기를 연주하게 되었다. 그런데 다른 아이들은 악보를 보며 연주했다. 다른 아이들보다 많은 시간을 활용했다. 다른 아이들이 쉬는 시간이나 놀고 있을 때도 그녀는 악보를 외우고 악기 소리를 들으면서 음감을 키워가게 되었다. 초등학교 6학년 때 한수진 바이올리니스트의 공연을 보러 간 적이 있었다. "차이코프스키 바이올린 콘체르토 1악장"을 듣고 있는데 그 연주가 그 아이에게 따뜻하다는 느낌으로 들려왔다. 나도 이런 소리를 내고 싶다. 그녀는 세상눈으로 세상을 보고 살았다면 세상적인 것을 계산하며 그런 것을 추구하며 살았을 텐데 그녀는 하나님께서 영적인 시력을 주셔서 하나님만 바라볼 수 있게 하신 그 은혜에 감사하다고 했다. 믿음의 눈으로 성령님이 내 안에 계심을 볼 수 있게 하셨다고 한다. "믿음으로 모든 세계가 하나님의 말씀으로 지어진 줄을 우리가 아나니 보이는 것은 나타난 것으로 말미암아 된 것이 아니니라, 우리가 주목하는 것은 보이는 것이 아니요 보이지 않는 것이니 보이는 것은 잠깐이요 보이지 않는 것은 영원함이라" (히11:3, 고전4:18)

"The holy night" 크리스마스이브에 강찬 목사님 찬양 집회에 초청을 받아 참여하게 되었다. "하늘의 영광 다 버리고 낮은 이곳에 내려오신 주 죽기까지 나를 사랑하신 그 사랑 얼마나 큰지~ 내 발을 닦아주사 먼저 섬기시고 서로 사랑하라고 말씀하시었네~" '섬김'이라는 찬양을 듣는 중에 갑자기 심장이 멎는 듯한 느낌을 받았다. 그 가사가 그녀에게 두려움으로 다가왔다. 지금이 하나님을 섬겨야 할 때인 것 같다. 지금 내가 하나님을 믿지 않으면 큰 일이 날 것 같다. 오로지 자신만을 위해 발버둥치며 살아 온 그녀의 삶이 잘못된 것이었구나 깨닫게 되고 회개의 눈물을 쏟아내게 되었다. 자신도 모르게 엉 엉 소리내어 울었다. 자기 힘으로 할 수 없는 기도가 그녀의 입에서 튀어나왔다. 성령의 임하심이 이런 것이구나 자신을 돌아보게 하시고 죄를 보게 하시고 죄에서 돌이키게 하시는구나 남을 먼저 배려하게 하고 사랑하라는 마음을 주시는구나 그녀는 그때까지만 해도 남을 배려하고 사랑하며 섬겨야 한다는 개념조차 없었다. 교회에 가본 적도 없었다. "주의 약속은 어떤 이들이 더디다고 생각하는 것같이 더딘 것이 아니라 오직 주께서는 너희를 대하여 오래 참으사 아무도 멸망하지 아니하고 다 회개하기에 이르기를 원하시느니라" (벧후3:9) 그로부터 그녀는 오직 하나님만 바라볼 수 있게 되었다. 어느 날 그녀는 갓피플 잡지에서 아래 말씀을 보게 되었다. "그가 내게 대답하여 이르시되 여호와께서 스룹바벨에게 하신 말씀이 이러하니라 만군의 여호와께서 말씀하시되 이는 힘으로 되지 아니하며 능력으로 되지 아니하고 오직 나의 영으로 되느니라" (슥4:6) 이 말씀이 그녀의 온 몸을 파고드는 것 같았다. 하나님께서 그녀에게 하시는 말씀(rhema)으로 들렸다. 모든 일을 하나님께 맡기고 그분만 믿고 의지하며 믿음으로 나아가자 그런 믿음으로 살기로 했다.

그녀는 입시 준비를 하면서 의지할 대상이 하나님밖에 없다는 생각이 강하게 들었다. 기도할 때마다 뜨겁게 기도하게 되었다. 하나님을 의지하려면 그분을 알아야 한다. 하나님을 알게 하는 것이 무엇일까 말씀이다. 말씀을 아는 길이 무엇일까 QT라는 생각이 들었다. 그래서 고등학교 2학년 때부터 QT를 하기 시작했다. 아침 여덟 시에 일어나던 것을 새벽 다섯 시에 일어나 QT를 했다. 하나님께서 말씀을 통해 그녀의 마음을 만지시고 그녀의 생각이 아주 느리게 천천히 바뀌도록 도와 주셨다. 말씀의 능력으로 삶에 작은 변화가 일어나기 시작했다. "A psalm of david.The LORD is my shepherd, I shall not be in want" (시23:1) (여호와는 나의 목자시니 내게 부족함이 없으리로다 〈시23:1〉) 이 말씀이

"하나님이 나의 주인이 되시기 때문에 나는 원하는 것이 없다" 내게 이렇게 다가왔다. 아 난 지금 굉장히 큰 걸 얻은 존재구나 다른 사람들은 자신의 성공을 자랑하고 명예를 자랑하고 돈을 자랑하고 그런 것들을 자랑할 수 있지만 나는 그것들과 비교할 필요가 없구나 나는 하나님이 나의 주인 되심이 나의 가장 큰 자랑이구나 내 삶의 주인은 내가 아니고 하나님이시구나 그로부터 자유함을 누리게 되었다. "여호와여 위대하심과 권능과 영광과 승리와 위엄이 다 주께 속하였사오니 천지에 있는 것이 다 주의 것이로소이다 여호와여 주권도 주께 속하였사오니 주는 높으사 만물의 머리이심이니이다"(대상29:11) 이 말씀이 그녀에게 다가오면서 그녀를 정신 차리게 했다. 내 물질도 내 재능도 하나님께서 주신 것인데 또 내가 앞서 갔구나 안 된다. 하나님만 바라라 하나님께서 함께하심을 기뻐하고 그 분께서 채워 주심에 만족하고 감사하는 것이 하나님을 바라는 삶이 아닌가 생각하게 되었다고 한다. "비록 무화과나무가 무성하지 못하며 포도나무에 열매가 없으며 감람나무에 소출이 없으며 밭에 먹을 것이 없으며 우리에 양이 없으며 외양간에 소가 없을지라도 나는 여호와로 말미암아 즐거워하며 나의 구원의 하나님으로 말미암아 기뻐하리로다"(합3:17~18) 이 말씀이 그녀의 신앙고백이라고 한다.

하나님께서 우리를 택하여 주시고 "곧 창세 전에 그리스도 안에서 우리를 택하사 우리로 사랑 안에서 그 앞에 거룩하고 흠이 없게 하시려고"(엡1:4), 자녀 삼아 주시고 "영접하는 자 곧 그 이름을 믿는 자들에게는 하나님의 자녀가 되는 권세를 주셨으니"(요1:12), 믿음으로 구원받게 하시고 "너희는 그 은혜에 의하여 믿음으로 말미암아 구원을 받았으니 이것은 너희에게서 난 것이 아니요 하나님의 선물이라"(엡2:8), 율법으로 죄를 알게 하여 주시고 "그러므로 율법의 행위로 그의 앞에 의롭다 하심을 얻을 육체가 없나니 율법으로는 죄를 깨달음이니라"(롬 3:20) 예수 그리스도의 십자가 보혈로 우리 죄를 씻어주시고 "그가 빛 가운데 계신 것같이 우리도 빛 가운데 행하면 우리가 서로 사귐이 있고 그 아들 예수의 피가 우리를 모든 죄에서 깨끗하게 하실 것이요"(요일1:7), 하늘의 시민권을 주시고 "그러나 우리의 시민권은 하늘에 있는지라 거기로부터 구원하는 자 곧 주 예수 그리스도를 기다리노니"(빌 3:20), 어린 양의 혼인 잔치에 초청해 주시고 "천사가 내게 말하기를 기록하라 어린 양의 혼인 잔치에 청함을 받은 자들은 복이 있도다 하고 또 내게 말하되 이것이 하나님의 참되신 말씀이라 하기로"(계19:9), 의의 면류관을 예비해 주시고 "이제 후로는 나를 위하여 의의 면류관이 예비되었으므로 주 곧 의로운 재판장이 그날에 내게 주실 것이며 내게만 아니라 주의 나타나심을 사모하는 모든 자에게도니라"(딤후4:8) 이 것들 위에 우리가 무엇을 더 바라리까 그녀는 하나님을 찬양하고 주님께 영광 돌리는 삶을 살기를 힘쓰고 있다고 한다.

그녀는 미국 유학시절에 사순절 2일째 되는 날 한인교회에서 예배를 드리고 있었다. 우리가 어둠 속에 있을 때 예수 그리스도께서 우리를 대신해서 십자가에 피 흘려 죽으셨다. 목사님의 설교 말씀이 그녀의 마음에 강렬하게 다가왔다. 내가 예수님을 십자가에 못 박았네요 내가 빌라도처럼 예수님을 십자가에 못 박았네요 죄가 눈앞에 영화 필름이 돌아가는 것처럼 나타나 보였다. 또 한 번 뜨겁게 회개의 눈물을 흘리면서 다시 하나님 안에서 새롭게 되기를 간절히 기도드렸다. 그런 중에 아래 말씀을 떠오르게 하셨다. "그런즉 누구든지 그리스도 안에 있으면 새로운 피조물이라 이전 것은 지나갔으니 보라 새것이 되었도다"(고후5:17) 이로써 새 생명을 주시는 하나님을 체험하게 되었고 성령 충만함으로 죽도록 미워했던 사람들을 위해 기도하도록 성령께서 도와주셨다.

"이 백성은 내가 나를 위하여 지었나니 나를 찬송하게 하려 함이니라, 이는 내 생각이 너희의 생각과 다르며 내 길은 너희의 길과 다름이라, 내가 하늘에서 내려 온 것은 내 뜻을 행하려 함이 아니요 나를 보내신 이의 뜻을 행하려 함이니라 나를 보내신 이의 뜻은 내게 주신 자 중에 하나도 잃어버리지 아니하고 마지막 날에 다시 살리는 이것이니라 내 아버지의 뜻은 아들을 보고 믿는 자마다 영생을 얻는 이것이니 마지막 날에 내가 이를 다시 살리리라 하시니라, 오직 성령이 너희에게 임하시면 너희가 권능을 받고 예루살렘과 온 유대와 사마리아와 땅끝까지 내 증인이 되리라 하시니라"(사43:21, 55:8, 요6:38~40, 행1:8) 그녀는 하나님께서 우리를 지으시고 하나님을 찬양하게 하시고 죄에서 살리시고 영생을 얻는 자들이 이 세상에 사는 동안에 각자 서 있는 자리에서 삶으로 하나님을 드러내고 복음을 전하고 하나님께 영광이 되기를 힘쓰는 삶이 하나님께서 기쁘게 받으실 예배라고 생각한다고 한다.

그녀는 중학교 2학년 때 친구 따라 처음 소망교회에 가게 되었다. 하나님을 알지 못했지만 그냥 교회가 좋았다. 시간이 지남에 따라 교회 임원도 하게 되고 여름 수련회에 가서 방언도 받았다. 그런데 정작 하나님은 내가 만들어 놓은 하나님, 제멋대로 신앙생활을 했다. 그런데 이는 신앙생활이 아니라 형식적인 종교생활이었다. 말씀이 그녀 안에 들어 있지 않았기 때문이다. 많은 사람들이 이렇게 종교생활을 하고 있다. 그 안에 말씀과 성령이 없기 때문이다. 이런 종교생활은 넘어지기 쉽다. "때가 오래 되었으므로 너희가 마땅히 선생이 되었을 터인데 너희가 다시 하나님의 말씀의 초보에 대하여 누구에게서 가르침을 받아야 할 처지이니 단단한 음식은 못 먹고 젖이나 먹어야 할 자가 되었도다 이는 젖을 먹는 자마다 어린아이니 의의 말씀을 경험하지 못한 자요 단단한 음식은 장성한 자의 것이니 그들은 지각을 사용함으로 연단을 받아 선악을 분별하는 자들이니라, 근신하라 깨어라 너희 대적 마귀가 우는 사자같이 두루 다니며 삼킬 자를 찾나니 너희 믿음을 굳건하게 하여 그를 대적하라 이는 세상에 있는 너희 형제들도 동일한 고난을 당하는 줄을 앎이라, 용을 잡으니 곧 옛 뱀이요 마귀요 사탄이라 잡아서 천년 동안 결박하여"(히5:12~14, 벧전5:8~9, 계20:2)

그녀는 26살에 결혼했다. 결혼생활이 무척 힘들었다. 교회 내 성경공부반에 들어갔다. 그동안 주일성수는 지켜왔지만 말씀이 그녀 속에 있지 않았다. 그동안 내가 왜 교회에 다녔나 교회에 다니면서 뭘 믿고 있었나 성경 말씀을 알아가면서 굉장히 많이 울게 되었다. 그러면서 구원에 대한 확신도 생겼다. "네가 만일 네 입으로 예수를 주로 시인하며 또 하나님께서 그를 죽은 자 가운데서 살리신 것을 네 마음에 믿으면 구원을 받으리라 사람이 마음으로 믿어 의에 이르고 입으로 시인하여 구원에 이르느니라" (롬10:9~10) 얼마 지나지 않아 성경 말씀 1독을 끝내게 되었다. 말씀을 아는 것이 신앙이고 영생이라는 생각이 들게 되었다. "영생은 곧 유일하신 참 하나님과 그가 보내신 자 예수 그리스도를 아는 것이니이다, 말씀이 육신이 되어 우리 가운데 거하시매 우리가 그의 영광을 보니 아버지의 독생자의 영광이요 은혜와 진리가 충만하더라" (요17:3, 1:14) 말씀을 읽어가면서 내 삶의 주인이 내가 아니라 창조주이신 하나님이심을 알게 되었다. 하나님은 내 멋대로 만들어 섬길 수 있는 분이 아니라 경외함으로 섬겨야 할 하나님이심을 알게 되었다. "태초에 하나님이 천지를 창조하시니라, 여호와를 경외하는 것은 사람으로 생명에 이르게 하는 것이니라 경외하는 자는 족하게 지내고 재앙을 당하지 아니하느니라" (창1:1, 잠19:23) 그녀는 말씀을 읽어가면서 하나님께서 왜 나를 지으셨을까 알고 싶어졌다. "이 백성은 내가 나를 위하여 지었나니 나를 찬송하게 하려 함이니라, 일의 결국을 다 들었으니 하나님을 경외하고 그의 명령들을 지킬지어다 이것이 모든 사람의 본분이니라" (사43:21, 전12:13) 그녀는 한국컴패션 단체를 알게 되어 필리핀 도시빈민촌에 단기 선교를 간 적이 있었다. 그녀는 그곳에서 해맑게 웃고 있는 아이들과 만날 수 있었다. 한 아이의 집을 따라가 보았다. 주변은 도시 오물로 엄청나게 지저분했다. 지붕이 야자수 잎으로 덮어져 있었고 작은 방안은 몇 않되는 가재도구로 널브러져 있었다. 그런 열악한 환경에 살고 있는 어린 소녀는 웃으며 살고 있다. 저 아이에게 하나님은 어떤 분이실까 의문을 안고 돌아왔다. 컴패션 활동은 누가 누구를 돕는 것이 아니라 하나님의 사랑을 함께 나누는 것이라는 생각이 들었다. "예수께서 이르시되 네 마음을 다하고 목숨을 다하고 뜻을 다하여 주 너의 하나님을 사랑하라 하셨으니 이것이 크고 첫째 되는 계명이요 둘째도 그와 같으니 네 이웃을 네 자신같이 사랑하라 하셨으니 이 두 계명이 온 율법과 선지자의 강령이니라" (마22:36~40) 그녀는 주일에 다 큰 아들과 함께 예배를 드리러 교회에 갔다. 아들이 입고 있는 옷차림이 그녀를 불편하게 했다. 하나님 앞에 예배드리러 온 저 옷차림이 뭐야 불량아 옷차림 같다고 생각했다. 성가대에서 찬송을 부르고 있었다. 찬양을 따라 부르지 않고 물끄러미 쳐다보는 태도가 마음에 거슬렸다. 찬양은 따라하지 않고 정신을 어디 팔고 있는 거야 아들을 비판하기 시작했다. 정죄하기 시작했다. 아들은 그 찬양소리가 듣기 좋아서 찬양을 감상하고 있는데 그런 아들의 심정을 헤아리지 못하고 눈에 보이는 겉모습에 아들을 몹쓸 아들로 만들어 가고 있었던 것이다. "비판을 받지 아니하려거든 비판하지 말라 너희가 비판하는 그 비판으로 너희가 비판을 받을 것이요 너희가 헤아리는 그 헤아림으로 너희가 헤아림을 받을 것이니라 어찌하여 형제의 눈 속에 있는 티는 보고 네 눈 속에 있는 들보는 깨닫지 못하느냐 보라 네 눈 속에 들보가 있는데 어찌하여 형제에게 말하기를 나로 네 눈 속에 있는 티를 빼게 하라 하겠느냐 외식하는 자여 먼저 네 눈 속에서 들보를 빼어라 그 후에야 밝히 보고 형제의 눈 속에서 티를 빼리라, 그러므로 때가 이르기 전 곧 주께서 오시기까지 아무것도 판단하지 말라 그가 어둠에 감추인 것들을 드러내고 마음의 뜻을 나타내시리니 그때에 각 사람에게 하나님으로부터

칭찬이 있으리라"(마7:1~5, 고전4:5)

그는 하나님께 핸드폰으로 기도를 드린다. 그는 아버지께서 살아계실 때 늘 아버지가 생각날 때마다 그렇게 아버지와 전화로 서로 얘기를 나눴다. 그 습관이 몸에 배어 하나님께 드리는 기도도 아버지와 전화로 얘기하던 것처럼 기도를 드린다고 한다. 그는 하나님 앞에 무릎을 꿇고 두 손을 모으고 기도를 하려고 하면 아무 생각도 나지 않아서 기도를 할 수 없다고 한다. 누구라도 그의 기도 자세가 잘못되었다고 탓할 수는 없을 것 같다. 그것이 그의 믿음이다. 그의 신앙이다. 그의 기도를 하나님께서 기쁘게 받으실 것 같다는 생각이 든다. 그도 언젠가 성경 말씀을 알게 되겠지만 그날이 빨리 오기를 기대해 본다. "이는 젖을 먹는 자마다 어린아이니 의의 말씀을 경험하지 못한 자요, 형제들아 내가 신령한 자들을 대함과 같이 너희에게 말할 수 없어서 육신에 속한 자 곧 그리스도 안에서 어린아이들을 대함과 같이 하노라 내가 너희를 젖으로 먹이고 밥으로 아니하였노니 이는 너희가 감당하지 못하였음이거니와 지금도 못하리라, 나는 심었고 아볼로는 물을 주었으되 오직 하나님께서 자라나게 하셨나니"(히5:13, 고전3:1~2, 6) 그에게 꼭 이 말씀을 들려주고 싶다. "너희는 여호와께서 너희를 위하여 행하신 그 큰 일을 생각하여 오직 여호와를 경외하며 너희의 마음을 다하여 진실히 섬기라"(삼상12:24)

그는 리라초등학교를 나왔다. 당시 그 학교에는 서울에서 내로라하는 부잣집 자녀들만 다녔다. 그가 살던 집은 국내에서 드물게 수영장이 있고 사랑채에는 집안일을 돕는 분들이 여럿 있었다. 그러다가 어머니께서 위암에 걸리면서 가세가 기울기 시작했다. "사탄이 이에 여호와 앞에서 물러가서 욥을 쳐서 그의 발바닥에서 정수리까지 종기가 나게 한지라"(욥2:7) 어머니께서 8년간 투병생활하시다가 돌아가셨다. 그 많던 재산이 바닥이 보이기 시작했다. 그의 가족은 이제 아버지와 여동생이 남았다. 그는 중학교 1학년 때부터 전세집을 얻어 살게 되었다. 아버지는 병이 나서 누워계셨다. 그는 가장으로서 가족생계를 위해 돈을 벌어야 했다. 그는 중학교에 다니면서 우유배달, 신문배달, 부동산명함 돌리기, 중국집 접시닦기 등을 했다. 그러다가 그는 우연히 프로 댄서들이 춤을 추는 것을 보게 되었다. 그가 보기에 그들의 춤이 잘못된 것처럼 보였다. 그는 그 자리에서 그의 춤솜씨를 선보이게 되었다. 그것이 매니저의 눈에 들게 되어 댄스클럽에서 춤추는 일을 하게 되었다. 그는 어릴 때 흑인 친구들과 어울려 놀았다. 그들이 추는 춤을 따라하면서 그 춤들이 그의 몸에 베었다. 매니저가 선수금까지 받아가지고 잠적했다. 눈앞이 캄캄했다. 죽기로 작정하고 한남대교에서 뛰어내렸다. 뛰어내리는 순간 살고 싶어졌다. 한강을 헤엄쳐 나왔다. 리라초등학교에 다닐 때 수영을 배웠다. 그래서 헤엄쳐 나오는 데는 어렵지 않았다. 그때 그는 죽는 것도 내 마음대로 할 수 있는 것이 아니구나 생각하게 되었다. "여호와는 죽이기도 하시고 살리기도 하시며 스올에 내리게도 하시고 거기에서 올리기도 하시는 도다"(삼상2:6)

이후 가수로 데뷔하여 엄청난 인기를 얻게 되었다. 어린 나이에 갑자기 찾아온 인기 그동안 많은 어려움을 겪기도 했지만 화려했던 무대 그

무대를 내려오면 나 혼자네 무언가 공허함이 찾아오게 되었다. 그때 대마초의 유혹에 빠져 그것을 즐기게 되면서 감옥을 들락거리게 되었다. 남이 파놓은 함정에 빠져들어 헤어날 수 없는 지경에 이르렀을 그때 신앙심이 깊은 조배숙 변호사께서 그를 위기에서 구해 주셨다. 그는 그 변호사를 만나게 되면서 기도도 받고 말씀도 듣고 성경책도 받아 읽게 되었다. 그의 마음속에 믿음의 씨앗이 심겨졌다. 그는 변호사님을 따라 처음으로 교회에 다니게 되었다. 그분의 도움으로 음반을 제작하여 발표하게 되었다. 그는 그 어려움 가운데 건지시고 지키시고 인도하신 이는 하나님이라는 생각이 들었다. "예수께서 그들을 보시며 이르시되 사람으로는 할 수 없으나 하나님으로서는 다 하실 수 있느니라" (마19:26)

그는 선교팀에게 떠밀리다시피 아이티 선교 여행을 갔다. 떠나기 전에 찬양 연습이 어려웠다. 짧은 일정에 찬양을 몸에 익히는 일이 쉽지 않았다. 아이티를 가려면 미국을 경유해서 가야 하는데 미국비자가 나오지 않았다. 미국 비자신청을 했는데 전과기록이 있어 거절 당했다. 안 그래도 가고 싶지 않았는데 잘된 일이라고 생각했다. 이 선교팀은 보통 선교팀이 아니었다. 프랑스를 경유하여 아이티로 가는 항공노선을 알아냈다. 프랑스로 가서 아이티행 여객기를 탔다. 외국인 어린아이가 울어댔다. 몹시 짜증이 났다. 기내식도 입에 맞지 않아 먹는 둥 마는 둥 했다. 아이티 공항에 내려 선교사님의 안내로 숙소에 갔다. 더운 나라라서 덥기도 하고 잠자리가 몹시 불편했다. 아이티 빈민 지역에 선교차 방문했다. 길바닥은 오물로 지저분하고 악취가 심하게 났다. 다른 선교 사역자들은 아이들에게 과자도 나눠주고 복음을 전하고 있다.

한 아이가 그의 손을 잡고 뭐라고 말을 하는데 알아들을 수가 없었다. 아이에게서 역겨운 냄새가 났다. 남의 눈치를 보면서 아이 손을 슬며시 떼어냈다. 그때 뉴욕에서 오신 선교사역팀장을 맡고 있는 목사님께서 다 같이 기도합시다 하시면서 기도하기 시작했다. 그때 그의 앞에 서 있던 아이가 그를 위해 기도하는 것 같았다. 갑자기 눈에서 눈물이 쏟아져 나왔다. 그런데 입속으로는 웃고 있는 듯했다. 목사님 기도가 끝났다. 아이가 방긋이 웃었다. 아이를 들어 안았다. 아이에게서 냄새가 나지 않았다. 목사님 기도 중에 그에게 성령께서 임하신 것이다. 하나님께서 그에게 성령을 부어 주시고 회개의 눈물을 흘리게 하시고 위로하시고 사랑을 부어주신 것이다. "소망이 우리를 부끄럽게 하지 아니함은 우리에게 주신 성령으로 말미암아 하나님의 사랑이 우리 마음에 부은 바 됨이니 우리가 아직 연약할 때에 기약대로 그리스도께서 경건하지 않은 자를 위하여 죽으셨도다"(롬5:5~6) 국내로 돌아오는 비행기를 타기 위해 공항으로 가는 버스를 탔다. 버스 안에서 눈물이 흘러내렸다. 왜 우는지도 모르는데 눈물은 그치지 않았다. 그렇지만 마음은 평안했다. 기뻤다. 그는 중학교 졸업 학력에 가수, 작사가, 작곡가, 프로듀서다. 누가 그를 이렇게 만들었을까? 의문이 가는 대목이다.

그녀는 하나님의 은혜로 해외 선교 사역을 마치고 국내에 돌아와 몸은 늙고 병들어 외로움에 시달리는 선교사님들에게 숙소를 제공하고 자녀들을 돌보고 장학금을 지급하고 아프신 분들의 치료를 돕는 사역을 맡아 하고 있다. 그녀는 대학시절에 지금 남편을 만나 시어머니의 신앙이 그를 교회로 발을 들여놓게 하였다. 그녀 남편은 모태신앙인이다. 신실하신 어머니 밑에서 바른 신앙인으로 자라게 되었다. 그녀는 불교를 믿는 가정에서 자라났다. 어느 날 남자 친구가 시골집에 와 있는데 어머니께서 그녀를 만나보고 싶다고 전화를 했다. 버스를 타고 찾아갔다. 어머니께서 "학생 예수님 믿어요? 하고 물어보셨다. 예수님 안 믿는데요. 바른대로 대답했다. 어머니께서 남자 친구가 고등학생 때부터 아들 배우자 기도를 드렸다고 하셨다. 하나님께서 믿지 않는 학생을 배우자로 주실까 아닐 것이다라고 말씀하셨다. 퇴짜를 맞은 것 같았다. 버스 타는 시간을 놓치게 되어 남자 친구의 어머니와 한 방에서 잠을 자게 되었다. 어머니께서 새벽에 새벽기도를 드리고 찬양을 하셨다. 처음 보는 모습에 그녀에게 감동으로 다가왔다. 그리고 그녀의 손과 발과 등을 만지면서 그녀를 위해 기도하셨다. 그녀는 헷갈렸다. 분명히 어제 저녁에 아들의 신붓감으로 맞지 않는다고 하셨다. 그럼 이 새벽 나에게 하신 안수기도는 무얼까 언뜻 이해가 되지 않았다. 그 후 그녀는 대학 3학년 때 교회를 다니게 되었고 세례도 받았다. "물은 예수 그리스도께서 부활하심으로 말미암아 이제 너희를 구원하는 표니 곧 세례라 이는 육체의 더러운 것을 제하여 버림이 아니요 하나님을 향한 선한 양심의 간구니라" (벧전3:21) 그녀가 대학 4학년 때 남자 친구 어머니께서 아들의 여자 친구가 교회도 다니고 세례도 받게 되어 세례교인이 되었다는 사실을 알게 되었다. 남자 친구 어머니께서 그녀의 집에 찾아가서 우리 아들과 댁의 따님이 사귀고 있으니까 둘을 결혼시키자고 청혼을 하셨다. 그녀의 아버지께서 노발대발하시면서 양반집이고 종갓집인데 연애를 해 아무것도 해줄 수 없으니까 그냥 데려가시라고 했다. 그래서 그녀는 그 남자 친구와 결혼을 하게 되었다. "여호와 하나님이 이르시되 사람이 혼자 사는 것이 좋지 아니하니 내가 그를 위하여 돕는 배필을 지으리라 하시니라, 이러므로 남자가 부모를 떠나 그의 아내와 합하여 둘이 한 몸을 이룰지로다, 그런즉 이제 둘이 아니요 한 몸이니 그러므로 하나님이 짝지어 주신 것을 사람이 나누지 못할지니라 하시니" (창 2:18, 24, 마19:6) 결혼생활은 가난으로부터 시작되었다. 그 가난이 그녀의 신앙생활의 초석이 되었다. 열심히 교회를 다녔고 열심히 기도하고 말씀을 읽었다.

결혼 5년 만에 성령세례를 받게 되었다. "요한은 물로 세례를 베풀었으나 너희는 몇날이 못 되어 성령으로 세례를 받으리라 하셨느니라, 우리가 유대인이나 헬라인이나 종이나 자유인이나 한 성령으로 세례를 받아 한 몸이 되었고 또 다 한 성령을 마시게 하셨느니라, 오순절 날이 이미 이르매 그들이 다 같이 한곳에 모였더니 홀연히 하늘로부터 급하고 강한 바람 같은 소리가 있어 그들이 앉은 온 집에 가득하며 마치 불의 혀처럼 갈라지는 것들이 그들에게 보여 각 사람 위에 하나씩 임하여 있더니 그들이 다 성령으로 충만함을 받고 성령이 말하게 하심을 따라 다른 언어들로 말하기를 시작하니라, 하나님이 오른손으로 예수를 높이시매 그가 약속하신 성령을 아버지께 받아서 너희가 보고 듣는 이것을 부어 주셨느니라" (행1:5, 고전12:13, 행2:4, 33) 십자가에 고난을 당하신 예수님이 구세주로, 하나님이 그녀의 삶의 주인이 되심을 믿음으로 받아들여지게 되었다. 남편이 식물성 화장품 수입회사를 차려 사업이 번창하게 되었다. 사업이 번창할 때는 400여 개의 대리점을 갖게 되었다. 30대에 부자가 되면서 경기도 부천에서 서울 강남 방배동에 고급 빌라를 사서 이사를 하게 되었다. 빌라 맞은편에는 큰 부자들이 사는 단독주택 단지가 자리하고 있다. 빌라로는 성에 차지 않았다. 맞은 편에 있는 큰 저택을 사고 싶은 욕심이 생겼다 "오직 각 사람이 시험을 받는 것은 자기 욕심에 끌려 미혹됨이니 욕심이 잉태한즉 죄를 낳고 죄가 장성한즉 사망을 낳느니라" (약1:14~15) IMF 외환위기 때 하루아침에 파산을 당하게 되었다. 불면증과 우울증 정신분열증 등으로 신경정신과 병원에 입원하게 되었다. 부자에서 남의 집 설거지를 하게 하시고 길거리에서 호떡 장사를 하게 하신 이 모든 일들을 겪게 되면서 하나님께서 자녀로 만들어가시는 과정이라고 생각하게 되었다. "우리가 알거니와 하나님을 사랑하는 자 곧 그의 뜻대로 부르심을 입은 자들에게는 모든 것이 합력하여 선을 이루느니라" (롬8:28)

시골에서 어머니께서 올라오셔서 새벽기도도 다니시고 아이들도 돌보시고 빈 병과 폐지도 주우셨다. 숙대 앞에서 호떡 장사를 시작하면서 참신앙의 길을 걸어가게 되었다. 적은 수입으로 감사헌금을 드리고 십일조를 드리게 되었다. 하나에 500원 하는 호떡을 파는 것도 내 힘으로 되는 것이 아니라 하나님께서 하시는구나 느끼게 되었다. "그가 내게 대답하여 이르되 여호와께서 스룹바벨에게 하신 말씀이 이러하니라 만군의 여호와께서 말씀하여 이르시되 이는 힘으로 되지 아니하며 능력으로 되지 아니하고 오직 나의 영으로 되느니라" (슥4:6) 파산으로 어려울 때 도움을 주신 집사님의 부인이 암으로 병원에서 투병생활을 하고 있다는 얘기를 들었을 때 100만 원을 도와줘야겠다는 생각이 들었다. 하루 수입이 3만원 내지 5만 원일 때지만 남편과 상의해서 열심히 돈을 모아 그 집사님에게 100만 원을 도와줄 수 있었다. 하나님께서 말씀하신다. "형통한 날에는 기뻐하고 곤고한 날에는 되돌아보아라 이 두 가지를 하나님이 병행하게 하사 사람이 그의 장래 일을 능히 헤아려 알지 못하게 하셨느니라, 너는 이것도 잡으며 저것에서도 네 손을 놓지 아니하는 것이 좋으니 하나님을 경외하는 자는 이 모든 일에서 벗어날 것임이니라"(전7:14, 18) 그녀는 하나님 앞에 불평하고 원망하고 탄식하고 모든 잘못을 남편 탓으로 돌린 일들이 생각나면서 하나님께서는 그것을 다 듣고 계셨음을 말씀을 통해 알게 되었다. 그래서 무엇보다도 하나님께 기도하는 것이 중요하다는 것을 깨닫게 되었다. "그들에게 이르기를 여호와의 말씀이 내 삶을 두고 맹세하노라 너희 말이 내 귀에 들린 대로 내가 너희에게 행하리니, 죽고 사는 것이 혀의 힘에 달렸나니 혀를 쓰기 좋아하는 자는 혀의 열매를 먹으리라"(민14:28, 잠18:21) 우리는 하나님의 세미한 음성 듣기를 원한다. 많은 성도들이 하나님의 음성을 듣는다. 말씀 안에 답이 있다. 성경 말씀을 묵상하고 그 해답을 얻길 바란다. "또 지진 후에 불이 있으나 불 가운데에도 여호와께서 계시지 아니하더니 불 후에 세미한 소리가 있는지라 엘리야가 듣고 겉옷으로 얼굴을 가리고 나가 굴 어귀에 서매 소리가 그에게 임하여 이르시되 엘리야야 네가 어찌하여 여기 있느냐"(왕하19:12~13)

그녀는 요한복음을 읽으면서 말씀이 하나님이신데 말씀을 모르기 때문에 내 안에 하나님이 안 계신다고 생각했다. 말씀을 아는 것이 얼마나 중요한지를 일깨워 주는 대목이다. "태초에 말씀(성자:예수 그리스도)이 계시니라 말씀이 하나님(성부 하나님)과 함께 계셨으니 이 말씀은 곧 하나님(성자)이시라, 말씀(예수 그리스도)이 육신이 되어 우리 가운데 거하시매 우리가 그의 영광을 보니 아버지의 독생자의 영광이요 은혜와 진리가 충만하더라, 그의 계명을 지키는 자는 주 안에 거하고 주는 그의 안에 거하시나니 우리에게 주신 성령으로 말미암아 그가 우리 안에 거하시는 줄을 우리가 아느니라, 그의 계명은 이것이니 곧 그 아들 예수 그리스도의 이름을 믿고 그가 우리에게 주신 계명대로 서로 사랑할 것이니라" (요1:1, 14, 요일3:24, 23) 그녀는 그녀 안에 말씀이 없으므로 하나님이 함께하시지 않는다는 것을 깨닫고 나서 말씀을 알기에 절박했다. 새벽기도를 드리고, 말씀을 읽고, 기억하면 좋겠다는 말씀을 따로 정리하여 반복해서 읽게 되었다. QT 노트도 따로 만들어 정리하고 기도노트도 기록하여 정리하고 있다. 한마디로 말씀을 바로 알고 말씀 따라 살기를 힘쓰고 있다.

2003년 남편의 권유로 대학로 외진 골목 2층에 '본죽' 가게를 열었다. 새벽기도 중에 하나님께서 '본죽'이라는 이름을 쓰라고 말씀하셨다. 처음에는 열 명, 열두 명씩 늘어갔다. 한 번은 여자 손님 몇 명이 와서 놀랍다고 했다. 차별화된 인테리어가 놀랍고 양이 많아 놀랍고 값이 비싸 놀랍고 맛이 좋아 놀랍다고 했다. 먹고 맛있다고 포장해 가는 손님도 늘어갔다. 그러면서 여러 가지 시행착오를 겪으면서 일년 뒤부터 체인점이 늘어감에 따라 성공가도를 달리게 되었다. 대통령상을 비롯하여 여러 기관장 상을 받았다. 교만이 극에 달했다. 하나님만 믿고 의지하면서 열심히 일하겠습니다. 하나님 도와주세요. 기도할 때는 언제고 잘 되니까 전부 내가 한 것이라는 생각이 들게 되었다. 하나님께서 그런 그녀에게 징계의 채찍을 드셨다. 징계는 그녀의 유익을 위하여 하나님의 거룩하심에 참여하게 하신다고 말씀하신다. 징계로 연단을 받은 자들은 의와 평강의 열매를 맺는다고 말씀하신다. "주께서 그 사랑하시는 자를 징계하시고 그가 받아들이시는 아들마다 채찍질하심이라 하였으니 너희가 참음은 징계를 받기 위함이라 하나님이 아들과 같이 너희를 대우하시나니 어찌 아버지가 징계하지 않는 아들이 있으리요 징계는 다 받는 것이거늘 너희에게 없으면 사생자요 친아들이 아니니라 또 우리 육신의 아버지가 우리를 징계하여도 공경하였거든 하물며 모든 영의 아버지께 더욱 복종하며 살려하지 않겠느냐 그들은 잠시 자기의 뜻대로 우리를 징계하였거니와 오직 하나님은 우리의 유익을 위하여 그의 거룩하심에 참여하게 하시느니라 무릇 징계가 당시에는 즐거워 보이지 않고 슬퍼 보이나 후에 그로 말미암아 연단 받은 자들은 의와 평강의 열매를 맺느니라"(히22:6~11)

날마다 교회로 퇴근하게 하시고 교만을 내려놓게 하시고 하나님 앞에 무릎 꿇게 하시고 기도하게 하시고 다시 한번 말씀을 읽고 말씀 따라 사는 삶을 살아가도록 하나님께서 주님의 사랑으로 품어주셨다. 하나님께서 나의 기업이 하나님의 기업이 되게 하시고 내 힘으로 하던 것이 하나님의 힘으로 되게 하시며 하나님의 뜻을 따라 순종하며 나아가게 하셔서 오늘에 이르게 되었다. 이익을 창출하는 기업에서 하나님의 사랑을 나누는 기업이 되게 하셨다. 체인점의 애로를 돌아보는 눈을 주시고 상생하는 데에 역점을 두게 하셨다. "사랑하는 자들아 우리가 서로 사랑하자 사랑은 하나님께 속한 것이니 사랑하는 자마다 하나님으로부터 나서 하나님을 알고 사랑하지 아니하는 자는 하나님을 알지 못하나니 이는 하나님은 사랑이심이라 하나님의 사랑이 우리에게 이렇게 나타난 바 되었으니 하나님이 자기의 독생자를 세상에 보내심은 그로 말미암아 우리를 살리려 하심이라 사랑은 여기 있으니 우리가 하나님을 사랑한 것이 아니요 하나님이 우리를 사랑하사 우리 죄를 속하기 위하여 화목제물로 그 아들을 보내셨음이라 사랑하는 자들아 하나님이 이같이 우리를 사랑하셨은즉 우리도 서로 사랑하는 것이 마땅하니라 어느 때나 하나님을 본 사람이 없으되 만일 우리가 서로 사랑하면 하나님이 우리 안에 거하시고 그의 사랑이 우리 안에 온전히 이루어지느니라" (요일4:7~12)

이번에는 사탄의 공격을 받게 되었다. 어떤 시민단체가 자기 종교적 신념으로 자기 욕심을 채우려고 많은 회삿돈을 유용하였다고 형사고발을 하게 되었다. 5년 구형을 받으면서 밀려오는 스트레스로 귀가 먹먹해졌다. 선교사역을 위해 지출된 비용을 왜곡되게 고발하므로 어려움을 겪게 만든 것이었다. 주된 공격 내용인즉 어려운 형편에 놓여있는 체인점주들의 수익을 갈취하여 자기 욕심을 채웠다는 것이다. 하나님께서 체인점주들을 사용하시고 판사의 입을 통해 진실을 밝혀 주셨다. "너를 치려고 제조된 모든 연장이 쓸모가 없을 것이라 일어나 너를 대적하여 송사하는 모든 혀는 네게 정죄를 당하리니 이는 여호와의 종들의 기업이요 이는 그들이 내게서 얻은 공의니라 여호와의 말씀이니라, 근신하라 깨어라 너희 대적 마귀가 우는 사자같이 두루 다니며 삼킬 자를 찾나니 너희는 믿음을 굳건하게 하여 그를 대적하라 이는 세상에 있는 너희 형제들도 동일한 고난을 당하는 줄을 앎이라" (사54:17, 벧전5:8~9) 하나님께서 그녀가 그렇게 듣고 싶어 하던 하나님의 세미한 음성을 듣게 하셨다. 최후 변론을 A4용지 두 장 분량을 써서 준비하였다. 그런데 그녀의 최후 변론 시간에 "변론하지 말라"고 너무나 또렷하게 하나님께서 그녀에게 말씀하셨다. 하나님 말씀은 절대 순종이다. 그녀의 변론 시간이 돌아왔다. 갑자기 그녀의 입에서 앞서 한 남편의 변론과 "이하동문입니다"라고 말하게 되었다. 판사의 판결은 간단명료했다. 회삿돈으로 어려운 처지에 놓여있는 사람들을 돕는 것은 칭찬할 만한 일이지 결코 비난해서도 안 되며 더욱이 지탄을 받을 일이 아니다. 따라서 이 사건 피고인에게 무죄를 선고한다. 주님 뜻대로 살기로 했네 주님 뜻대로 살기로 했네 주님 뜻대로 살기로 했네 뒤돌아서지 않겠네 이 세상 사람 날 몰라줘도 이 세상 사람 날 몰러줘도 이 세상 사람 날 몰라 줘도 뒤돌아서지 않겠네 세상 등지고 십자가 보네 세상 등지고 십자가 보네 세상 등지고 십자가 보네 뒤돌아서지 않겠네.

그녀는 예수님을 믿기 전까지는 여호와의증인 신자였다. 여호와의 증인은 이단으로 지정되고 있다. 그러던 그녀가 예수님을 구주로 받아들이게 되고 70세에 목사안수를 받았다. 대학을 졸업하고 서울에 취직이 되어 세검정에 살고 있는 이모님 댁에 동거인으로 살게 되었다. 그녀의 이모부께서 자유당 시절에 세도가셨다. 그는 자유당 몰락으로 세

검정 산속에 숨어들어 살게 되었다. 쌀이 떨어져 그날부터 굶을 판이었다. 그날 아침에 싸라기눈이 내렸다. 마루에 쿵하는 소리가 들렸다. 마루에 쌀포대를 내려놓고 누군가 급하게 사라졌다. 발자국을 따라가 그분을 만나게 되었다. 사연인즉 이 마을에 있는 교회를 섬기는 집사인데 ○○○에게 쌀을 갖다 주어라 세 번씩 하나님의 음성을 듣게 되어 교회 목사님께 여쭤보고 집을 알게 되었다고 했다. 그녀의 이모님이 그 교회 신자였다. 이모부는 예수님을 믿지 않았다. 그 일로 이모부도 예수님을 믿게 되었다. 그녀는 이게 무슨 말이야 하나님의 음성을 듣는 것은 무엇이고 쌀이 떨어진 집을 찾아 쌀을 가져다준다. 그 교회에서 7일간의 부흥회가 예정되어 있었다. 그녀는 가고 싶지 않았지만 얹혀사는 주제에 마땅히 거절할 핑계거라도 없어 이모님 부부를 따라 교회 부흥회에 가게 되었다. 예배를 드리는데 왼쪽에서도 울고 오른쪽에서도 울고 앞에서도 울고 뒤에서도 울고 있었다. 그녀는 그 의미를 알지 못했다. 부흥회 3일째부터 말씀이 들리기 시작했다. 정운상 목사님의 설교 중에 2살짜리 어린아이로 인해 아버지가 구원을 받았다는 얘기는 그녀에게 감동으로 다가왔다. 부흥회 7일째 되는 날이었다. 그녀가 울고 있었다. 나도 울고 있네 이게 뭐야 여호와증인에서는 이런 일이 한 번도 없었는데 그로부터 그녀는 여호와증인에서 돌이켜 예수님을 구주로 믿게 되었다. 다니던 교회 전도사님과 결혼하고 남편의 미국 유학길에 함께 미국으로 갔다. 미국에서 남편이 신학대학원을 졸업하고 목사안수를 받았다. 남편은 이민교회를 개척하게 되고 그녀는 세탁소를 개업하게 되어 남편 목사의 뒷바라지를 했다. 이민교회 목사 사역은 쉽지가 않았다. 공항에서부터 전셋집까지 도움을 받아 놓고 정착하면 큰 교회로 떠난다 이것이 개척교회 이민목회의 고충이다.

어느 날 큰아이가 넘어져서 보도경계석에 부딪쳐 크게 다쳤다. 위 잇몸이 떨어져나가고 신경이 용수철처럼 튀어나왔다. 목사 남편에게 아이를 병원에 데려가서 치료받고 오라고 부탁했다. 그런데 남편은 심방이 있다고 하면서 심방을 떠났다. 그녀는 세탁소를 비울 수도 없는 형편이었다. 아이를 업고 뛰었다. 병원에서 아이 치료를 받고 집으로 돌아왔다. 화가 머리끝까지 치밀었다. 손으로 방바닥을 치면서 하나님 아시잖아요. 아시잖아요. 목을 놓아 울고 있는데 하나님 음성이 들렸다. "사랑하는 딸아 사랑하는 내 종이 네 눈에는 70점으로 보이더냐 사랑하는 딸아 사랑하는 내 종이 네 눈에는 50점으로 보이더냐" 두려움이 밀려왔다. "사랑하는 딸아 사랑하는 내 종이 네 눈에는 0점으로 보이더냐" 하나님 아시잖아요. 제가 어떻게 100이 돼요 그러면서 그녀는 울었다. "사랑하는 내 종에게 내가 너를 돕는 배필로 지명하여 세웠느니라" "여호와 하나님이 이르시되 사람이 혼자 사는 것이 좋지 아니하니 내가 그를 위하여 돕는 배필을 지으리라 하시니라, 또 남자가 여자를 위하여 지음을 받지 아니하고 여자가 남자를 위하여 지음을 받은 것이니, 그러나 주 안에는 남자 없이 여자만 있지 않고 여자 없이 남자만 있지 아니하리라 이는 여자가 남자에게서 난 것같이 남자도 여자로 말미암아 났음이라 그리고 모든 것은 하나님에게서 났느니라" (창2:18, 고전11:9, 11~12) "내가 너의 모든 필요를 채워주리라" 하나님 음성이 들렸다. 그 때 내 모든 결박이 풀어지는 것 같았다. 내 입에서 찬양이 흘러나왔다.

"예수 결박 푸셨도다 모든 결박 푸셨도다 나의 결박 푸셨도다 나는 자유해" 하염없이 눈물이 흘렀다. "네가 지금 마음이 어떠냐" 하나님 음성이 들렸다. 한없는 평안이 밀려오는 듯했다. "네 상황이 해결됐느냐" 하나님 음성이 들려왔다. 상황이 변한 것은 아무것도 없었다. 남편 목사님은 지금 심방하러 가 있다. 그렇지만 내 마음은 평안했다. 주어진 상황을 어떻게 보느냐에 따라서 삶이 행복해질 수 있구나 "주께서 나의 슬픔이 변하여 내게 춤이 되게 하시며 나의 베옷을 벗기고 기쁨으로 띠 띠우셨나이다, 내 영혼아 네가 어찌하여 낙심하며 어찌하여 내 속에서 불안해 하는가 너는 하나님께 소망을 두라 그가 나타나 도우심으로 말미암아 내가 여전히 찬송하리로다"(시30:11, 42.5) 그때 하나님께서 내 눈앞에 무지개를 펼쳐 보이셨다. 빨간색 주황색 노란색 초록색 파란색 남색 보라색 "딸아 저 무지개가 각자가 색깔이 다르지 않느냐" "그런데 서로가 너는 왜 노란색으로만 있느냐 나처럼 빨간색으로 좀 돼 봐라 너는 왜 파란색으로만 있느냐 나처럼 보라색 좀 돼 봐라 이러지 않지 않느냐 서로가 다름을 그대로 인정하면서 같이 있을 때에 사람들에게 희망을 주고 아름다움을 주고 소망을 주지 않느냐" 너와 다른 남편과의 삶에서와 같이 내 대신 성격이 다르다 무엇 때문에 못살겠다 하는 그런 사람들에게 서로가 다름을 인정하며 아름답게 사는 삶을 내 대신 보여 줄 수 있겠느냐?

그녀는 슬하에 다섯 아들을 두고 있었다. 큰아들은 공부 잘하는 아들이었고 둘째 아들은 학교에서 수학 천재 소리 듣는 아들이었다. 우연히 셋째 아들의 가방을 열어 보게 되었다. 시험지에 수학은 5점 과학은 15점 음악은 50점 그보다 더 기막힌 일은 수학 시험지였다. 13-5=12 라고 답이 적혀 있었다. 그 아이 공식대로 풀면 그런 답이 나올 수도 있다는 어느 선생님의 설명을 듣고 위로를 받게 되었다. 중학교 1학년 아들의 수학 실력이다. 그날도 학교에 불려 가서 상담을 받고 아이 책장에 가서 책을 꺼내 가방에 넣고 있었다. 책이 무척 무거워 보였다. 그러면서 "엄마 손가방 이리 줘" 엄마의 손가방이 무거울까 봐 달라고 했다. 저런 마음이 따뜻한 아들인데 그까짓 거 수학 성적이 대수냐 하는 생각이 들었다. 성령께서 그녀에게 말씀하셨다. "이제 겨우 중학교 1학년밖에 안 된 아이를 가지고 인생 다 산 것처럼 절망을 하느냐" "보라 자식들은 여호와의 기업이요 태의 열매는 그의 상급이로다" (시127:3) 그 음성을 듣고 나서 아들을 살며시 껴안으면서 "○○아 너는 하나님께서 특별히 엄마에게 주신 아들이야 하나님이 너에게 특별히 하실 일이 있는 것을 엄마는 믿어" 그 얘기를 듣고 그의 아들이 울기 시작했다. 그리고 그다음부터 그 아들이 달라지기 시작했다. 지금은 외국인 학교 선생으로 있으면서 채플린, 뮤지컬 감독으로 활동하고 있다. 그녀는 어느 여름학교 수련회에 초청을 받아 아이들에게 말씀을 가르치게 되었다. 하나님께서 살아 계실까 하는 문제를 가지고 아이들과 얘기하면서 이 말씀을 들려주었다. "집마다 지은 이가 있으니 만물을 지으신 이는 하나님이시라, 창세로부터 그의 보이지 아니하는 것들 곧 그의 영원하신 능력과 신성이 그가 만드신 만물에 분명히 보여 알려졌나니 그러므로 그들이 핑계하지 못할지니라" (히3:4, 롬1:20) 학생 여러분. 집마다 지은 이가 있을까요 없을까요? 있어요. 보이지도 않는데 어떻게 알아요? 집이 있잖아요. 그렇네 그렇다면 만물을 지으신 이는 있을까요 없을까요? 있어요. 보이지도 않는데 어떻게 알아요? 만물이 있잖아요. 그럼 만물을 지으신 이는 누굴까요? 하나님요. 그러게 하나님이 만물을 지으셨네 그럼 하나님은 살아 계시네. 학생들이 말했다. 하나님이 살아계신 거 맞아요. 그렇다. 하나님은 살아 계신다. 그러므로 아무도 하나님이 없다고 핑계하지 못할지니라.

그녀는 일찍 결혼을 했다. 27살에 3살 6살 두 아이 엄마가 되었다. 이벤트 회사와 노래교실 강사로 활동하고 있었다. 그러던 어느 날 허리가 아프기 시작하더니 머리끝에서부터 발끝까지 아프지 않은 데가 없었다. 여러 병원을 다녔지만 병은 나아지지 않았다. 신병이라 신내림을 받으라는 유혹도 받았다. 그때 친구가 찾아와서 교회에 가서 새벽예배부터 드려보자 그녀는 중학교 2학년 때부터 교회를 다녔다 그렇지만 성경 말씀을 공부한 적도 없었다. 재대로 하나님 앞에 무릎 꿇고 기도 한번 한 적도 없었다. "너희가 내 앞에 보이러 오니 이것을 누가 너희에게 요구하였느냐 내 마당만 밟을 뿐이니라" (사1:12) 남편의 부축을 받아 집 근처에 있는 교회에 새벽예배를 드리러 갔다. 엎드려 울며 하나님 고쳐주세요. 살려주세요. 어린아이들 때문에 지금 죽으면 안 돼요 40일을 작정하고 매일같이 엎드려 울며 그렇게 하나님 앞에 기도를 드렸다. 작정기도 38일째 되는 날이었다. 그날도 여느 새벽기도와 같이 울며 엎드려 기도를 드리는데 "내가 너의 병을 고쳐주리라"라는 음성이 들렸다. 그녀는 그 음성이 하나님께서 그녀에게 하시는 음성인지 알지 못했다. 몸이 약해서 환청이 들린다고 착각하고 있었다. 그다음 날도 그 음성을 들었다. 하나님께서 그녀에게 하시는 말씀을 그냥 귓등으로 흘려보냈다. 작정기도 마지막 날이었다. 새벽기도 중에 똑같은 음성을 듣게 되었다. 이번에는 한 번 더 또렷하게 들려왔다. "내가 너의 병을 고쳐주리라" 그제야 하나님께서 그녀에게 하시는 말씀이라는 것을 알게 되었다. 그 말씀이 믿어지게 되었다. 새벽기도를 마치고 집으로 돌아와서 기도하기 시작했다. 하나님 제 병을 고쳐주시겠다고 하신 약속 믿습니다. 약속 믿고 기도합니다. 제 병을 고쳐주세요. 얼마간 기도를 드리고 있는데 몸에서 구렁이가 빠져나와 허리를 칭칭 감는 느낌이 들었다. "내가 나사렛 예수 그리스도 이름으로 네게 명하노니 마귀는 내 몸에서 나와서 떠나갈지어다" 한참 동안 그렇게 축사기도를 드렸다. 어느 순간 몸이 가벼워졌다. 통증이 사라졌다. 그 오랜 고통이 깨끗이 사라진 것이다. 하나님 내 병을 고쳐주시니 감사합니다. 하나님께 감사기도를 드리게 되었다. 그녀는 새벽기도를 드릴 때 서원기도를 드렸다. "하나님 제 병을 고쳐주시면 주님께서 하라는 일을 하도록 하겠습니다." 하나님 저의 서원기도를 들으시고 병을 고쳐주신 것 감사합니다. 제가 이제 무슨 일을 할까요 하나님께서 말씀하셨다. "세상에서 가장 불쌍한 사람들을 도우면서 살아라" 그러면 하나님 말씀 따라 할게요 그런데 그 불쌍한 사람들이 어떤 사람들인지 저는 알지 못하는데요. 하나님께서 그 질문에 대답하지 않으셨다. 그로부터 그녀는 고아원과 소년원 양로원을 찾아다니면서 봉사활동을 하게 되었다. 그럴 때마다 그녀에게 "여기가 아니야" 하는 음성이 들려왔다. 고아원도 아니고 소년

원도 아니고 양로원도 아니면 어디란 말인가

　다음날 시장에 볼일 보러 갔는데 어떤 할머니가 이집 저집 구걸하러 다니셨다. 11월 추운 날씨였다. 식당에 모시고 가서 함께 식사를 했다. 할머니는 이집 저집 다니면서 끼니를 때우는 노숙인이셨다. "네가 도와야 할 사람이 이런 분들이다." 하나님께서 말씀하셨다. 시장 상인들에게 이분들을 만나려면 어디로 가야 됩니까 물었더니 용산역이나 서울역에 가면 많이 있다고 했다. 그때가 1996년 1월 저녁 8시 경이었다. 집에서 가까운 용산역에 갔다. 백발의 할아버지가 역전 구석에 담요를 덮고 누워 계셨다. 그때 바깥 날씨가 영하 16도였다. 할아버지를 깨웠다. 짜증을 내시면서 일어나 동상에 걸려 썩어가는 다리를 보여주셨다. 피고름이 흐르고 있었다. 내가 지나가는 사람들에게 도와달라고 그렇게 애원했는데 아무도 나를 도와준 사람이 없었다고 했다. 그분을 신용산역 지하도에 모셔다드렸다. 바깥보다는 그래도 낫다 싶었다. 수중에 전 재산 만 원밖에 없었다. 저녁을 사다 드리고 내일 도시락을 싸다 드리기로 약속하고 집으로 돌아왔다. 그 일을 시작으로 그녀는 용산역에서 26년째 독거노인들과 노숙인들에게 무료로 식사를 제공하고 있다. "땅에는 언제든지 가난한 자가 그치지 아니하겠으므로 내가 네게 명령하여 이르노니 너는 반드시 네 땅 안에 네 형제 중 곤란한 자와 궁핍한 자에게 네 손을 펼지니라" (신15:11) 처음에는 새벽시장에서 음식 재료를 구입하고 여동생과 함께 음식을 만들어 차에 싣고 용산역 앞에 가서 음식을 나눠 드렸다. 그리고 오후에는 그에 필요한 돈을 벌기 위해 전에 하던 대로 이벤트를 기획하고 행사를 개최하여 필요한 돈을 벌었다. 하루에 4시간밖에 잠을 자지 못했다. 힘든 나날이었다. 오로지 그 일에만 몰두하다 보니 가정을 제대로 돌보지 못했다. 둘째 아이가 초등학교 3학년 때 어느 날 "엄마 나 엄마가 필요해" 지금도 그 일을 생각하면 마음이 아프다고 한다. 남편도 교회는 같이 다녔지만 하나님을 인격적으로 만나지 못했다. 그 일을 감당하기에는 신앙이 따라주지 못했다. 결국 그 일 때문에 그 부부는 갈라서는 아픔을 겪어야만 했다. 그런 그녀에게 하나님께서 "너에게 잘못이 있느니라" 깨우쳐 주셨다. 자기 열심으로 한 가지 일에 매달려 가족에게 소홀하여 오늘 이런 아픔으로 돌아온 것을 깨닫게 되었다. IMF 외환위기를 겪으면서 한때 식수 인원이 850명이었던 적도 있었다. 그럴 때마다 여러 기관단체와 많은 후원자들과 자원봉사자들로 그 일을 이루어 가시는 하나님을 볼 수 있게 되었다. 그녀는 하나님께서 쓰시는 도구임을 깨닫게 되었다. "우리가 알거니와 하나님을 사랑하는 자 곧 그의 뜻대로 부르심을 입은 자들에게는 모든 것이 합력하여 선을 이루느니라" (롬8:28)

식사를 제공받는 노숙인 중에 몇 사람이 왜 젊은 여인이 우리에게 공짜로 밥을 먹여주는지 궁금하다고 했다. 그녀는 이 일을 하기 전에 중병에 걸렸었다. 여러 병원을 다녔지만 병의 원인도 찾지 못하고 몸은 아팠고 점점 더 쇠약해져갔다. 그녀는 그때 교회에 가서 하나님 앞에 엎드려 새벽기도를 드리게 되었다. 새벽기도 38일째부터 하나님께서 "내가 너의 병을 고쳐주리라" 말씀하셨다. 새벽기도 40일째 되는 날 기도 중에 하나님께서 그녀의 병을 깨끗이 고쳐주셨다. 그녀는 하나님께서 세상이 못 고치는 죽을병을 고쳐주시면서 당신들과 같이 어려움에 처해 있는 분들을 도와주라고 했다. 그래서 여러분을 돕는 일을 하고 있다고 했다. 그 하나님은 어떤 분이시길래 알지도 못하는 우리에게 밥을 공짜로 먹여 주시냐고 했다. "태초에 하나님이 천지를 창조하시니라" (창1:1) 그분이 세상 만물을 지으신 이라고 말했다. 그러면 우리도 그분을 알고 싶다고 했다. 그분을 만나보고 싶다고 했다. 그분께 예배를 드리면 차차 알게 된다고 했다. 그러면 우리 다 같이 하나님께 예배를 드립시다 그로 인해 식사 전에 하나님께 예배를 드리게 되었다. 처음에는 그동안 하나님께 간증과 찬양과 기도로 예배를 드렸다. 2004년 ○○○목사님과 재혼을 하게 되면서 천군만마를 얻게 되었다. 그러면서 노숙인들에게 복음이 들어가게 되고 믿음이 자라면서 그들 중에 몇 사람의 삶이 변하기 시작했다. 가정이 회복되는 분들이 생겨나게 되었다.

그녀는 그 일을 하면서 여러 번 사탄의 공격을 받게 되었다. 사탄은 그녀에게서 가까운 사람들을 사용하여 그녀를 넘어뜨리려 했다. 사랑하는 어머니를 사용하고 식사에 참여하는 노숙자들을 사용하여 그 일을 방해했다. 그럴 때마다 그녀는 기도로 마귀를 물리칠 수 있었다. "그런즉 너희는 하나님께 복종할지어다 마귀를 대적하라 그리하면 너희를 피하리라" (약4:7) 그녀의 인생 가운데 그녀의 힘으로 감당키 어려운 때가 있었다. 둘째 아들이 중학교 3학년 때 본의 아니게 싸우게 되면서 상대 학생이 목숨을 잃게 되는 불상사를 겪게 되었다. 그에 따른 합의금은 그녀에게 감당할 수 없는 큰 짐으로 주어졌다. 하나님을 원망하게 되었다. "모든 일을 원망과 시비가 없이 하라 이는 너희가 흠이 없고 순전하여 어그러지고 거스르는 세대 가운데서 하나님의 흠 없는 자녀로 세상에서 그들 가운데 빛들로 나타내며 생명의 말씀을 밝혀 나의 달음질이 헛되지 아니하고 수고도 헛되지 아니함으로 그리스도의 날에 내가 자랑할 것이 있게 하려 함이라" (빌2:14~16) 하나님께서 어느 날 그녀에게 "네게 아직 부족한 게 있느니라" 이게 무슨 말씀인가 곰곰이 생각하게 되었다. 밥을 먹는 분들이 배가 고픈가 거기에 생각이 미치자 그들에게 물어보았다. 그들이 배고픈 것이 아니라 힘들다고 했다. 아침은 건너뛴다고 해도 괜찮은데 사람이 하루에 한 끼만 먹고 살 수 없지 않은가 점심식사는 여기서 하지만 저녁식사를 하기 위해 여기서 을지로까지 걸어서 오가야 한다고 했다. 하나님께서 이분들에게 저녁식사도 해결해 주라는 말씀임을 알게 되면서 그때부터 그들에게 저녁식사도 제공하게 되었다. 한번은 CBS 기독교 방송국과 연합해서 집회를 열게 되었다. 어려운 분들이 3천 명이나 모여들었다. 그들에게 복음을 전하면서 CBS 채널을 고정한 라디오를 전해드렸다. 그 일이 있은 후 놀라운 일들이 일어나기 시작했다. 저 예수님 영접하게 됐어요 예수님 믿게 되었어요 하나님이 나를 찾아오셨어요 그들이 차가운 바닥에 누워 라디오에서 흘러나오는 복음을 듣고 그들의 믿음이 자라게 되고 그들의 삶에 변화가 일어나게 되었다. "오직 주의 말씀은 세세토록 있도다 하였으니 너희에게 전한 복음이 곧 이 말씀이니라, 내가 복음을 부끄럽게 하지 아니하노니 이 복음은 모든 믿는 자에게 구원을 주시는 하나님의 능력이 됨이라 먼저는 유대인에게요 그리고 헬라인에게로다 복음에는 하나님의 의가 나타나서 믿음으로 믿음에 이르게 하나니 기록된 바

오직 의인은 믿음으로 말미암아 살리라 함과 같으니라"(벧전1:25, 롬 1:16~17) 코로나19 전염병이 대유행할 그때도 어려움 가운데 놓여 있는 그분들에게 한 번도 배식을 거르지 않도록 하나님께서 도와주셨다. 그들이 굶주린 배를 채울 수 있었고 죽음에서 살리신 그분은 사랑이신 하나님이셨다. "사랑하는 자들아 우리가 서로 사랑하자 사랑은 하나님께 속한 것이니 사랑하는 자마다 하나님으로부터 나서 하나님을 알고 사랑하지 아니하는 자는 하나님을 알지 못하나니 이는 하나님은 사랑이심이라 하나님의 사랑이 우리에게 이렇게 나타난 바 되었으니 하나님이 자기의 독생자를 세상에 보내심은 그로 말미암아 우리를 살리려 하심이라 사랑은 여기 있으니 우리가 하나님을 사랑한 것이 아니요 하나님이 우리를 사랑하사 우리 죄를 속하기 위하여 화목제물로 그 아들을 보내셨음이라 사랑하는 자들아 하나님이 이같이 우리를 사랑하셨은즉 우리도 서로 사랑하는 것이 마땅하도다"(요일4:7~11)

그녀는 가톨릭 신자였다. 국내에서 이혼의 상처에서 벗어나기 위해 캐나다로 떠나게 되었다. 거기서 뉴욕 유엔본부 직원으로 일하게 되면서 아이티로 파견근무를 나가게 되었다. 아이티에서 한국 선교사님과 가까이 지내게 되었다. 선교사님께서 한 번은 그녀에게 세례를 받아 보라고 권했다. 그냥 호기심으로 세례를 받게 되었다. 선교사님께서 그녀의 머리에 물을 적시고 세례를 베푸셨다. 그때 성령께서 그녀에게 임하신 것 같다고 고백한다. 그 증거로 아이티 파견근무를 마치고 미국 뉴욕에 있는 유엔본부로 돌아와서 "예수님 믿으세요." 사람들에게 복음을 전하고 있었던 것이다. 그때 전도 받은 한국인을 아이티에서 다시 만나게 되었다. 그때 그 복음을 전해 듣고 예수님 믿게 되어 감사하다고 했다. 그때 "예수님 믿으세요." 한 마디 던진 것뿐인데 전도의 열매가 맺어진 것이다. "내 말과 내 전도함이 설득력 있는 지혜의 말로 하지 아니하고 다만 성령의 나타나심과 능력으로 하여 너희 믿음이 사람의 지혜에 있지 아니하고 다만 하나님의 능력에 있게 하려 하였노라"(고전2:4~5) 세례를 받을 때에 하나님께서 환상으로 새장 안에 갇혀 있는 그녀 자신을 보게 하시고 어머니로부터 늘 듣고 자란 부정적인 언어들 "너는 안돼 너는 할 수 없어 너는 나빠" 또 이혼으로 인해 "나쁜 엄마 나쁜 아내" 하나님께서 이런 모든 것들이 거짓이라고 말씀해 주셨다. 그녀는 세례받고 나서 선교사님 사모님께 기도를 받게 되었다. 그 사모님께서 그녀에게 하나님이 여기 남아서 "고아와 과부를 돌보아라"라고 말씀하신다고 했다. 그녀는 그 말을 믿지 않았다. 그런데 어느 날 교회에서 예배 가운데 목사님께서 소명을 받은 자는 반드시 순종해야 한다는 설교 말씀을 듣고 아이티 선교사 사모님께서 아이티에 남아 고아와 과부를 돌보아라 하신 그 말이 하나님의 소명이었구나 깨닫게 되어 아이티로 가서 선교사역을 하게 되었다. "예수께서 이르시되 손에 쟁기를 잡고 뒤를 돌아보는 자는 하나님의 나라에 합당하지 아니하니라 하시니라, 형제들아 나는 아직 내가 잡은 줄로 여기지 아니하고 오직 한 일 즉 뒤에 있는 것은 잊어버리고 앞에 있는 것을 잡으려고 푯대를 향하여 그리스도 예수 안에서 하나님이 위에서 부르신 부름의 상을 위하여 달려가노라"(눅9:62, 빌3:13~14) 아이티에서 첫 번째 사역으로 아이티 심장병 어린이를 찾아내어 심장병 수술을 받도록 김원희 집사님에게 인수인계하는 일이었다. 그 일로 아이티 심장병 어린이 92명이 한국에서 심장병 수술을 받게 되었다. 두 번째 사역으로 거리에 내버려진 고아 남자 어린아이들을 모아 돌보는 일이었다. 그 일을 맡기시면서 큰 나무에 주렁주렁 달린 열매를 보여주시면서 그 떨어진 열매를 양파 자루에 주워 담는 자신의 모습을 보여주셨다. 길거리 아이들을 불러 모았다. 모두 36명이었다. 그들에게 밥과 닭다리를 주었는데 닭다리를 뼈째 다 먹었다. 그 아이들은 닭다리를 처음 먹어 보았다. 뼈도 먹으라고 준 줄 알고 뼈도 다 먹었다. 아이들은 길거리에서 자라서 항상 칼이든지 위험한 무기들을 지니고 있다. 그것이 그 아이들의 자기방어 수단이었다. 가끔은 아이들끼리 난투극이 벌어질 때도 있지만 순한 양처럼 그녀의 말을 잘 따랐다. 그녀는 그것이 하나님께서 그녀에게 내려주신 권세라고 했다. 그녀는 그들을 나름대로 규칙을 만들어 돌보기로 했다. 잘하면 칭찬하고 잘 못하면 벌칙을 만들어 규칙대로 따르지 않으면 퇴출까지 시키는 방법이다. 그런 그녀에게 하나님께서 아이들을 사랑으로 돌보라고 하셨다. "내가 내게 있는 모든 것으로 구제하고 또 내 몸을 불사르게 내줄지라도 사랑이 없으면 내게 아무 유익이 없느니라 사랑은 오래 참고 사랑은 온유하며 시기하지 아니하며 사랑은 자랑하지 아니하며 교만하지 아니하며 무례히 행하지 아니하며 자기의 유익을 구하지 아니하며 성내지 아니하며 악한 것을 생각하지 아니하며 불의를 기뻐하지 아니하며 진리와 함께 기뻐하고 모든 것을 참으며 모든 것을 믿으며 모든 것을 바라며 모든 것을 견디느니라" (고전13:3~7) 아이티는 더운 나라여서 모기로 인해 뎅기열과 치쿤구니아에 걸려 고통 가운데 병을 이겨 낸 적이 있었다.

　어느 날 하나님께서 "딸아 마르다가 되지 말고 마리아가 되라" 하고 말씀하셨다. "그들이 길 갈 때에 예수께서 한 마을에 들어가시매 마르다라 이름하는 한 여자가 자기 집으로 영접하더라 그에게 마리아라 하는 동생이 있어 주의 발치에 앉아 그의 말씀을 듣더니 마르다는 준비하는 일이 많아 마음이 분주한지라 예수께 나아가 이르되 주여 내 동생이 나 혼자 일하게 두는 것을 생각하지 아니하시니이까 그를 명하사 나를 도와주라 하소서 주께서 대답하여 이르시되 마르다야 마르다야 네가 많은 일로 염려하고 근심하나 몇 가지만 하든지 혹은 한 가지만이라도 족하니라 마리아는 이 좋은 편을 택하였으니 빼앗기지 아니하리라 하시니라" (눅10:38~42) 하나님께서 "너는 심장이 딱딱하고 영혼에 긍휼함이 없어 내가 너를 치유하리라" 하시는데 눈물이 쏟아지면서 회개하기 시작했다. 죄를 나타내 보이시면서 뜨겁게 눈물로 회개하게 하셨다. 그동안 마음속에 쌓여있던 어머니로부터 받은 상처와 이혼의 아픔이 깨끗하게 사라지게 하셨다. 그 후 그녀가 달라졌다. 눈물이 많아졌다. 예수님 모르는 사람만 보면 저절로 눈물이 뚝뚝 떨어졌다. 아이들을 보듬어주게 되고 그 아이들의 엄마가 되어 그들을 사랑으로 돌보게 되었다. 그녀는 눈이 잘 보이지 않아 안과 병원에 갔다. 녹내장으로 왼쪽 눈 시력이 30% 오른쪽눈 시력이 10%만 남아 있는 상태라고 했다. 시력이 매우 좋지 않은 상태라고 했다. 하나님께 눈을 고쳐달라고 기도했다. 기도를 하는 중에 절벽 위에 있는 도로 옆에 세워 놓은 다 썩은 나무 난간을 보이시면서 "이게 네 눈이다 네가 겸비하여 거룩함과 겸손을 지키면 이 썩은 눈으로 평생 볼 수 있는 은혜를 내려 주리라" 썩은 난간이 절벽으로 떨어지는 것을 보이시면서 "그렇지 않으면 네 눈이 저렇게 될 수 있다." 그래서 자신의 신앙을 늘 돌아보게 된다고 한다. "여러 계시를 받은 것이 지극히 크므로 너무 자만하지 않게 하시려고 내 육체에 가시 곧 사탄의 사자를 주셨으니 이는 나를 쳐서 너무 자만하지 않게 하려 하심이라" (고후12:7) 어느 날 키우고 있는 한 아이가 찾아와 사촌누나가 둘이 있는데 그 누나들 어머니가 돌아가셔서 갈 곳이 없는데 여기로 데려오면 안 되겠느냐고 했다. 여성 사역을 싫어하던 터라 단호히 거절했다. 그런데 예배 중에 하나님께서 그 두 아이를 "당장 데려와라"고 말씀하셨다. 그들을 데리고 왔다. 다음 날 새벽 두 여자아이가 자고 있는 방에서 산고의 고통을 느끼는 소리가 들렸다. 급히 병원으로 데려갔다. 병원 침대에 눕히자마자 아기를 낳았다. 하나님께서 아이의 출산의 위급함을 지켜보고 계셨구나 하나님의 긍휼하심을 눈으로 보는 순간이었다. 이렇게 하지 않았으면 아기도 산모도 위험할 수 있었겠구나 끔찍하게 느껴졌다.

2020년 11월에 코로나19 전염병에 걸리게 되었다. 폐렴과 함께 모든 증상이 한꺼번에 그녀에게 나타났다. 극기야 죽음을 준비하게 되었다. 3일째 되는 새벽에 죽음의 문턱에 서 있다고 생각되면서 갑자기 죽음에 대한 공포가 밀려왔다. 그런데 참 나 구원받았지 구원에 대한 확신이 들었다. "물은 예수 그리스도께서 부활하심으로 말미암아 이제 너희를 구원하는 표니 곧 세례라 이는 육체의 더러운 것을 제하여 버림이 아니요 하나님을 향한 선한 양심의 간구니라, 사람이 마음으로 믿어 의에 이르고 입으로 시인하여 구원에 이르느니라, 그러므로 믿음은 들음에서 나며 들음은 그리스도의 말씀으로 말미암았느니라, 이방인들이 듣고 기뻐하여 하나님의 말씀을 찬송하며 영생을 주시기로 작정된 자는 다 믿더라, 너희는 그 은혜에 의하여 믿음으로 말미암아 구원을 받았으니 이것은 너희에게서 난 것이 아니요 하나님의 선물이라 행위에서 난 것이 아니니 이는 누구든지 자랑하지 못하게 함이라, 그러므로 나의 사랑하는 자들아 너희가 나 있을 때뿐 아니라 더욱 지금 나 없을 때에도 항상 복종하여 두렵고 떨림으로 너희 구원을 이루라 너희 안에서 행하시는 이는 하나님이시니 자기의 기쁘신 뜻을 위하여 너희에게 소원을 두고 행하게 하시나니 모든 일을 원망과 시비가 없이 하라 이는 너희가 흠이 없고 순전하여 어그러지고 거스르는 세대 가운데서 하나님의 흠 없는 자녀로 세상에서 그들 가운데 빛들로 나타나며 생명의 말씀을 밝혀 나의 달음질이 헛되지 아니하고 수고도 헛되지 아니함으로 그리스도의 날에 내가 자랑할 것이 있게 하려 함이라, 그러나 우리의 시민권은 하늘에 있는지라 거기로부터 구원하는 자 곧 주 예수 그리스도를 기다리노니 그는 만물을 자기에게 복종하게 하실 수 있는 자의 역사로 우리의 낮은 몸을 자기 영광의 몸의 형체와 같이 변하게 하시리라 그러므로 나의 사랑하고 사모하는 형제들, 나의 기쁨이요 면류관인 사랑하는 자들아 이와 같이 주 안에 서라" (벧전3:21, 롬10:10, 17, 행13:48, 엡2:8~9, 빌2:12~16, 4:1) 아침이 되었다. 의사 선생님이 오시더니 코로나 전염병이 다 나았습니다. 퇴원하세요. 그래서 병원에서 퇴원하게 되었다. 퇴원후 며칠 뒤 급성 코로나에 걸리게 되었다. 열이 40도를 오르내렸다. 이번에는 병원에 가지 않고 하나님만 의지하리라 결심했다. 기도방으로 내려갔다. 하나님 병을 고쳐주세요. 고쳐주심을 믿습니다. 고쳐주시니 감사합니다. 기도하고 찬양하고 춤추고 그러기를 3시간쯤 지났을 때 갑자기 몸에 열이 뚝 떨어졌다. 그리고 다시 오르지 않았다. 병이 깨끗이 나았다. "한밤중에 바울과 실라가 기도하고 하나님을 찬송하매 죄수들이 듣더라 이에 갑자기 큰 지진이 나서 옥터가 움직이고 문이 곧 다 열리며 모든 사람의 매인 것이 다 벗어진지라, 하나님께서 부리는 악령이 사울에게 이를 때에 다윗이 수금을 들고 와서 손으로 탄즉 사울이 상쾌하여 낫고 악령이 그에게서 떠나더라"(행16:25~26, 삼상 16:23)

하나님께서 그녀 속에 자기 의로 가득 차 있는 것을 보게 하셨다. 따라서 하나님 앞에 온전히 순종하지 못하는 것이 자기 때문인 것을 알게 되었다. 하나님 자아를 예수님 십자가에 못 박아 주옵소서 "너희 안에서 행하시는 이는 하나님이시니 자기의 기쁘신 뜻을 위하여 너희에게 소원을 두고 행하게 하시나니"(빌2:13) 이 말씀이 제 마음에 믿어지게 하옵소서 이 말씀 따라 살게 하옵소서 주님의 일하심을 믿고 의지하게 하옵소서 주님께서 내 안에서 일하심을 눈으로 볼 수 있게 하옵소서 온전히 순종하게 하옵소서 "너의 행사를 여호와께 맡기라 그리하면 네가 경영하는 것이 이루어지리라"(잠16:3) 말씀을 읽고 말씀을 바로 알게 하시고 말씀 따라 살아가게 하옵소서 "우리가 육신으로 행하나 육신에 따라 싸우지 아니하노니 우리의 싸우는 무기는 육신에 속한 것이 아니요 오직 어떤 견고한 진도 무너뜨리는 하나님의 능력이라 모든 이론을 무너뜨리며 하나님 아는 것을 대적하여 높아진 것을 다 무너뜨리고 모든 생각을 사로잡아 그리스도에게 복종하게 하니 너희의 복종이 온전하게 될 때에 모든 복종하지 않는 것을 벌하려고 준비하는 중에 있느니라" (고후10:3~6)

"오순절 날이 이미 이르매 그들이 다 같이 한곳에 모였더니 홀연히 하늘로부터 급하고 강한 바람 같은 소리가 있어 그들이 앉은 온 집에 가득하며 마치 불의 혀처럼 갈라지는 것들이 그들에게 보여 각 사람 위에 하나씩 임하여 있더니 그들이 다 성령으로 충만함을 받고 성령이 말하게 하심을 따라 다른 언어들로 말하기를 시작하니라, 내가 이르노니 너희는 성령을 따라 행하라 그리하면 육체의 욕심을 이루지 아니하리라, 너희가 만일 성령의 인도하시는 바가 되면 율법 아래에 있지 아니하리라, 만일 우리가 성령으로 살면 또한 성령으로 행할지니, 주는 영이시니 주의 영이 계신 곳에는 자유가 있느니라" (행2:1:4, 갈5:16, 18, 25, 고후3:17)

그녀는 신학을 공부하지 않았다. 여러 해 섬긴 교회도 없다 선교사 자격증도 없다 그녀는 평신도 사역자다 사울이 다메섹 도상에서 예수님을 만나 바울이 된 것처럼 아이티에서 선교사님께 세례를 받고 사모님께 기도 받을 때에 "아이티에 남아 고아와 과부를 돌보아라" 하나님께 소명을 받았다. 캐나다 교회에서 소명을 확인받게 되고 소명을 받은 자는 반드시 순종하여야 한다는 목사님의 설교를 듣고 아이티로 돌아와서 평신도 선교사역을 시작하게 되었다. 그러므로 그의 사역을 돕는 선교 단체도 교단도 교회도 후원자도 따로 없다 그때그때 오로지 하나님께서 그녀의 필요를 채워주신다. 그녀가 믿고 의지할 분은 오로지 하나님뿐이다. "너를 낮추시며 너를 주리게 하시며 또 너도 알지 못하며 네 조상들도 알지 못하던 만나를 네게 먹이신 것은 사람이 떡으로만 사는 것이 아니요 여호와의 입에서 나오는 모든 말씀으로 사는 줄을 네가 알게 하려 하심이니라" (신8:3) 그녀는 아이티가 싫었다. 가난한 나라 치안이 바로 서 있지 않은 나라 그래서 언제나 아이티를 떠나고 싶었다. 그런 그녀의 마음을 아시는 하나님께서 그녀에게 새로운 사명을 주셨다. 한국 가덕도 기도원에서 기도할 때에 하나님께서 그녀에게 "내가 아이티를 사랑한다. 네가 아이티로 돌아와서 아이티에 다음 세대를 세우도록 하라" 말씀하셨다. 예 하나님 말씀에 순종하여 소명을 따르겠습니다. 무지하고 연약하고 부족한 그녀를 구레네 사람 시몬처럼 아이티에 유엔 직원으로 갔다가 "마침 알렉산도와 루포의 아버지인 구레네 사람 시몬이 시골로부터 와서 지나가는데 그들이 그를 억지로 같이 가게 하여 예수의 십자가를 지우고" (막15:21) 거기서 세례를 받게 하시고 소명을 받게 하시고 사명을 받아 말씀 따라 일할 수 있도록 하신 하나님의 축복이 지금은 힘들어 보일지 모르지만 하늘 아래 이보다 더 큰 복이 어디 있겠는가 감사와 찬양과 영광을 우리 하나님 아버지께 돌릴지어다.

그는 4대째 기독교 집안에서 자랐다. 외삼촌도 목사님이시고 작은 아버지도 목사님이셨다. 그래서 교회는 그의 익숙한 생활 공간이었다.

그는 13살에 미국으로 이민 갔다. 그는 고교시절에 그의 마음속에 풀리지 않는 의문이 자리하고 있었다. 말씀 따라 살고 싶은데 말씀 따라 살 수 없는 이것이 도대체 뭘까 그는 복음성가를 듣는 것이 옳은 신앙이라 생각하는데 늘 팝음악을 듣고 있는 자신이 이해되지 않았다. 세상 속에 살면서 세상적인 것은 모두 죄라고 생각되었기 때문이다. 그는 바른 신앙인으로 살고 싶은데 늘 죄에 끌려다니는 느낌으로 살고 있었다. 여러 집회에도 참여하게 되고 말씀을 열심히 읽었지만 그 의문이 풀리지 않았다. 예배 시간에 목사님이 설교할 때도 말씀에 집중하지 않았다. 목사님은 그 말씀대로 살 수 있습니까 목사님 자신은 말씀대로 살지 못하시면서 성도들에게 그렇게 살도록 강요하시느냐고 속으로 반항하고 있었던 것이다. 난 말씀대로 살아보려고 해도 안 되는데 왜 말씀대로 살아가라고 하십니까 말씀대로 사는 것이 힘들다는 그것을 설교해야지 할 수 없는 것을 하라고만 설교하십니까 "우리가 율법은 신령한 줄 알거니와 나는 육신에 속하여 죄 아래에 팔렸도다 내가 행하는 것을 내가 알지 못하노니 곧 내가 원하는 것은 내가 행하지 아니하고 도리어 미워하는 것을 행함이라 만일 내가 원하지 아니하는 그것을 행하면 내가 이로써 율법이 선한 것을 시인하노니 이제는 그것을 행하는 자가 내가 아니요 내 속에 거하는 죄니라 내 속에 곧 내 육신에 선한 것이 거하지 아니하는 줄을 아노니 원함은 내게 있으나 선을 행하는 것은 없노라 내가 원하는 바 선은 행하지 아니하고 도리어 원하지 아니하는 바 악을 행하는도다 만일 내가 원하지 아니하는 그것을 하면 이를 행하는 자는 내가 아니요 내 속에 거하는 죄니라 그러므로 내가 한 법을 깨달았노니 곧 선을 행하기 원하는 나에게 악이 함께 있는 것이로다 내 속사람으로는 하나님의 법을 즐거워하되 내 지체 속에서 한 다른 법이 내 마음의 법과 싸워 내 지체 속에 있는 죄의 법으로 나를 사로잡는 것을 보는도다 오호라 나는 곤고한 사람이로다 이 사망의 몸에서 누가 나를 건져내랴 우리 주 예수 그리스도로 말미암아 하나님께 감사하리로다 그런즉 내 자신이 마음으로는 하나님의 법을 육신으로는 죄의 법을 섬기노라"(롬 7:14~25)

겉으로는 주일성수도 잘하고 고등부 회장도 하고 중등부 교사도 했지만 그리스도를 닮아가지 못하고 말씀대로 되지 않는 자기 신앙을 돌아봤을 때 이래서는 안 되겠다 싶었다. 그래서 말씀에 답이 있다니까 방학 동안에 하루 7시간씩 말씀을 읽기 시작했다. 그런데 다른 친구들은 하나님을 인격적으로 만났다고 하는데 나는 뭐야 아무것도 아니잖아 내가 너무 큰 죄인이어서 하나님께서 나를 포기하셨구나 말씀만 대하면 말씀 안에 자기 죄만 보이는 것이었다. 그렇지만 말씀을 손에서 놓지 않고 열심히 읽고 있었다. 하나님께서 그를 거기까지 이르게 하셨다. 그다음 날 로마서를 읽게 되었다. "모든 사람이 죄를 범하였으매 하나님의 영광에 이르지 못하더니"(롬3:23) 맞아 나야 나는 죽을 수밖에 없어 이러다가 "성경이 무엇을 말하느냐 아브라함이 하나님을 믿으매 그것이 그에게 의로 여겨진 바 되었느니라"(롬4:3) 이 말씀이 그에게 새롭게 다가왔다. 그동안 그는 로마서를 좋아해서 수없이 읽었는데 이게 뭐지 "믿음으로 말미암아 의롭다 함을 얻었나니" 어, 저 믿음이 뭐지 내가 말씀이 진리라는 것을 믿음으로 받아들일 때 하나님과 동행하는 삶이 되는구나. "영생은 유일하신 참 하나님과 그가 보내신 자 예수 그리스도를 아는 것이니다, 진리를 알지니 진리가 너희를 자유롭게 하리라, 그러므로 아들이 너희를 자유롭게 하면 너희가 참으로 자유로우리라" (요8:32.36) 율법 아래 매여 있던 그가 말씀으로 말미암아 새롭게 되었다. 마음에 평안이 찾아오게 되었다. 기뻤다. "내가 진실로 진실로 너희에게 이르노니 내 말을 듣고 또 나 보내신 이를 믿는 자는 영생을 얻었고 심판에 이르지 아니 아니하나니 사망에서 생명으로 옮겼느니라" (요5:24) 하나님께서 독생자 예수 그리스도를 나를 대신해 십자가에 피흘려 내 죄를 깨끗이 씻어 주신 그 은혜 감사합니다. 이제 내 삶을 주님께 드립니다.

그 후 그는 미국 대학에 교수직 임용을 앞두고 있었다. 그런데 그의 아내가 하나님께서 당신에게 크신 은혜를 베푸셨는데 하나님 뜻을 물어보지도 않고 그 일을 해도 괜찮겠느냐고 했다. 그래서 하나님 앞에 무릎을 꿇고 기도하게 되었다. 그때 컴패션에서 연락이 왔다. 그는 컴패션이 뭔지도 알지 못했다. 그래서 컴패션이 뭡니까 물었다. 전 세계에 있는 가난한 어린아이들을 현지에 있는 교회가 그들을 모아서 예수님의 사랑과 말씀으로 부모님들이 가난해서 할 수 없는 그 어린아이들을 대학까지 양육하는 단체다 컴패션은 1952년 한국 전쟁으로 방치된 어린아이들을 도왔다. 그 말을 듣는 순간 너무나 성경적이고 하나님의 사랑으로 키워낸다는 데에 감동을 받았다. 나는 왜 여태까지 그런 일을 모르고 있었을까 이 일이 하나님께서 그에게 주신 사명이구나 깨닫게 되었다. 우리가 받은 사랑을 전하는 일은 우리의 아름다운 책임이다.

컴패션은 하나님의 눈물과 긍휼을 뜻하는 말이다. 컴패션은 지역교회가 지역에 있는 가난한 어린 아이들을 모아 주중에는 어린아이들의 보육기관으로의 역할을 담당하면서 예수님 사랑으로 말씀으로 그들을 양육하게 되고 주일에는 교회로 예배 공간으로 사용하게 된다. 컴패션 41년 역사에 2,700개의 교회 건물을 신축하게 되었다. "그때에 사람들이 예수께서 안수하시고 기도해 주심을 바라고 어린아이들을 데리고 오매 제자들이 꾸짖거늘 예수께서 이르시되 어린아이들을 용납하고 내게 오는 것을 금하지 말라 천국이 이런 사람의 것이니라 하시고 그들에게 안수하시고 거기를 떠나시니라"(마19:13~15) 컴패션 활동 초기에 쓰레기 더미에서 음식쓰레기를 주워먹는 어린아이에게 카메라를 들이대고 사진을 찍는 일이 있었다. 카메라 렌즈에 비친 어린아이 눈이 그의 눈과 마주쳤다. "나 알아요. 그런 아이라는 것을 제발 그런 눈으로 보지 마세요." 가난한 어린아이들의 실제 모습을 세상에 알리려고 어린아이들에게 들이된 카메라가 그들에게 상처가 될 줄이야 그 아이에게 다가가 그 어린아이를 안아주었다. 한국경제와 한국교회가 성장발전하게 됨에 따라 온전히 하나님의 은혜로 한국컴패션은 도움을 받는 나라에서 도움을 주는 나라로 돌아와 이전에 한국이 전 세계로부터 받았던 사랑을 되갚고자 2003년에 설립되었다. 현재 한국 후원자님들을 통해 전 세계 많은 어린아이들을 양육하고 있다.

그는 한국에 돌아와서 대학에서 강의하고 있을 때 우연한 기회에 조혈모세포 기증희망등록을 하게 되었다. 평소에 그 일을 잊고 지냈는데 어느 날 장기기증이식센타에서 연락이 왔다. 그와 골수 유전자형이 일치하는 여학생이 백혈병으로 골수이식을 기다리고 있는데 골수이식을 해 줄 수 있겠습니까 흔쾌히 골수이식을 수락했다. 골수이식 중에 의료사고가 나서 위험한 일을 당했다. 그로부터 그 수술받은 학생이 골수이식수술을 급히 해야 한다는 연락을 받았다. 망설이게 되었다. 두려웠다. 그때 하나님께서 말씀하셨다. "네 딸이어도 너는 골수이식 수술을 거부할 테냐 그 아이는 내 자녀다" 말씀에 순종하여 이식수술을 하겠습니다. "여호와는 죽이기도 하시고 살리기도 하시며 스올에 내리게도 하시고 거기에서 올리기도 하시는도다"(삼상2:6) 후에 그 가족이 예수님을 믿게 되어 그들이 다 구원받게 되었다는 소식을 듣게 되었다. 에디오피아에 앤다카츠라는 한국컴패션에서 후원하는 어린이가 있었다. 그가 난치성 폐결핵을 앓고 있을 때 치료약을 구하지 못해 아프리카는 물론 유럽에서도 약을 구할 수 없었다. 캐나다에서 임상시험 중에 있는 시약을 받아 거액의 약값을 자불하고 치료했으나 몇 해 후에 만난 그 아이는 그의 어머니의 도움을 받으면서 대학교 교정에서 휠체어를 타고 있었다. 그런 그 아이에게 그가 건성으로 기도를 드렸다. 하나님께서 그의 그런 기도에도 응답하셨다. 그 아이가 병이 다 나아서 에디오피아 결핵퇴치운동에 앞장서고 있다는 소식을 다른 직원들을 통해 듣게 되었다. 하나님의 일하심을 알지 못하고 바로 섬기지 못한 자신이 부끄러웠다. 하나님 앞에 회개기도를 드렸다. 컴패션 후원자들 중에는 형편이 어려운 가운데 후원하는 분들이 많이 있다. 남한산성 밑에 있는 어느 가난한 개척교회 목사님은 길거리에서 손님들의 구두를 닦아 번 돈으로 후원하고 있다고 한다. 그 목사님은 지금 루게릭병을 앓고 있다. 그 사연이 세계 여러 나라 어린이들에게 알려지면서 저도 크면 그 목사님처럼 살겠습니다. 그 목사님을 위해 기도할게요. 네 아이도 주님의 아이고 가난한 그 아이도 주님의 아이니라 너는 그 아이를 본 적이 있느냐 "우리는 그가 만드신 바라 그리스도 예수 안에서 선한 일을 위하여 지으심을 받은 자니 이 일은 하나님이 전에 예비하사 우리로 그 가운데서 행하게 하려 하심이니라, 땅에는 언제든지 가난한 자가 그치지 아니하겠으므로 내가 네게 명령하여 이르노니 너는 반드시 네 땅 안에 네 형제 중 곤란한 자와 궁핍한 자에게 네 손을 펼지니라" (엡2:10, 신15:11)

그는 중학교 1학년 여름방학 때 7살 난 어린 동생을 데리고 시골에 있는 외할머니댁에 놀러 갔다. 거기서 동생이 불의의 사고를 당하여 전북대병원 응급실로 급히 후송되었다. 그는 응급실에 들어갈 수가 없었다. 그는 응급실 문 앞에서 동생을 살려달라고 하나님께 기도를 드렸다. "하나님 내 동생을 살려 주세요. 살려주시지 않으면 하나님 믿지 않겠습니다. 살려주시면 하나님 뜻대로 살겠습니다." 그러나 동생은 살아 돌아오지 못했다. 그는 초등학교 3학년 때부터 교회에 다녔다 동생의 일로 인해 하나님은 안 계신다 생각하게 되어 교회에 다니지 않게 되었다. 중학교 2학년 때 우연히 중고등부 교사 전도사님께 끌려 교회에 가게 되었다. 예배실에 들어서는데 남학생들은 눈에 띄지 않고 여학생 7명이 눈에 들어왔다. 여기가 내가 있어야 할 곳이구나 생각이 되어 다시 교회에 다니게 되었다. 그는 사고로 인한 어린 동생의 죽음으로 말미암아 모범생 콤플렉스가 찾아왔다. 나는 무슨 일이든지 잘 해내야 한다. 부모님에게 어떤 걱정을 끼쳐서도 안 된다. 그는 평소 모범생같이 행동한다. 책임감도 있어 보인다. 주어진 일에는 열심을 다한다. 그렇지만 그 속에는 성취감도 없고 기쁨도 없고 평안도 없고 공허함만 남아있게 되었다. 그 모습이 그의 실제 모습이 아니기 때문이다. 무언가 그도 모르는 힘에 끌려 그렇게 살아간다 그것을 자신은 모르고 있었지만 그의 주변에 그것을 느끼는 사람들이 있었다. 그는 총신대학을 거쳐 대학원을 나와 목사가 되었다. 신대원을 다닐 때 있는 듯 없는 듯한 학생이었다. 그렇기 때문에 그를 동기생으로 기억하는 동기생은 거의 없다. 그는 그동안 마음의 문을 닫고 살아왔다. 자기 속에 갇혀 살아왔던 것이다. 그는 대학 2학년 때 그동안 쌓인 스트레스로 당뇨가 왔다. 혈당수치가 워낙 높게 나와 병력면제까지 받게 되었다. 그 후 당뇨 합병증으로 왼쪽 눈에 망막박리가 일어나 실명하게 되었다. 2006년 오른쪽 눈에 망막박리가 일어나 서울대학병원에 입원하게 되었다. 하나님이 원망스러웠다. 기도도 나오지 않았다. 그때 아버지께서 그의 친구 목사님을 모시고 병실을 찾아오셨다. 그 교회 오케스트라 팀도 함께 왔다. 그 목사님께서 기도하시고 오케스트라 팀이 여러 찬양곡을 연주하기 시작했다. 여러 찬양곡 연주를 마치고 그분들은 병실을 떠났다. 그 병실은 6인실이었다. 오케스트라가 연주될 때 아무도 제지하지 않았다. 오히려 옆 병실 환자들이 몰려왔다. 아무 생각 없이 눈에서 눈물이 흐르기 시작했다. 그 병실 침대에 있던 그를 제외한 나머지 다섯 환자들도 다 울고 있었다고 한다. 옆 침대에 있던 환자가 전에는 집사였는데 지금은 교회를 다니지 않는데 다시 교회에 가야겠다고 회심하게 되었다. 목사님이 기도하시고 오케스트라가 연주될 때 주님의 은혜가 병실에 내려진 것이다. "내가 노래로 하나님의 이름을 찬송하며 감사함으로 하나님을 위대하시다 하리니 이것이 소 곧 뿔과 굽이 있는 황소를 드림보다 여호와를 더욱 기쁘시게 함이 될 것이라" (시69:30~31 그렇지만 1차 눈 수술로 그의 망막박리는 치료되지 않았다. 2차 수술을 위해 병실이 없어 유아 병실에 입원하게 되었다. 그는 눈으로 앞을 볼 수 없었지만 그와 대각선 창문쪽에 있는 아이 엄마의 복음성가를 듣는 중에 예수님께서 그녀의 뒤에 서 계신 것을 환상으로 볼 수 있었다. "하나님은 너를 지키시는 자 너의 우편에 그늘 되시니~" 그 아이 엄마에게 그 사실을 알려주고 그 엄마와 아이를 위해 기도해 드렸다. 그는 2차 수술을 받고서도 앞을 볼 수가 없었다. 그리고 3차 수술 4차 5차 6차 수술까지 받았다. 그러나 헛수고였다.

부목사님이 서초동에 있는 어느 순복음교회에서 성령치유세미나가 있는데 가보라고 해서 그 세미나에 참여하게 되었다. 3일째 되는 날 담임목사님께서 기도를 해주셨다. 또 여러 목사님께서 합심하여 기도해 주셨다. 눈을 떴다. 아무것도 보이지 않았다. 낙심하게 되었다. 하나님께서도 나를 외면하시는구나 하는 생각이 들었다. 다음 날 아침에 일어났다. 그런데 기적이 일었났다. 아내가 켜놓은 TV 화면이 보였다. 뿌옇게 보였지만 화면 속의 물체를 희미하게 알아볼 수 있었다. 그다음 날 아침에 모든 사물이 선명하게 보였다. "내가 그의 길을 보았은즉 그를 고쳐 줄 것이라 그를 인도하며 그와 그를 슬퍼하는 자들에게 위로를 다시 얻게 하리라, 그가 찔림은 우리의 허물 때문이요 그가 상함은 우리의 죄악 때문이라 그가 징계를 받으므로 우리는 평화를 누리고 그가 채찍에 맞으므로 우리는 나음을 받았도다" (사57:18, 53:5) 하나님 눈으로 사물을 보게 하시니 감사합니다. 어둠에서 건져주시니 감사합니다. 하나님께 감사기도를 드렸다. 그는 2006년 10월 어느 날 신부전증이 악화하여 갑자기 의식을 잃고 쓰러졌다. 의식을 차려보니 병원 중환자실 침대에 누워 있었다. 그날부터 일주일에 3번씩 혈액투석을 받게 되었다. 그에게 혈액투석이 무척 힘들었다. 투석하는 시간은 다섯 시간이지만 하루 종일 투석하는 것으로 여겨지고 힘들어지면서 그 후 그에게 웃음이 사라지게 되었다. 울음도 사라지게 되었다. 그렇게 앞을 보지 못한 시간이 길어지면서 교회가 은혜가 없다고 하나둘씩 떠나게 되었다. 그 주에 교회 맞은편에서 프로판가스통이 폭발했다. 3층 건물 2층에 있던 교회 유리창이 박살 났다. 3층에 있는 사택도 큰 피해를 입게 되었다. 그런 가운데 더욱 놀라운 일이 생겼다. 고등학교 2학년 큰아들 여자 친구가 임신을 했다고 했다. 그 아이가 엄마를 모셔왔다. 교회 전도사님이라고 했다. 아이를 출산할 때까지 엄마와 같이 지내다가 출산하거든 아이를 데리고 와서 우리 함께 살도록 하자 합의하게 되었다. 그런데 여자 친구가 가방을 들고 그의 집에 왔다. 지금부터 여기서 살겠다고 울어댔다. 산모가 울면 태아가 위험할 수 있기 때문에 사모님이 그래, 우리 함께 살도록 하자 교회 성도가 두 사람 늘어나게 되는 형국이 되었다. 주일 예배가 끝나고 광고시간에 그 사실을 알리고 사임의사를 밝혔다. 조금 시간이 지난 뒤 교인 대표 몇 분이 3층 사택으로 올라왔다. 목사님 신장투석으로 몸도 약한데 그렇다고 우리가 목사님을 내보낼 수는 없습니다. 교인 두 명 늘게 되었다고 감사하면서 함께 지냅시다. 그 말에 그는 울컥했다. 그저 교인들이 고마웠다. 그 며느리가 첫 아기를 낳았다. 손자였다. 시간이 지나 아기가 외출할 만큼 자라면서 사모님이 그 갓난아기를 병원으로 업고 왔다. 그가 투석하는 4시간 동안 옆에 누워 있는 아기를 볼 때 기쁨이 솟아나고 웃음꽃이 피게 되었다. 그 갓난아기가 삶의 기쁨이 되고 활력소가 되었다. 아기 손자로 말미암아 웃음이 회복되고 눈물이 회복되었다. 건강이 회복되면서 삶이 회복되었다. 하나님께서 베푸신 이 신묘막측하신 은혜를 누구랴 짐작이나 할 수 있으랴 "이는 내 생각이 너희 생각과 다르며 내 길은 너희의 길과 다름이니라 여호와의 말씀이니라 이는 하늘이 땅보다 높음같이 내 길은 너희의 길보다 높으며 내 생각은 너희의 생각보다 높음이니라"(사55:8~9) 그는 10년이 넘게 혈액투석을 함으로 폐에 물이 차게 되었다. 누울 수도 없고 의자에 앉아 잠을 자야 했다. 병원에 신장이식수술을 신청했다. 7년이 돼야 가능하다고 했다. 아내가 신장이식을 하겠다고 나섰다 병원에서 검사를 받았다. 이식수술에 아무런 지장이 없다고 했다. 아내의 신장을 이식수술 받았다. 체중이 72kg던 것이 48kg였다. 제대로 걸을 수가 없었다. 교회 당회의 결정으로 1년간 안식년을 보내게 되었다. 전남 보성에 있는 암환자 치유센타를 알게 되어 내려갔다. 새벽예배를 마치고 다들 예배실을 떠났는데 40대 젊은 자매가 혼자 울며 기도하고 있었다. 내가 저 자매의 말벗이 되어주면 좋겠다는 생각이 들었다. "자매님 내가 말벗을 해드려도 될까요" 그러라고 했다. 그 자매는 유방암말기 환자로 병원에서 치료할 수 없다고 해서 그 치유센타로 오게 되었다고 했다. 아내와 그 자매를 태우고 보성 관광에 나섰다 차츰 그 자매의 마음이 열리게 되고 기분이 좋아지는 듯했다. 그래서 그의 방을 카페로 만들었다. 차와 찻잔을 준비해 놓고 점심 식사 후에 카페로 모이도록 알렸다. 거기 있는 거의 대부분의 환자들이 모이게 되었다. 각자 자기소개를 하고 아픔을 나누고 위로하며 시간을 보냈다. 모두들 좋아하는 듯했다. 새로 오시는 분 환영회도 하고 떠나는 분 송별회도 하게 되었다. 다들 좋아하는 눈치였다. 치유센타 분위기가 한결 부드러워지고 밝아지는 듯했다.

그녀는 참으로 어려운 가정 환경에서 어린시절을 보내게 되었다. 할아버지의 난폭한 폭력으로 인한 어머니의 정신적 장애, 아버지의 외도, 어머니의 폭력으로 인해 집 안에서 잠을 잘 수가 없어서 집 밖에서 잠을 잤던 그 견디기 힘든 나날들, 형제들로부터의 따돌림, 아버지의 자살을 목도한 일 이런 가운데서 그녀는 자라났다. 그녀는 척추장애가 된 일을 초등학교 5학년 때 고모님으로부터 듣게 되었다. 그녀가 태어난 지 3일째 되는 날 친척들이 미역을 사가지고 그녀가 태어난 것을 축하하러 그녀 댁을 방문했다. 그런데 할아버지가 딸이 태어났다고 역정을 내셔서 그녀의 아버지가 그녀를 집어던져서 그녀의 몸이 그렇게 된 것을 알게 되었다. 그래도 아버지이지 않느냐 아버지를 미워하지 말아라 이게 내 잘못이 아니었구나 마음에 안도감이 들기도 했다고 한다. 그동안 살아오면서 아버지와 나눈 대화가 거의 없었다고 한다. 어머니로부터 학대를 받을 때에도 아버지는 늘 외면하고 그녀를 돌보지 않았다. 어릴 때 옆집 아이와 놀다가 다툼이 일어나면 "너 병신이잖아" 그 말 한 마디에 온몸에 힘이 쑥 빠졌었다. 초등학교 다닐 때 여러 아이들이 그녀를 가운데 두고 둘러서서 그녀를 놀릴 때 그녀는 몹시 두려웠다. 하지만 은행직원의 차별적인 언사에는 아무렇지도 않게 지낼 수 있었다. 그것은 신앙의 힘이었다. "그러나 이 모든 일에 우리를 사랑하시는 이로 말미암아 우리가 넉넉히 이기느니라" (롬8:37) 그녀는 어머니의 학대를 도저히 견딜 수가 없어 가출하게 되었다. 옆집 아주머니의 도움으로 한의원 원장님 댁에서 잔심부름을 하며 지내게 되었다. 그 식구들과 한 상에서 식사를 하면서 처음으로 그분들의 따뜻한 사랑을 맛보게 되었다. 그 집에서 천자문을 익혀 한자가 혼용된 신문도 읽으며 지냈다. 반상회보를 보게 되어 서울시에서 운영하는 직업학교에 들어가게 되었다. 거기에서 믿음이 좋은 사감 선생님을 만나게 되면서 그녀의 새로운 삶이 시작되었다. 사감 선생님이 그녀에게 "예수님을 믿고 교회에 다녀야 한다"고 그녀에게 복음을 전했지만 그녀는 교회에 다니지 않겠다고 거절했다. 그 일을 친구를 통해 그녀에게 이 세상을 살아가려면 예수님을 친구로 삼아 살아가야 할 텐데 네가 교회에 가기 싫다고 해서 마음이 아프시되 그 말을 듣고 그녀는 아차 싶었다. 그 따뜻한 사랑으로 대하시는 그분의 청을 거절한 것이 그분을 아프게 한 것이라면 내가 뭐길래 그분의 마음을 아프게 해 선생님 저 잘못했어요 교회 갈게요. 그때 그녀의 나이 열다섯 살이었다. 그 선생님의 복음 전도가 그녀의 인생을 여기까지 이르게 한 것이다.

10대 시절에 그녀는 공장에서 일을 하며 보냈다. 공장에서 10대 친구들은 시간이 있었다. 건강했다. 돈이 있었다. 그로 말미암아 인생과 젊음을 허비하는 것을 지켜볼 수 있었다. 그러다 보니까 어느 순간에 지금 이 장애가 그녀를 힘들게 하지만 그녀의 작은 키가 그녀를 괴롭게 하지만 그것으로 인해서 다른 어떤 사람들보다 특별히 괜찮은 삶을 살 수 있겠구나 하는 생각이 들었다. 그녀의 장애가 시간을 허비하지 않고 인생을 허비하지 않는 요인이 되었으며 오히려 그녀의 삶의 원동력이 되었다고 한다. 그녀는 지금 예수님을 구주로 영접하고 말씀을 믿음으로 성령의 인도하심을 따라 살기를 힘쓰는 거룩한 신앙인이다. 하나님의 사랑 안에서 독생자 예수 그리스도의 십자가 보혈로 죄 씻음을 받고 천국 소망을 가지고 살아가므로 세상에서 어떤 고난도 그녀를 넘어뜨릴 수 없는 신앙인으로 살아가고 있다. 하나님이 그녀의 힘이다. 여호와는 나의 목자시니 내게 부족함이 없다 나의 힘이신 여호와여 내가 주를 사랑하나이다. 말씀이 그녀 삶의 원천이 되고 있다. 그녀는 하나님께서 그녀를 사랑하심을 믿음으로 고백하고 있다. "사랑은 여기 있으니 우리가 하나님을 사랑한 것이 아니요 하나님이 우리를 사랑하사 우리 죄를 속하기 위하여 화목제물로 그 아들을 보내셨음이라, 하나님을 사랑하는 것은 이것이니 우리가 그의 계명들을 지키는 것이라 그의 계명들은 무거운 것이 아니로다, 예수께서 이르시되 네 마음을 다하고 목숨을 다하고 뜻을 다하여 주 너의 하나님을 사랑하라 하셨으니 이것이 크고 첫째 되는 계명이요 둘째도 그와 같으니 네 이웃을 네 자신같이 사랑하라 하셨으니 이 두 계명이 온 율법과 선지자의 강령이니라" (요일

4:10, 5:3, 마22:37~40)

"부당하게 고난을 받아도 하나님을 생각함으로 슬픔을 참으면 이는 아름다우나 죄가 있어 매를 맞고 참으면 무슨 칭찬이 있으리요 그러나 선을 행함으로 고난을 받고 참으면 이는 하나님 앞에 아름다우니라 이를 위하여 너희가 부르심을 받았으니 그리스도도 너희를 위하여 고난을 받으사 너희에게 본을 끼쳐 그 자취를 따라오게 하려 하셨느니라, 그러나 우리의 시민권은 하늘에 있는지라 거기로부터 구원하는 자 곧 주 예수 그리스도를 기다리노니 그는 만물을 자기에게 복종하게 하실 수 있는 자의 역사로 우리의 낮은 몸을 자기 영광의 몸의 형체와 같이 변하게 하시리라, 모든 눈물을 그 눈에서 닦아 주시니 다시는 사망이 없고 애통하는 것이나 곡하는 것이나 다시 있지 아니하리니 처음 것들이 다 지나갔음이러라"(벧전2:19~21, 빌3:20~21, 계21:4) 직업훈련과정을 마치고 용인에 있는 봉제공장에서 일을 하게 되었다. 가까운데 있는 교회를 열심히 다녔다 그 교회 목사님 사모님께서 그녀의 사정을 듣고 함께 살자고 했다. 그분들과 함께 살면서 많은 것을 배우게 되었다. 공장이 문을 닫게 되면서 그 분들과 헤어지는 시간이 되었다. 사모님이 그녀에게 기도하셨다. "하나님 이 손으로 만든 물건이 세계 최고가 되게 하여 주시고 이 자매를 하나님의 일꾼으로 써 주세요." 그녀는 그 기도에 아멘 했다. 그러면서 이 말씀을 선물로 주었다. "네 평생에 너를 능히 대적할 자가 없으리니 내가 모세와 함께 있었던 것같이 너와 함께 있을 것임이니라 내가 너를 떠나지 아니하며 버리지 아니하리니, 내가 네게 명령한 것이 아니냐 강하고 담대하라 두려워하지 말며 놀라지 말라 네가 어디로 가든지 네 하나님 여호와가 너와 함께하느니라" (수 1:5, 9) 그 사모님의 기도가 그후 10년 안에 다 이루어지게 되었다. 16살에 그 기도를 받고 24살에 아프리카 보츠와나에 있게 되었다. 국제기능대회에서 금메달 한 개를 따게 되었고 국내 기능대회에서 2개를 따면서 도합 금메달 셋을 따게 되었다. 그리고 남을 도와주는 사람이 되어 있었다. 그녀는 18살에 집으로 돌아왔다. 집을 찾아 길거리를 헤매는데 길에서 남동생을 만났다. 그가 손에 성경책을 들고 있었다. 그가 어, 누나 왔네 인사를 한다. 그 남동생이 그녀를 제일 많이 괴롭히던 동생이다. 교회 옆으로 이사를 오면서 교회 앞을 지나다니는 그녀의 남동생들을 교회 청년들이 하나씩 끌고 가서 교회에 다니도록 만든 것이다. 어머니를 마주하게 되었다. 어머니께서 말없이 그녀 앞에 여러 번 음식을 가져다 놓으셨다. 저녁 때가 되어 또 음식을 그녀 앞에 갖다 놓으셨다. 그것은 그녀에게 하는 그간의 딸을 괴롭혔던 사죄의 표시였다. 갑자기 그녀가 울컥했다. 내 엄마가 맞구나 어머니는 그동안 달라지셨다. 그녀의 어머니는 정신적 장애를 앓고 있어 그녀를 학대했던 것이 아니었다. 그녀를 살리기 위한 그녀 어머니만의 최선책이었다는 것을 알게 되었다. 할아버지가 손녀딸을 갖다 버리라고 할 때마다 그녀를 할아버지보다 더 미워하고 가혹하게 하는 것만이 그 어린 딸을 지킬 수 있는 길이라고 생각했다. 그 말을 듣고 그간 어머니를 미워했던 마음이 감사로 바뀌었다. 어머니 지켜주셔서 감사합니다. 모녀는 껴안고 한참을 울었다. 동생들과 함께 동생들이 다니는 교회를 다녔다 교회 오빠를 만나게 되어 행복했다. 그렇지만 장애의 벽을 넘을 수는 없었다. 대학입시에도 고배를 마셔야 했다. 그때 하나님께서 성경통독을 하게 하셨다. 말씀을 읽는 가운데 이 말씀을 주셨다. "청년이 무엇으로 그의 행실을 깨끗하게 하리이까 주의 말씀만 지킬 따름이니이다" (시119:9)

모든 세상 경쟁에서 그녀를 자유케 하는 일이 일어났다. 그것은 아프리카 대륙에 있는 부시맨의 나라 보츠와나로 선교여행을 떠나는 것이었다. 비행기를 다섯 번이나 갈아타고 보츠와나에 도착했다. 6개월이 지나면서 하나님께서 그동안 그녀를 훈련시키셔서 그곳에 보내셨구나 생각하게 되었다. 보츠와나 청소년들에게 편물기술을 가르치면서 그들 뒷자리에 앉아있는 자신을 보게 되었다. 그 어려운 환경 속에서 하나님을 만나 이 자리에 서게 하신 하나님의 은혜가 너무나 감사했다. 무엇보다도 그들에게 복음을 전해서 나 같은 신앙인으로 키우는 것이 하나님의 일이라고 생각하게 되었다. 그 나라에서 여러 정부 부처로부터 융숭한 대우를 받으면서 명장의 자리에서 그 나라 청소년들을 가르치게 되었다. 그 나라는 장애인에 대한 차별이나 편견도 없다 사람이 자기를 알아주는 자리에 섰을 때 그 사람이 빛나 보인다. 그들은 그녀를 그렇게 사랑으로 대해 주었다. 선생님은 아름답다고 했다. 작은 키 굽은 허리 느릿느릿한 걸음걸이 그럼에도 여기까지 와줘서 고맙다는 말로 들려졌다. 그녀 인생에서 가장 행복했던 시절이었다. 보츠와나 선교 겸 직업훈련원으로 설립된 기관이 4년 만에 문을 닫게 되었다. 캄캄한 밤에 하나님 앞에 엎드려 기도할 때 하나님께서 그녀에게 찾아오셨다. "여기 가난하고 헐벗고 굶주린 사람들 사이에 내가 있는데 ○○아 나와 여기서 같이 살자" 하나님께서 원하시는 것은 그 자리에서 하나님이 주신 사명을 감당하면서 하나님과 동행하는 삶이었다. 그녀는 백석대 기독교전문대학원 기독교선교학 박사과정에 등록했다.

그녀는 목사님이신 아버지의 뇌경색, 남편의 대장암, 그리고 어머님의 파킨슨병 세 가족의 병수발을 해왔고 또 하고 있는 효녀 심청이와 같은 교회 집사님이다. 이 병수발을 할 수 있는 것은 하나님의 은혜라고 한다. 하나님의 은혜가 아니면 그 일을 감당할 수 없었다고 한다. 지금은 아버지와 남편은 하늘나라로 환송해 드렸고 어머님의 파킨슨병을 병수발하고 있다. "자녀들아 주 안에서 너희 부모에게 순종하라 이것이 옳으니라 네 아버지와 어머니를 공경하라 이것은 약속이 있는 첫 계명이니 이로써 네가 잘되고 땅에서 장수하리라"(엡6:1~3) 어머님께서는 심신 기능상태 장애로 그녀의 도움이 없이는 아무것도 할 수 없는 상태다 어머님은 삼킴장애가 있어 위루관으로 경관식을 주입하고 있다. 호흡장애가 일어날 수 있으므로 이따금씩 숨을 편히 쉴수 있도록 썩션을 해드려야 한다. 그녀는 서울대를 졸업하고 미국 유학도 했고 국내외 기관에서와 S그룹에서도 일을 했었다. 그리고 언어학원을 경영하였으며 해외여행도 많이 다녔다고 한다. 젊은 시절에 남이 부러워하는 것들을 다 해 본 것 같다 그래서 하나님께서 뜻이 있어 이 일을 맡긴 것이라고 생각한다. 신앙심이 깊은 집사님인 것 같다 아버지께서는 목사님으로 7개 교회를 개척하셨다. 교회가 없는 곳에서 교회를 개척하시고 이만하면 됐다 싶으면 또 새로운 교회를 개척하셨다. 그것이 하나님의 소명이고 사명이라고 생각하는 것 같았다. 그 뿐아니라 교도소 소년원 고아원 사역에도 장기간 열심을 다하셨다. 어머니께서는 교회와 사택이 붙은 건물에 사시면서 밤마다 교회 예배실에서 울면서 기도하셨다. 평소에 눈물이 없으신 분이셨다. 그리고 김장을 담아 놓고 이 김치를 먹는 사람들의 건강을 지키시고 축복해달라고 기도하셨다. 이런 부모님의 신앙의 울타리에서 자랐기 때문에 그녀가 참신앙인으로 설 수 있었다고 한다. 아버지께서 고아원 사역을 마치고 돌아오는 길에 뇌경색 증상이 있어서 병원 응급실로 가셨다고 하셨다. 치료를 받으면서 병이 호전되는 듯하다가 신체 일부에 마비가 시작되면서 병이 점점 악화되어 갔다. 그러시다가 85세를 일기로 하늘나라로 떠나셨다.

그녀는 나이가 들어 40일을 정해 놓고 배우자를 위한 작정기도를 하게 되었다. 작정기도 40일째 평소 연락을 잘 하지 않고 지내던 친구가 전화를 했다. 친구의 소개로 후에 남편이 된 청년과 전화 통화를 하게 되었다. 목소리가 너무 좋았다. 만나기로 약속하고 드디어 만났다. 성격이 활달하고 키도 크고 잘생겼다. 겉으로 보기에는 이런 청년이면 배우자로 합격이다. 마음에 들었다. 그런데 예수님을 믿지 않는 불신자였다. 하나님께 물어보았다. 하나님 예수님을 믿지 않는다는데 어떻게 할까요 했더니 결혼하면 예수님 믿겠냐고 물어보라고 하셨다. 나하고 결혼하려면 예수님을 믿어야 하는데 예수님 믿겠냐고 했더니 믿겠다고 했다. 그 청년도 그녀가 마음에 들었다고 했다. 결혼하기 전에 함께 교회에 다니면서 양가 부모님의 승락을 받아 그 청년과 결혼하게 되었다. 그런데 결혼 전에 남들의 눈에는 남편의 병색이 눈에 띠었다. 그래서 친구들이 결혼하지 않았으면 좋겠다고 했다. 사랑하는 사람이 병이 좀 있으면 어때 대수롭지 않게 생각했다. "하나님이 모든 것을 지으시되 때를 따라 아름답게 하셨고 또 사람들에게는 영원을 사모하는 마음을 주셨느니라 그러나 하나님이 하시는 일의 시종을 사람으로 측량할 수 없게 하셨도다, 또 내가 하나님의 모든 행사를 살펴보니 해 아래에서 행해지는 일을 사람이 아무리 애써 알아보려고 할지라도 능히 알지 못하나니 비록 지혜자가 아노라 할지라도 능히 알아내지 못하리로다" (전3:11, 8:17) 그때 이미 대장암 초기증상이 얼굴에 나타난 것을 그녀는 인지하여 못했다. 결혼 4년째 남편은 온몸에 암이 전이 되어 먼저 하늘나라로 떠나보내게 되었다. 남편은 암투병 중에 제자훈련도 받고 성경말씀을 통독하면서 신앙을 키워갔다. 그렇지만 늦은 나이에 결혼해서 그런 남편을 떠나보내게 된 그녀는 한없이 울었다. 남편을 데려가는 하나님이 원망스러웠다. 아버지와 남편을 떠나보내면서 그녀 마음에 공허함이 찾아오게 되었다. 그럴 때마다 찬양을 듣고 말씀을 듣게 되면서 하나님의 위로를 받게 돼 차츰 마음이 안정을 얻게 되었다. 장례식을 마치고 며칠이 지난 뒤 남편이 꿈에 나타나서 "나 괜찮아 잘있어"라고 했다. 아 남편이 천국에 갔구나 하나님께 감사기도를 드렸다.

남편을 떠나보내고 일 년쯤 지났을 때 어머님의 몸에 작은 변화가 일어나고 있음을 느끼게 되었다. 먼저 손가락에 마비증상 같은 것이 나타나기 시작했다. 어머니께서 평소에 영어성경 필사를 하셨다. 그 필사본을 CBS 전시회에 출품한 적도 있었다. 그래서 손가락이 잘 움직여지지 않는다고 생각했다. 병원에 가서 검사를 받았다. 파킨슨병이라고 했다. 앞서 두 분 병수발을 하면서 알지 못하는 면역(?) 같은 것이 생긴 것처럼 그저 덤덤하게 받아들여졌다. 심신기능상태 1급장애로 병이 진행되면서 남의 도움이 없이는 아무것도 할 수 없는 어머님을 편히 모시기 위해 비용이 많이드는 요양병원도 알아보게 되었지만 그것이 그녀의 마음에 들지 않았다. 식물인간은 아니지만 그런상태에 있어 많은 손길이 필요한 어머님을 남의 손에 맡길 수는 없었다. 하나님께서 그녀에게 맡기신 사명이자 은혜라고 생각했다. 말로 대화를 할 수 없지만 "엄마 사랑해"라고 하면 뭔가 "고맙다 딸아 나도 너를 사랑해"하는 어떤 어머님의 표정을 읽을 수 있었다. 어떤 이가 그와 같이 살갑게 어머님을 돌볼 수 있을까 그녀밖에 없다 "근심하는 자 같으나 항상 기뻐하고 가난한 자 같으나 많은 사람을 부요하게 하고 아무것도 없는 자 같으나 모든 것을 가진 자로다"(고후6:10) 하나님께서 이 말씀을 보게 하시면서 "너는 가만히 있으라"고 하셨다. 하루 이틀이 아니라 한 달간 그렇게 말씀하셨다. 어느 때부터 그 말씀을 현실로 나타내 보이시면서 알게 하셨다. 그녀는 어머니가 계신 방에 늘 기독교 방송을 틀어 놓는다 그 방송을 통해서 지자체에서 지명한 요양사들이 어머니 방을 들락거리면서 저절로 복음을 듣게 되었다. 할머니 병간호하다가 저 "예수님 믿게 되었어요" 이런 간증을 듣게 될 줄이야 또 경기도에서 홍보자료를 만드는데 필요하다고 누워계신 어머님을 모델로 찍어가셨다. 교회에서 봉사활동을 나왔다가 어머니와 함께 사진을 찍었다. 누워계신 어머님을 쓰셔서 일하심을 나타내 보이신 것이다. 봉사자들이 어머님 머리를 감겨드리고 마사지 해드리고 재롱떨고 찬양을 불러주면서 은혜받았다고 감사하다고 했다. 교회에서 열 명이 넘는 중창단을 보내 아름다운 찬양을 들려주었다. 1등급 환자가 가정에 누워있는 일도 드문데 이런 일은 하나님만이 하실 수 있는 일이다. 한마디로 하나님의 은혜다. "너는 가만히 있으라" 내가 다 한다. 하나님께 그저 감사할 뿐이다. 하나님께 감사기도를 드렸다.

하나님께서 그녀에게 책을 쓰라고 하셨다. 무슨 책을요? '오멜'이라고 하셨다. 성경 말씀에서 오멜을 찾아보았다. "모세가 이르시되 여호와께서 이같이 명령하시기를 이것을 오멜에 채워서 너희의 대대 후손을 위하여 간수하라 이는 내가 너희를 애굽 땅에서 인도하여낼 때에 광야에서 너희에게 먹인 양식을 그들에게 보이기 위함이니라 하셨다 하고 또 모세가 아론에게 이르되 항아리를 가져다가 그 속에 맛나 한 오멜을 담아 여호와 앞에 두어 너희 대대로 간수하라 아론이 여호와께서 모세에게 명령하신 대로 그것을 증거판 앞에 두어 간수하게 하였고 사람이 사는 땅에 이르기까지 이스라엘 자손이 사십 년 동안 만나를 먹었으니 곧 가나안 땅 접경에 이르기까지 그들이 만나를 먹었더라 오멜은 십분의 일 에바이더라"(출16:32~36) 그동안 세 가족들을 병수발하는 동안 고난 중에 받은 하나님의 은혜와 주위 사람들을 사용하셔서 하나님의 일하심을 보게 하신 그 모든 일들을 책에 써서 세상에 드러내도록 하셨다. 그 책이 코로나시대에 베스트셀러가 되게 하셔서 많은 환우 가족들이 읽게 하셨다. 또한 그 책을 읽기 힘든 환자들이 들을 수 있도록 오디오북을 만들도록 하셨다. 그 신앙 서적이 정부지원 프로젝트에 선정되어 오디오북으로 만들어졌다. 그녀의 아픈 가족들과 그들을 병수발하는 그녀의 삶을 통해 부어주시는 하나님의 은혜와 사랑과 일하심을 그 책과 오디오북에 담아 세상에 널리 간증으로 알려지게 하신 것이다. 그 책과 오디오북을 통하여 하나님의 영광을 드러내도록 하신 것이다. 그녀는 하나님께 "하나님 저 외로워요 남편을 보내주세요"라고 진심으로 기도를 드렸다. 그런데 하나님께서 말씀으로 기도에 응답하셨다. "두려워하지 말라 네가 수치를 당하지 아니하리라 놀라지 말라 네가 부끄러움을 보지 아니하리라 네가 네 젊었을 때의 수치를 잊겠고 과부 때의 치욕을 다시 기억함이 없으리니 이는 너를 지으신 이가 네 남편이시라 그의 이름은 만군의 여호와이시며 네 구속자는 이스라엘의 거룩한 이시라 그는 온 땅의 하나님이라 일컬음을 받으실 것이라" (출 54:4~5) 그녀는 병상에 누워계신 어머님을 '아기 엄마'라고 부른다 의식은 있지만 아무것도 할 수 없어 아기 같은 엄마이기 때문이다. 그런 엄마가 찬양을 따라 부른다 언니가 원격으로 핸드폰을 통하여 화상 화면으로 찬양을 부르면 그 찬양을 따라 부르는 것이다. 어머님의 신앙이 엿보이는 대목이다. 인생의 고난 가운데 촉촉이 내린 하나님의 은혜가 눈물 골짜기로 지나갈 때에 그곳에 은혜의 샘이 되어 힘을 얻고 하나님 앞에 바로 설 수 있기를 소망한다. "주의 집에 사는 자들은 복이 있나니 그들이 항상 주를 찬송하리이다 주께 힘을 얻고 그 마음에 시온의 대로가 있는 자는 복이 있나이다 그들이 눈물 골짜기로 지나갈 때에 그곳에 많은 샘이 있을 것이며 이른 비가 복을 채워 주나이다 그들은 힘을 얻고 더 얻어 나아가 시온에서 하나님 앞에 각기 나타나리이다" (시 84:4~7)

그는 이름이 주찬이다. "주를 찬양하라" 주를 찬양하는 사람이 되라고 그의 아버지께서 지어준 이름이라고 했다. '90년대 북한에서는 식량이 모자라 길거리에 굶어 죽은 시체가 널브러져 있었다고 한다. 그는 아버지와 어머니와 어린 여동생이 시골에서 살고 있었다. 가끔씩 어머니와 아버지께서 며칠씩 집을 나갔다가 먹을 것을 구해오고 했는데 이번에는 두 달이 넘었는데도 돌아오지 않았다. 굶어 죽게 되었다. 어린 동생을 데리고 도시로 갔다. 거기에도 사정은 다르지 않았다. 길거리에서 한 아이가 죽어가고 있었다. 중국에서 굶주린 동포를 도우러 온 한 아주머니가 그 아이에게 빵 한 봉지를 쥐어주었는데 그 아이는 빵봉지를 뜯어 빵을 먹을 기력조차 없어 보였다. 아이들이 우르르 몰려 그 아이에게서 빵을 빼앗으려 했으나 어디서 힘이 나는지 꿈적도 않았다. 그는 그의 빵 봉지를 찢어 빵 한 개를 빼앗아 동생과 나눠 먹었다. 그는 거기서도 살 수 없다는 것을 알고 탈북하기로 결심했다. 야간을 틈타 두만강 강가 숲에 숨어들었다. 그의 나이 9살 여동생은 7살이었다. 여동생을 데리고 가기에는 무리라고 생각했다. 동생에게 3일 후에 어느 역 앞에서 만나자고 약속을 하고 강을 건넜다 잠시 숨어 여동생의 동태를 살폈다 동생이 숨을 죽여 울기 시작했다. 동생이 울음을 그치자 그는 중국으로 길을 떠났다.

무사히 중국에 도착해서 이틀 동안 길거리를 떠돌아다녔다 3일째 되는 날 어떤 아저씨가 너 공부도 시켜주고 먹고 재워주는 데가 있는데 가겠냐고 물었다. 그분을 따라갔다. 아파트 지하방에 같은 또래 아이들이 있었다. 잘 왔다고 생각했는데 밤에 밥을 먹고 난 후에 둘러앉아 기도하고 찬양하고 말씀 읽는 모습에 옛날 북한에 있을 때 본 영화가 떠오르면서 잘 못 왔구나 생각이 들었다. 그 영화에서 외국인 선교사들이 국내에 들어와서 아이들을 치료하는 척하면서 아이들의 피를 뽑고 장기를 빼내 본국으로 팔아넘긴다는 내용이었다. 살고 봐야겠다는 생각에 남들이 잠자는 틈을 타서 몰래 빠져나왔다. 다시 길거리 생활을 하게 되었다. 춥고 배고프고 위험하고 다시 그곳에 가야겠다는 마음이 들었다. 그곳이 아니면 살 방법이 없다는 생각이 들었다. 새벽 1시쯤에 그곳에 가서 문을 두들겼다 아무 인기척도 없었다. 문을 두드리다 쉬다가 그렇게 얼마를 두들겼다 전도사님께서 나와서 그를 맞아들였다. 보안 문제상 나간 아이는 받아들이지 않는다고 했다. 처음에는 쫓겨나지 않으려고 열심히 했다. 잘 먹고 편하게 지내다가 3일째부터 여동생 생각이 나기 시작했다. 하나님께 서원기도를 하게 되었다. 여동생을 살려만 주시면 주님께서 시키는 일을 하겠다고 밤마다 서원기도를 드렸다. 그동안 먹고 사는 것이 제일 큰 복이라고 생각했는데 3일을 배불리 먹다보니 먹는 것이 삶의 전부가 아니라는 생각을 하게 되었다. "너를 낮추시며 너를 주리게 하시며 또 너도 알지 못하며 네 조상들도 알지 못하던 만나를 네게 먹이신 것은 사람이 떡으로만 사는 것이 아니요 여호와의 입에서 나오는 모든 말씀으로 사는 줄을 네가 알게 하려 하심이니라"(신8:3) 그러다가 그들의 따뜻한 사랑을 받게 되고 복음을 듣게 되면서 성경 말씀을 읽고 쓰고 외우게 되었다. 손가락이 삐뚤어질 정도로 열심히 쓰면서 공부했다. 2년 동안 성경 말씀을 달달 외울 정도였다.

그러다가 기도로 준비하고 선교사의 도움을 받아 남한으로 가는 중에 라오스에서 북한 보위부에 체포되어 북송되었다. 처음에는 하나님을 많이 원망했다. 그러다가 기도를 하는 중에 욥기 23장10절 말씀이 떠올랐다. 이 고난이 그를 향한 하나님의 계획의 일부라는 것을 깨닫게 되었다. "그러나 내가 가는 길을 그가 아시나니 그가 나를 단련하신 후에는 내가 순금같이 되어 나오리라"(욥23:20)

탈북자들의 보위부 감옥 생활은 그야말로 처절하기 그지 없다. 하루 종일 외부 작업시간 외에는 무릎에 손을 얹고 부동자세로 앉아 있어야 하므로 피순환에 장애가 일어난다. 그리고 제대로 먹여주지 않기 때문에 영양실조로 몸은 극도로 쇠약하게 된다. 라오스 더운 나라에서 체포되었기 때문에 그 옷으로 추운 겨울을 견뎌야 한다. 그렇게 지내던 중에 지위가 높은 감옥 감시자를 알게 되었다. 어느 날 감시자가 그를 불렀다. 그가 물었다. "너 예수 믿지" 처음에는 모른다고 잡아뗐다. 예수 믿는 것이 발각되면 처형되기 때문이다. 그러나 그는 끈질기게 물었다.

나중에는 성경책을 꺼내 놓고 그도 성경 말씀이 궁금해서 너에게 배우고 싶다고 했다. 그래서 마음 문을 열게 되었다. 성경 말씀에서 먼저 하나님 예수 그리스도 성령에 대해서 알고 싶다고 했다. "태초에 하나님이 천지를 창조하시니라 땅이 혼돈하고 공허하며 흑암이 깊음 위에 있고 하나님(성부 하나님)의 영(성령)은 수면 위에 운행하시니라, 태초에 말씀이 계시니라 이 말씀이 하나님(성부 하나님)과 함께 계셨으니 말씀은 곧 하나님(성자 예수 그리스도)이시라 그가 태초에 하나님과 함께 계셨고 만물이 그로 말미암아 지은 바 되었으니 지은 것이 하나도 그가 없이는 된 것이 없느니라, 예수께서 세례를 받으시고 곧 물에서 올라오실새 하늘이 열리고 하나님(성부 하나님)의 성령이 비둘기같이 내려 자기 위에 임하심을 보시더니 하늘로부터 소리가 있어 말씀하시되 이는 내 사랑하는 아들(성자 예수 그리스도)이요 내 기뻐하는 자라 하시니라" (창1:1~2, 요1:1~3, 마3:16~17)

말씀들을 펴놓고 알기 쉽게 설명했다. 하나님은 예수 그리스도의 아버지이시고 성령은 하나님의 영이시다 그들을 위격은 같다고 해서 '삼위일체'라고 한다. 그분들 즉 하나님 아버지, 아들이신 예수 그리스도, 하나님의 영이신 성령은 항상 함께 하셔서 일하심을 우리는 말씀을 통해 알 수 있다고 가르쳐 주었다. 그리고 성령은 아들이신 예수 그리스도께서 하나님께 받아서 우리에게 부어 주시므로 우리 안에 거하셔서 우리를 위해 일하신다. "하나님이 오른손으로 예수를 높이시매 그가 약속하신 성령을 아버지께 받아서 너희가 보고 듣는 이것을 부어 주셨느니라" (행2:33)

궁금증을 풀어줘서 고맙다면서 먹을 것도 주었다. 그렇게 그 고위 감시자가 당번일 때마다 그에게 성경 말씀을 가르치게 되었다.

"오직 주의 말씀은 세세토록 있도다 하였으니 너희에게 전한 복음이 곧 이 말씀이니라, 말씀이 육신이 되어 우리 가운데 거하시매 우리가 그의 영광을 보니 아버지의 독생자의 영광이요 은혜와 진리가 충만하더라, 그러므로 믿음은 들음에서 나며 들음은 그리스도의 말씀으로 말미암았느니라, 그러면 무엇을 말하느냐 말씀이 네게 가까워 네 입에 있으며 네 마음에 있다 하였으니 곧 우리가 전파하는 믿음의 말씀이라 네가 만일 네 입으로 예수를 주로 시인하며 또 하나님께서 그를 죽은 자

가운데서 살리신 것을 네 마음에 믿으면 구원을 받으리라 사람이 마음으로 믿어 의에 이르고 입으로 시인하여 구원에 이르느니라, 너희는 그 은혜에 의하여 믿음으로 말미암아 구원을 받았으니 이것은 너희에게서 난 것이 아니요 하나님의 선물이라, 내가 진실로 진실로 너희에게 이르노니 내 말을 듣고 또 나 보내신 이를 믿는 자는 영생을 얻었고 심판에 이르지 아니하나니 사망에서 생명으로 옮겼느니라" (벧전1:25, 요1:14, 롬10:17, 8~10, 엡2:8, 요5:24)

우리가 예수님을 믿는 것은 먼저 복음을 듣고 예수님을 믿음으로 구원을 받아 영생을 얻는 것이라고 말씀을 들어서 설명하게 되었다. 보위부 감옥 생활은 그 감옥 감시자에게 성경 말씀을 가르치라는 하나님의 소명임을 깨닫게 되었다. 중국 내 교회에서 말씀을 배워 알게 하시고 보위부 감옥에서 처음으로 말씀을 가르치도록 그를 쓰신 것이었다. 보위부 감옥에서 몸이 쇠약하여 견디기 힘든 수감자는 그가 살던 주거지역 감옥으로 이감하게 된다. 그도 주거지 감옥으로 이감되면서 바로 건강검진을 받게 되었다. 병원 의사가 사망 판정을 내려 쓰레기 더미에 버려졌다. 쓰레기 더미에서 그는 정신이 들었다. 몸을 추스려 엉금엉금 기어서 쓰레기 더미에서 빠져나왔다. 그 후 북한을 빠져나와 몽골로 가서 인천공항에 도착하게 되었다. 그로서는 도저히 할 수 없는 일이었음을 깨닫게 되었다. 하나님께서 그와 함께하셔서 순간순간 위험에서 건지시고 지키시고 인도하셨음을 알게 되었다. "사람이 마음으로 자기의 길을 계획할지라도 그의 걸음을 인도하시는 이는 여호와시니라" (잠16:9) 인천공항에서 내려 드라마에서 보던 인천공항임이 확인된 순간

이제 됐구나 안심하게 되었다. 그리고 함께 얼싸안고 가쁨의 눈물 안도의 눈물을 흘리며 그렇게 울었다. 하나님께 감사기도를 드렸다. 그리고 "서원한 대로 열심히 공부해서 사명자의 길을 가도록 하겠습니다"라고 기도를 드렸다. 그리고 한국에 와서 두만강가에 버려두고 떠나올 때 강 건너에서 숨죽여 울던 그 여동생도 만나게 되었다. 하나님께서 "여동생을 살려만 주시면 주의 일하겠습니다"라고 기도한 그의 서원기도대로 동생을 살리시고 만나게 하셨던 것이다. 그 크신 하나님의 은혜 어찌 다 말로 할 수 있으랴.

그녀는 4대째 기독교 신앙인 가정에서 태어났으나 자녀들이 딸이라는 이유로 부모님에게 사랑을 받지 못하고 자랐다. 어머니께서는 그저 교회 봉사에만 열심이었다. 아버지께서 건축사업을 하셔서 가정이 부유했지만 그녀가 고교시절에 아버지 사업이 부도를 맞아 그녀에게도 가난이 찾아왔다. 그녀는 어릴 때부터 피아노를 배워서 중학생 때부터 교회에서 학생부 예배뿐만 아니라 대예배 때에도 피아노 반주를 맡아 하게 되었다. 고등학교 3학년이 되었는데 집에 있던 피아노도 공매로 넘어가고 피아노 렛슨은 상상도 않되는 형편이었지만 서울대학교 음악대학 피아노과에 장학생으로 들어가게 되었다. 그녀는 대학을 우수한 성적으로 졸업하고 중매로 의사인 남편과 결혼했다. 시부모님은 교회 장로님과 권사님이셨다. 시댁은 부유했다. 가정부가 둘씩이나 있었다. 그녀도 시집 간 다음 날부터 그 집의 가정부 취급을 당하며 고된 시집살이에 들어가게 되었다. 시어머니와 가정부 두 분은 학교를 다닌 적이 없었다. 대화가 필요 없었다. 시어머니의 명령이 곧 대화이며 법이었다. 절대 순종밖에 없었다. 아침 식사 후 시어머니와 두 가정부 그녀 4명이 대청소를 시작한다. 바닥걸레, 마른걸레, 창틀 걸레, 창문 걸레, 기름걸레, 걸레만도 5종 한 쌍씩 모든 열 개다 아침에 4명이 청소를 한다. 오후 2시에 똑같은 방법으로 청소를 한다. 일을 잘 못한다고 시어머니로 부터 야단을 맞는다. 너 대학을 나온 거 맞느냐고 호통을 친다. 매일 아침과 오후에 청소를 한다. 시장에 장보러 가도 함께 간다. 그녀에게 자유 시간은 없다. 주일에도 그렇게 함께 가서 낮예배만 드린다. 새벽예배, 수요예배, 금요철야예배는 시집에는 없다. 집 안에서 기도도 할 수 없다 성경 말씀 읽을 시간도 주어지지 않는다. 찬양은 말할 것도 없다. 그녀 혼자 바깥 출입은 일체 금지다. 그녀에게 외출은 시어머니와 가정부와 같이 장보는 것과 주일 낮예배 드리러 교회 가는 것뿐이다. 그런 그녀에게 남편은 하루종일 집 안에서 뭘하느냐고 한다. 그런 무심한 남편으로 말미암아 그녀는 억장이 무너진다. 그녀의 친정 어머니는 돌아가셨고 장로님이신 아버지께 도움을 구했지만 아무런 도움을 받지 못했다. 그녀는 그녀의 시집살이를 이 말씀에 빗대어 설명하고 있다. "서른째 해 넷째 달 초닷새에 그발 강가 사로잡힌 자 중에 있을 때에 하늘이 열리며 하나님의 모습이 내게 보이니, 나 요한은 너희 형제요 예수의 환난과 나라와 참음에 동참하는 자라 하나님의 말씀과 예수를 증언하였으므로 말미암아 밧모라 하는 섬에 있었더니"(겔1:1, 계1:9) 고된 시집살이와 고달픈 삶에 이혼을 생각하게 되고 자살충동까지 느끼게 되었다. 어린시절 부모님으로부터 철저하게 외면당했던 삶이 시어머니의 지독한 간섭으로 이어지면서 그녀는 삶의 방향을 잃어가고 있었다. 신앙과 윤리도덕을 중시하던 그의 모든 것이 한꺼번에 무너져 가는 것 같았다. "여호와께서 그 향기를 받으시고 그 중심에 이르시되 내가 다시는 사람으로 말미암아 땅을 저주하지 아니하리니 이는 사람의 마음이 계획하는 바가 어려서부터 악함이라 내가 전에 행한 것같이 모든 생물을 다시 멸하지 아니하리니"(창8:21) 이런 피폐한 삶을 살고 있지만 교회 예배 때 부자 시아버지 장로님 옆에 앉아 예배를 드리고 있으면 모든 교인들이 부러운 시선으로 그녀를 바라본다. 이것이 그녀의 허울 좋은 삶이다.

그녀는 어느 날 독한 맘을 먹고 외출에 나섰다 잠깐 친구를 만나고 시댁으로 돌아왔다. 오후 2시에 나갔다가 5시에 집으로 돌아왔다. 시아버지께 인사를 드렸다. 그녀의 인사를 받지 않았다. 남편도 쳐다보지도 않는다 매일 차리던 저녁 상차림도 하지 않았다. 그 이튿날 친정으로 갔다. 몸도 아프고 밥 생각이 없어 밥도 먹지 않았다. 장로 아버지가 저러니까 시집에서 쫓겨났지 수중에 돈도 없고 아무 갈 데도 없었다. 딱한 곳 갈 데가 있었다. 기도원으로 올라갔다. 하나님 앞에 무릎을 꿇었다. 하나님께서 말씀하셨다. "네가 지금 어디에 서 있느냐?" 아래 말씀을 보게 하시며 악하고 음란한 자신의 죄를 보게 하셨다. "예수께서 대답하여 이르시되 악하고 음란한 세대가 표적을 구하나 선지자 요나의 표적밖에는 보일 표적이 없느니라"(마12:39) 피아노로 교회에서 반주하고 대학에 들어가고 좋은 가정에 시집을 간 이 모든 일들이 자기 욕망을 채우기 위한 수단이었던 것이다. 신앙생활을 한다고 하면서 말씀도 없고 믿음도 없고 허울 좋은 신앙인이었던 것이다. 그저 죄인 그대로였던 것이다. 기도원에서 하나님 앞에 뜨겁게 회개하고 하나님을 인격적으로 만나고 열흘 만에 시댁으로 돌아왔다. 시어머니께 "어머니 우리 하나님 앞에 예배드려요"하고 말씀드렸다. 시어머니께서는 교회 권사님이므로 예배를 거절하지 않으셨다. 어디서 그런 담대함이 생겼는지 시어머니를 양육하기 시작했다. 그다음 날부터 그녀와 시어머니는 매일 아침저녁으로 예배를 드리게 되었다. "내가 사람의 방언과 천사의 말을 할지라도 사랑이 없으면 소리 나는 구리와 울리는 꽹과리가 되고 내가 예언하는 능력이 있어 모든 비밀과 모든 지식을 알고 또 산을 옮길만한 모든 믿음이 있을지라도 사랑이 없으면 내가 아무것도 아니요 내가 내게 있는 모든 것으로 구제하고 또 내 몸을 불사르게 내줄지라도 사랑이 없으면 내게 아무 유익이 없느니라 사랑은 오래 참고 사랑은 온유하며 시기하지 아니하며 사랑은 자랑하지 아니하며 교만하지 아니하며 무례히 행하지 아니하며 자기의 유익을 구하지 아니하며 성내지 아니하며 악한 것을 생각하지 아니하며 불의를 기뻐하지 아니하며 진리와 함께 기뻐하고 모든 것을 참으며 모든 것을 믿으며 모든 것을 바라며 모든 것을 견디느니라"(고전13:1~7)

어머니 저는 사랑도 없어요. 어제까지 어머니도 미워하고 남편도 미워했어요 처음으로 어머니 앞에 솔직하게 자신의 심경을 고백했다. 시어머니께서 그녀를 쳐다보면서 "너는 착해 애"라고 말씀하셨다. 나는 믿음도 없이 그냥 교회 뜰만 밟고 다녔다고 하셨다. 그런데 왜 어머니께서는 아들을 위해 기도하지 않으세요 했더니 어머니께서 기도를 할 줄 모른다고 했다. 그녀가 어머니께 그냥 말씀하듯이 하면 된다고 했다. 시어머니께서 기도를 하셨다. 하나님 아버지 저는 기도할 줄도 모릅니다. 용서해 주십시오. 하나님 은혜로 그냥 교회 마당만 밟고 다닙니다. 그저 불쌍히 여겨 주십시오. 예수님 이름으로 기도합니다. 아멘 그렇게 그녀는 사어머니를 믿음으로 양육해 갔다. 그러던 어느 날 시어머니께서 그녀에게 "내가 너 시집살이 시키지 않았지" 했다. 그 말은 그동안 내가 너 시집살이 많이 시켜 미안하다는 말이었다. 그리고 "우리 집에 이런 신앙이 좋은 주의 종을 보내주셔서 감사합니다"라고 하나님 앞에 기도드렸다고 했다. 그녀가 하나님을 만나고부터 자신이 먼저 변하게 되고 시어머니까지 믿음에 바로 설 수 있도록 양육하고 있었던 것이다. 그런데 남편이 간암 4기 판정을 받고 죽음의 문턱에 서게 되었다. 무엇보다도 남편의 구원이 급선무다 남편이 그제야 그녀에게 모든 것을 맡기는 말을 하기 시작했다. 남편이 예수님 영접하고 믿음으로 천국으로 떠나보내야 한다. 남편이 아버지가 교회 장로님이고 어머니가 권사님인데도 예수님을 믿지 않은 데는 남편 나름대로 이유가 있었다. "너희 마음에 그리스도를 주로 삼아 거룩하게 하고 너희 속에 있는 소망에 관한 이유를 묻는 자에게는 대답할 것을 항상 준비하되 온유와 두려움으로 하고 선한 양심을 가지라 이는 그리스도 안에 있는 너희의 선행을 욕하는 자들로 그 비방하는 일에 부끄러움을 당하게 하려 함이라" (벧전3:15~16) 그 이유인즉 그녀의 남편은 산부인과 의사다. 그 당시에는 정부 허락 하에 낙태수술을 하고 있었다. 낙태수술은 살인이라는 죄의식이 그의 마음속에 자리하고 있었다. 그 죄를 짓지 않으려면 산부인과 의사를 그만둬야 한다. 그에게는 그럴 용기가 없었다. 이것이 그의 마지막 회개였다. 임종 3시간 전에 담임 목사님께서 오셔서 예수님 영접기도를 드렸다. 하나님 저는 죄인입니다. 저의 죄를 회개합니다. 저의 죄를 예수 그리스도의 십자가 보혈로 깨끗이 씻어 주시옵소서 예수 그리스도를 구주로 믿도록 믿음을 주시옵소서 예수님을 내 마음에 영접하고 구주로 믿습니다. 저를 구원해주시니 감사합니다. 예수 그리스도의 이름으로 기도합니다. 아멘 그는 아침 7시에 예수님을 영접하고 낮 12시에 천국으로 떠나게 되었다. 그녀는 밤에 기도할 때에 하나님께서 이 말씀을 생각나게 하셨다. "그가 스스로 헤아리고 그 행한 모든 죄악에서 돌이켜 떠났으니 반드시 살고 죽지 아니하리라" (겔18:28) 이 말씀을 통하여 남편이 천국에 갔음을 확신할 수 있었다.

주 예수의 은혜가 모든 믿는 자들에게 있을 지어다 아멘